BIBLIOTECA DE DERECHO PENAL Y PROCESAL PENAL

Carlos Pérez del Valle
(Director)

Carlos Antonio Agurto Gonzáles
Sonia Lidia Quequejana Mamani
Benigno Choque Cuenca
(Coordinadores Generales)

Max Hirschberg

La sentencia errónea en el proceso penal

Edición al cuidado de
Carlos Antonio Agurto Gonzáles
Sonia Lidia Quequejana Mamani
Benigno Choque Cuenca

Ediciones Olejnik

Edición homenaje a
SANTIAGO SENTÍS MELENDO, y
TOMAS A. BANZHAF
Adelantados a su época, baluartes del derecho mundial.
Hacemos justicia al recuperar su legado
Ediciones Olejnik

Título: LA SENTENCIA ERRÓNEA EN EL PROCESO PENAL

Traducción de TOMÁS A. BANZHAF

Huérfanos 611, Santiago - Chile
E-mail: contacto@edicionesolejnik.com
Web site: http://www.edicionesolejnik.com

Primera edición en Ediciones Olejnik: 2023

ISBN: 978-956-407-287-6

Diseño de Carátula: Ena Zuñiga
Diagramación: Luis A. Sierra Cárdenas

Impreso en Argentina 2023 Printed in Argentina

ÍNDICE

PRESENTACIÓN 9

UNAS PALABRAS SOBRE ESTE LIBRO 13

INTRODUCCIÓN 15

PARTE PRIMERA
SENTENCIAS ERRÓNEAS EN PROCESOS
POR DELITOS COMUNES

CAPÍTULO I
LAS PRINCIPALES CAUSAS CRIMINALÍSTICAS
DE LAS SENTENCIAS ERRÓNEAS

1. Valoración no crítica de la confesión 26
2. Valoración no crítica de cargos aducidos por coacusados 34
3. Valoración no crítica de las deposiciones testificales 41
4. El error en el reconocimiento 45
5. La mentira como prueba de la culpabilidad 58
6. Valoración no crítica de los dictámenes periciales 63

CAPÍTULO II
VEROSIMILITUD Y CERTEZA EN LA JUSTICIA PENAL
.... 81

CAPÍTULO III
DEFICIENCIAS DE LA LEY COMO CAUSAS DE SENTENCIAS ERRÓNEAS
.... 105

CAPÍTULO IV
PSICOLOGÍA DE LA FORMACIÓN DE LA SENTENCIA
EN LA JUSTICIA PENAL
.... 125

PARTE SEGUNDA
SENTENCIAS ERRÓNEAS EN PROCESOS POR DELITOS POLÍTICOS

CAPÍTULO I
FUENTES DE ERROR EN EL PROCESO POR DELITOS POLÍTICOS.
GENERALIDADES
.... 145

CAPÍTULO II
SENTENCIAS ERRÓNEAS EN PROCESOS POR DELITOS POLÍTICOS.
LA ÉPOCA DE LA REPÚBLICA DE WEIMAR

1. Injurias 148
2. Homicidio político 151
3. Ejecuciones realizadas por agrupaciones políticas (Fememord) 154
4. Alta traición 158
5. Traición a la patria 163

CAPÍTULO III
SENTENCIAS ERRÓNEAS EN PROCESOS
POR DELITOS POLÍTICOS. OTROS PAÍSES
.... 175

ÍNDICE BIBLIOGRÁFICO 185

APÉNDICE A LA TRADUCCIÓN
PRECEPTOS LEGALES CITADOS

CONSTITUCIÓN DEL ESTADO ALEMÁN DEL 11 DE AGOSTO DE 1919 195

(CONSTITUCIÓN DE WEIMAR) 195

CÓDIGO PENAL 195
ORDENANZA PROCESAL PENAL 196
LEY ORGÁNICA 205

PRESENTACIÓN

¿Sentencia errónea o sentencia injusta? «Fehlurteil» *debe traducirse por la primera de esas expresiones;* Fehl *es el error, la equivocación; y cuando una sentencia es injusta o arbitraria, no se apoya, en muchas ocasiones, en un error o en una equivocación sino en un propósito deliberado, meditado, de resolver en aquel sentido, con plena conciencia de que la justicia marcha en sentido contrario. La sentencia errónea es injusta porque el error determina ese resultado injusto; pero no hay el deliberado propósito de cometer una injusticia; también la sentencia venal es injusta, y lo es en el grado máximo, pero no se debe calificar de errónea, porque ningún error se ha cometido al pronunciarla, al presentar los hechos apreciándolos en forma que no corresponda a la realidad, o al aplicar el derecho en forma inadecuada o incorrecta. El error es involuntario; no hay un propósito de incurrir en error, porque si existe el propósito la erroneidad desaparece.*

Pero el idioma nos obliga a esa traducción literal; sin que por ello debamos dejar de admitir, ya en esta Presentación, *que varias de las sentencias examinadas, varios de los' casos, representan la sentencia injusta, el resultado querido, a conciencia de su injusticia.*

Lo que diferencia este libro de otros que en el mundo se han escrito sobre sentencias erróneas o, para emplear una expresión más corriente, sobre errores judiciales, es su carácter absolutamente científico. Todo el esfuerzo del autor se dirige a establecer la posibilidad de que el error no se produzca; y también a que, producido, pueda ponérsele remedio. La sentencia errónea pocas veces se produce por una equivocada aplicación del derecho al hecho o subsunción del hecho bajo la norma. Suele tener lugar por una equivocada contemplación de los hechos; por una defectuosa apreciación de la prueba. El autor quiere que esos defectos de apreciación se eviten; y que si, desgraciadamente, no se han evitado, y han producido una sentencia errónea y, como tal, injusta, se pongan en práctica los remedios que la ley permite.

Las sentencias erróneas que se examinan pertenecen, todas ellas, al campo del proceso penal; pero no es diferente la situación en el del proceso civil: unas y otras sentencias se construyen de la misma manera y con los mismos elementos, y tienen idénticas arquitecturas; juzgar sobre un homicidio o sobre un usufructo son fenómenos similares: se trata de establecer lo que ha ocurrido, sentar unos datos de hecho y subsumirlos, como premisa menor, en una norma que constituye la premisa mayor del famoso silogismo judicial, respecto del cual la dificultad estriba en construir, acaso sin damos cuenta, los múltiples silogismos que nos van a hacer falta para llegar a aquella premisa menor que tiene, en la práctica, mucha más importancia que la mayor, aunque ésta encierre en sí las garantías que la ley otorga al ciudadano.

Ahora bien: si juzgar en lo penal y en lo civil son operaciones mentales similares, no podemos prescindir de la diversidad de los itinerarios a recorrer para llegar al momento del juzgamiento, para acumular los elementos necesarios para que ese juzgamiento tenga lugar.

Todo el libro que hoy presentamos es un libro sobre materia probatoria: un libro en el que se trata de cómo se acumulan y cómo se valoran elementos probatorios; y, sobre todo, en cuanto a lo primero, difieren bastante el proceso civil y el proceso penal. La prueba es, en uno y en otro, verificación de afirmaciones; pero esa verificación de afirmaciones relativas a hechos se ha de llevar a cabo utilizando fuentes que llegan al proceso por los medios que las leyes señalan; esos medios son los que difieren en todas las legislaciones, según las distintas regulaciones del procedimiento. Si para llegar al proceso civil es necesario que el litigante, la parte, haya investigado o averiguado previamente hechos, de manera que pueda sentar afirmaciones que luego, en el proceso, habrá de verificar, en el proceso penal esa investigación está confiada a un funcionario público, que debe ser también del orden judicial pero que, cuando la realiza, no está juzgando: así el § 160 de la Ordenanza Procesal Penal Alemana (StPO) preceptúa que el procedimiento previo es dirigido sustancialmente por el Fiscal. Este tiene la misión de «investigar los hechos» tan pronto como le lleguen sospechas de que se ha cometido un acto punible; y deberá «establecer no sólo aquellos hechos que sirvan de cargo, sino también de descargo para el imputado» (§ 160, II). Por eso, el profesor Claus Roxin, en su estudio preliminar a la edición de la StPO, nos dice que el Fiscal no es parte, y que éste es uno de los motivos de la posición relativamente débil, sólo mejorada un tanto por la última novela, que tiene en el procedimiento previo el defensor (§§ 147, 148). Efectivamente, cuando investiga, *el Fiscal no es parte, como no lo es la policía que lo auxilia, y que debe realizar todas las pesquisas que le son requeridas por el Ministerio Fiscal (§ 161), teniendo además el «derecho a la primera intervención» que puede realizar por sí sola (§ 163). Pero es que, además de la policía, nos dice el citado profesor que* secunda al Ministerio Fiscal *un juez, esto es, un funcionario juzgador (§ 162); y aquí ya no estamos de acuerdo con el profesor Roxin. Nos dice que «ciertas declaraciones hechas en el procedimiento previo sólo pueden ser leídas en el plenario, si están contenidas en un acta judicial a la que la ley asigna fe especial (§§ 251, 254), y que ya por esta sola razón puede ser conveniente que tome declaración un juez. Acaso el profesor no ha percibido exactamente la diferencia entre investigar y verificar; buscar testigos es labor policial; recibir la declaración, con todas sus consecuencias, es función judicial; también en el campo civil, buscar testigos lo hace el litigante; recibirles declaración lo hace el juez; el uno averigua; el otro verifica; la distinción entre* fuentes *(el testigo lo es) y* medios *(la declaración que ofrece) aclara muchas cosas que sin esa distinción aparecen confusas; mientras la policía investiga, estamos fuera del proceso; en el momento en que recibe declaración el juez, estamos en unas* diligencias preparatorias; *y lo mismo ocurre en otras actuaciones que el profesor alemán señala: análisis de sangre* f§ *81 a); exámenes físicos (§ 81 c); las debe ordenar el juez, porque las cosas examinadas, que existen antes del proceso, son* fuentes: *su análisis o su examen son* medios; *y lo mismo los registros (§ 105).*

Si en la investigación (§ 160, II) se deben establecer los hechos tanto de cargo como de descargo, si se debe tratar de averiguar lo que ha ocurrido con todas sus particularidades y en todos sus aspectos, es evidente que una de las causas, quizá la más importante, de los errores judiciales, tanto de las condenas injustas como, y acaso aún más, no ya de las absoluciones injustas sino de la falta de imputación, se ha de situar en las investigaciones de vía única, *en creer que uno solo es el camino que nos puede llevar a la meta; es lo ocurrido en varios de los casos examinados en este libro: véase el caso Johann Pfeuffer (caso n. 25), y sobre todo, el caso Rettenbeck (caso n. 27) a que se alude en algunos pasajes del libro (así en la Primera Parte, Cap. I, n. 2, nota 18). La* vía única *es peligrosa no sólo en lo que se refiere a la investigación sino también en lo que hace a la argumentación: aun investigado correctamente el hecho, pueden caber distintas argumentaciones en cuanto a su tipificación y en cuanto a su valoración. El* principio de eventualidad *debe dominar todo el esfuerzo del instructor y de sus auxiliares, y aun de quien formula la acusación, a fin de permitir actuar con libertad a quienes han de juzgar.*

En tiempos recientes, uno de los crímenes de mayor trascendencia (no sólo por su gravedad sino por sus repercusiones políticas), el asesinato del Presidente Kennedy, se puede presentar como doloroso ejemplo de investigación de vía única; *en la exclusividad, o unicidad, de vía no sólo incurrieron los encargados de la instrucción sino quienes (y esto fue lo más lamentable como expresión de la justicia de uno de los países más poderosos de la tierra) tomaron a su cargo la labor de examinar e informar a los Estados Unidos,* y al mundo, *acerca de cómo había procedido la justicia norteamericana en uno de los momentos más trágicos de la historia de ese pueblo. Se encontró un camino, que indudablemente no era el único transitable, y se excluyó cualquier otro; y así se llegó a uno de los más famosos absurdos y a una de las más pobres y raquíticas consecuencias judiciales. Acerca de este trágico acontecimiento y de este lamentable episodio de la justicia, puede verse mi estudio* Informe de la Comisión Warren sobre el asesinato del Presidente Kennedy *(en* La Ley, *1.118, en* Revista de Derecho Procesal *[española] y en mis* Estudios de derecho procesal, *t. II).*

Sigamos: cuando se trata de adoptar una medida que afecte a la libertad de las personas, ha de ser un juez quien la adopte f§§ *98, 114); la razón es muy sencilla: esas medidas exigen un juzgamiento, una valoración de situaciones de hecho y una subsunción bajo la correspondiente norma; no corresponde al Fiscal realizar esa labor. No es que el juez le haya de prestar ayuda; es que está desempeñando su función propia, a petición del Fiscal, de igual manera en el proceso civil acordará medidas preparatorias o conservatorias que la parte le pida. Grave falta de visión es contemplar al Ministerio Fiscal actuando con ayuda de la policía y del juez (que, además, es un juez de sentencia y no un juez de instrucción); policía y juez, a igual altura, ayudando al fiscal (§§ 65, 152, 153, 165, 166, 167). No: la policía auxiliando al Fiscal; éste pidiendo resoluciones judiciales, que el juez pronunciará en cuanto sean procedentes.*

Cuando la cuestión ofrece otras dificultades (§ 178), la investigación la dirige el juez de instrucción (§ 184); y también aquí hemos de estar en desacuerdo con el profesor Roxin; no es que este juez sea autónomo y el otro no lo sea; es que éste dirige la instrucción, de manera total y plenamente, y el otro interviene tan sólo cuando el fiscal carece de facultades y su actuación resulta necesaria. También en lo civil, tratándose de ciertas investigaciones, la parte podrá realizarlas por sí solas; y en cuanto a otras deberá acudir al juez; para considerar que el juez le ayuda, deberíamos dar un significado muy especial al verbo ayudar.

He querido presentar con claridad este punto porque me parece que las oscuridades pueden producir consecuencias funestas.

Quizá todo el drama, toda la tragedia, de las sentencias erróneas, tenga como origen un fenómeno que el autor señala, pero acaso no poniendo el suficiente acento: el del incumplimiento del deber por parte del juez, de no apreciar que no hacer uso de una facultad que puede conducir a determinados resultados interesantes para el proceso, constituye verdadera violación en los deberes de su cargo: el juez debe *hacer todo aquello que,* pudiéndolo *hacer, sea susceptible de producir* resultados procesales útiles. *A lo largo de casi todos los casos que el autor nos presenta, vemos que esa es la situación. Cuando un magistrado, un presidente de sala, le dice a quien desea agregar algo decisivo a lo que ha declarado, que ya es tarde, está faltando a su deber; cuando se resiste, creyendo hacerlo legalmente, a que se revise una sentencia, está igualmente faltando a su deber.*

En este libro estamos contemplando una cara, la más trágica, de la sentencia errónea: la condenatoria: tan grave, aunque menos trágica, es la sentencia errónea absolutoria, aunque sea preferible absolver a cien culpables que condenar a un inocente.

Todo el problema procesal es un problema de pruebas; véase que ni un solo caso de los presentados por el autor plantea problemas distintos. La prueba no es lo más importante del proceso; es todo el proceso. Todo lo que se agita a lo largo de esos casos es materia probatoria: verificación; coincidencia de lo afirmado con la realidad; pero es que la verdad *no está a nuestro alcance, y hemos de conformamos con la* certeza, *que no sabemos a cuánta distancia queda de aquélla. Todo este libro se escribió con un anhelo de acercamiento de la certeza a la verdad, de querer alcanzar lo inalcanzable o, al menos, de querer aproximarse.*

Por eso, además de ser un libro científicamente serio, es un libro humanamente noble. Es la razón de que lo hayamos traído a nuestra lengua.

Al hacerlo, nos ha parecido conveniente agregar, como Apéndice, *la traducción de los preceptos jurídicos que aparecen citados por el autor; a fin de que el estudioso de nuestra lengua pueda seguir con mayor facilidad los problemas jurídicos planteados y sus soluciones. También, y como norma general en nuestras ediciones, hemos formado un detallado índice alfabético que permitirá ubicar rápidamente esos problemas, los casos que los determinan y los efectos que, como juzgadores o juzgados se agitan en el libro.*

SANTIAGO SENTÍS MELENDO.

Unas palabras sobre este libro

¿Se dictan en la práctica sentencias que son erróneas? Lamentablemente, sí. El presente libro nos trae de ello ejemplos impresionantes, ocurridos en Alemania y en otros países.

¿Son esas sentencias realmente inevitables, por ser el errar humano y humanos los jueces? Para dar respuesta a esa cuestión, el autor estudia 47 casos auténticos, tomados de seis países de Europa y de América. Tras un penetrante análisis de las causas de las sentencias erróneas, científico, pero accesible al público en general, llega a la conclusión de que podría evitarse penar a inocentes si la justicia penal, en sus fallos condenatorios, no se contentara, para creer culpable al acusado, con convicciones dictadas por el sentimiento. Debería reemplazarlas, en mayor medida que hoy, por la certeza crítico-científica.

Es igualmente muy instructivo el análisis de las sentencias erróneas dictadas en procesos que conmovieron la opinión pública, seguidos por delitos políticos. El autor, que vivenció más de uno en calidad de defensor, demuestra que en estos procesos, que terminan frecuentemente en absoluciones, los errores judiciales tienen causas totalmente distintas que en los procesos por delitos comunes.

Pese a su fundamentación científica, este libro no es estrictamente técnico, sino apto para interesar a cualquier lector por su apasionante narrativa.

INTRODUCCIÓN

Presento aquí un ensayo de *análisis de la sentencia penal errónea* y, con ello, de una *patología sistemática de la formación de la sentencia penal,* tema que, por extraño que parezca, no ha sido aún objeto de trabajo alguno. Puede decirse, sin embargo, que una criminalística que no contenga un estudio científico de las sentencias erróneas semeja a una enciclopedia de medicina en la que no se traten las patologías general y especial.

La única obra de proporciones sobre el error judicial penal que la criminalística alemana ha producido hasta el presente es el libro del abogado defensor Erich Sello, *Die Irrtümer der Strafjustiz und ihre Ursachen,* publicado en 1911. Dicho libro trae sentencias erróneas dictadas en diversos países de 1792 a 1911, describiendo a veces detalladamente el desarrollo del correspondiente proceso. Trata únicamente de casos en los cuales estaban en juego la pena de muerte o la de presidio perpetuo. Su lectura impresiona hondamente, más ¿cuántos son los jueces que lo han leído? Es de lamentar que el autor no escribiera luego el tomo segundo, en el que pensaba analizar el material expuesto.

En 1914, Albert Hellwig dio a publicación un libro de volumen más reducido: *Justizirrtümer,* obra temprana, de la cual el luego eminente criminalista seguramente se habrá arrepentido más tarde, como de un pecado de juventud, al releer sus propias afirmaciones de que el error judicial es inevitable, incluso en las condenas a muerte. Hacia esa misma época, un abogado defensor berlinés, Max Alsberg, publicó un libro titulado *Justizirrtum und Wiederaufnahme,* que incluye juicios de revisión iniciados por otros abogados defensores alemanes. Se limita, sin embargo, a consideraciones puramente jurídicas sobre las deficiencias del procedimiento penal y, en especial, las del juicio de revisión. El mismo lo explicaba diciendo que no había —en aquel entonces— material suficiente para hacer un análisis de las sentencias erróneas. Tuvo que transcurrir un cuarto de siglo para que apareciera (en 1939) el libro de Karl Peters, *Zeugenlüge und Prozessausgang,* donde se analiza especialmente la gravitación que tienen los falsos testimonios en la formación del fallo erróneo, demostrándose que ellos conducen a la condena de inocentes con mucho más frecuencia de la que la mayoría de los jueces supone, conclusión a la que llega también el presente estudio. Más tarde, en 1952, en su tratado sobre el proceso penal,

Peters volvió a llevar el problema a primer plano, tratando por primera vez la sentencia errónea como elemento necesario en el cuadro del procedimiento penal. Dicho autor y Sieverts, de Hamburgo, vienen compilando desde hace años sentencias erróneas como material de estudio. Fuera de los trabajos citados, sólo hay artículos que tratan de sentencias erróneas aisladas[1]. Hasta el presente, no existe ninguna compilación oficial, fundada en actas, de las sentencias erróneas anuladas en el juicio de revisión, aunque es una tarea que debería realizarse a toda costa.

El descuido de que ha sido objeto hasta ahora este trágico problema se vincula estrechamente con otra falla decisiva de la psicología criminal en Alemania. Aunque ha acumulado datos valiosos para el estudio de la psicología del delincuente y la psicología de las deposiciones, ha eludido por completo, por no decir esquivado con temor, su problema central: la *psicología del juez.* Y ello no obstante a que el decano de la ciencia, Hans Gross, le señalara también en este punto el camino indicado. En su revolucionaria obra *Criminalpsychologie,* publicada en 1898, Gross hizo una distinción entre la actividad psíquica de la persona que tomaba una declaración y la de aquella que la prestaba. En esa obra, así como en su *Handbuch für Untersuchungsrichter*[2], aportó datos de importancia sobre la psicología del juez. Pero la psicología criminal alemana no siguió las sendas por él marcadas. Una clara muestra de la falsa postura básica que ha adoptado esa ciencia es la obra de Mönkemöller, *Psychologic und Psychopathologie der Aussage*[3], especialmente su índice bibliográfico, que comprende 606 títulos. De sus 425 páginas sólo hay dos dedicadas a la psicología del juez. Wulffen [4] y Marbe[5] tampoco tocan para nada el problema de la psicología de la formación de la sentencia, ni mucho menos el de la patología de la actividad jurisdiccional. Sobre la psicología del juez sólo contamos hasta el presente con artículos aislados[6]. Pero si la psicología criminal no efectúa un viraje fundamental, podría decirse copernicano, en dirección a su problema central, que es la psicología de la .formación *de la sentencia,* será difícil poner coto eficaz a las sentencias erróneas.

En su obra *La Psicologia Giudiziaria*[7], el jurista italiano Enrico Altavilla examina, además de las psicologías del acusado, del testigo, del perito, del defensor y del fiscal, la psicología del juez. Se trata de una mera compilación de datos empíricos, no de un penetrante análisis que recurra a la psicología profunda. Pero ese análisis podrían realizarlo otros autores sobre la base del material allí reunido.

---

1 Pueden verse datos al respecto en el *Lehrbuch* de PETERS, pigs. 489 y sigtes.

2 7ª edición (1922), tomo 29.

3 *Bibliothek dec Kriminalistik, volumen* IV (1931).

4 Índice bibliográfico, N° 194.

5 Índice bibliográfico, N° 122.

6 Índice bibliográfico. N°. 115, 175 y 179.

7 Índice bibliográfico, N° 6.

Los *franceses,* con su apasionado sentido de justicia, han mostrado siempre viva desazón cuando se dictaba una sentencia injusta contra algún inocente. Ya Montaigne, en sus *Ensayos,* calificó los errores judiciales de «condenas más criminales que el crimen mismo». Y el anciano Voltaire, estando en el exilio en Ginebra, se sintió tan airado ante la injusta condena y ejecución de Jean Calas, que, desoyendo las advertencias de sus poderosos amigos, bregó durante cinco años por la revisión de la sentencia hasta conseguirla. Aunque inocente, Calas había sido condenado y ejecutado en Toulouse en 1761, tras un procedimiento secreto, realizado bajo el peso de una sugestión colectiva fruto del fanatismo religioso. En las magníficas cartas en que comentó ese fallo, Voltaire subrayó con ardor que la buena fe de los jueces no excusaba la muerte de un inocente. Él es el padre de la expresión *«cruelle bonne foi des juges».* Su monumento en París no lleva el nombre de ninguna de sus obras, pero sí el de Jean Calas. Catorce años, de 1892 a 1906, duró la lucha por la revisión del crimen judicial de que fue víctima el capitán Alfred Dreyfus, personaje que, como tal, era insignificante y poco simpático. El hecho conmovió a Francia hasta sus cimientos y la llevó más de una vez hasta el borde de la guerra civil. Hombres como Scheurer-Kestner, el capitán Picquard, el mayor Forzinetti, Labori, Clemenceau y Zola pusieron en juego su propia existencia para luchar por la revisión de la sentencia.

Los abogados parisienses Lailler y Vonoven, destacaron en su libro *Les erreurs judiciaires et leurs causes* (1897) que la justicia penal no tiene derecho a equivocarse y que no hay errores judiciales inevitables y excusables. El juez incurriría en negligencia al desempeñar su función rutinariamente. Su deber sería tener ese «desasosiego espiritual» que, al decir de Renan, continúa buscando la verdad cuando ya cree haberla encontrado. Los autores traen esta proclama apasionada:[8], «Ya lo hemos dicho, y lo repetiremos para recalcarlo aún más: el error inevitable no existe; no hay error que pueda cargarse en cuenta exclusiva de la fatalidad. Sea cual fuere la causa primera del error, es el juez quien tiene la responsabilidad final por la sentencia. Quizá escape a la responsabilidad penal, incluso a la civil, pero siempre le quedará la más pesada: la moral. Con ésta deberá cargar». Son muchos los trabajos, aparte de éste, que tratan de las sentencias erróneas[9].

También los criminalistas *italianos* han sentido preocupación por la condena de inocentes, como lo atestiguan diversas publicaciones sobre el tema[10].

En los *Estados Unidos,* país en el que el número de veredictos erróneos, dictados por los tribunales por jurados, es particularmente alto, criminalistas eminentes se han ocupado en diversas ocasiones del problema del error judicial. En 1927, la condena y ejecución de los anarquistas Sacco y Vanzetti, que eran indudablemente inocentes, dio lugar, tanto en los Estados Unidos como

8 Pág. 22.
9 Índice bibliográfico, Nos. 18, 108, 1 42. 174 y 187.
10 Índice bibliográfico, Nos 49, 54, 137, 1 39 y 155.

en todo el mundo civilizado, a una apasionada campaña, descrita por Upton Sinclair en su novela *Boston,* en pro de la revisión de la sentencia y el indulto de los condenados. Es instructiva la lectura de los libros de Barnes-Teeters, Sol Sheldon Glueck, Hays y Quentin Reynolds[11]. De gran valor como guía para nuestro estudio son también los trabajos de Roscoe Pound, Frank Tennenbaum y Joseph N. Ulman[12], que nos dan un cuadro del juicio por jurados, tan distinto al nuestro, con el interrogatorio cruzado que practican el fiscal y el defensor. Pero también ponen en evidencia que los hallazgos de la criminalística europea son casi enteramente desconocidos en los Estados Unidos. Muy importante para nuestro análisis es también la obra de Edwin M. Borchard, *Convicting the Innocent*[13], que expone, sobre la base de actas judiciales, sesenta y cinco sentencias erróneas dictadas en los Estados Unidos y en Inglaterra. Según refiere Quentin Reynolds, fue un incidente tragicómico el que movió a Borchard a escribir ese libro. Un fiscal de Boston había exclamado ante el jurado: «A los inocentes no se los condena jamás; eso es materialmente imposible». Borchard se sintió tan indignado que inició entonces su compilación. Igualmente importante, también para la criminalística europea, es la obra de John Henry Wigmore, *The Principles of Judicial Proof*[14], que aboga por una eliminación sucesiva de posibilidades que se contradicen, anotándolas y confrontándolas, -r contiene además otros datos relevantes en materia de métodos probatorios. Cabe señalar, por último, un libro de aparición reciente, obra del magistrado Jerome Frank[15], que describe treinta y seis sentencias erróneas y pone en descubierto, a base de ese material, los defectos de la justicia penal estadounidense.

Pero si la criminalística estadounidense no tiene en cuenta casi los resultados de las investigaciones europeas, a la recíproca ocurre exactamente lo mismo. Los resultados logrados en los Estados Unidos apenas son aprovechados en Europa.

Con respecto al procedimiento *británico* de juicios por jurados y a los veredictos erróneos pronunciados por esos tribunales, se cuenta con material valioso en la colección *Notable British Trials,* que contiene una versión taquigráfica de los grandes procesos criminales. Tampoco este importante material ha sido aprovechado hasta ahora por la criminalística alemana[16]. El «caso Beck» fue la principal causa de que se estableciera en Inglaterra el *Court of Criminal Appeals*[17]. En el prefacio a un volumen de la citada colección[18], titula-

---

11 Índice b'bliográfico, Nos. 9, 51, 72 y 15 7.

12 Índice bibliográfico, Nos. 148, 183 y 184.

13 Índice bibliográfico, N° 19.

14 Índice bibliográfico, N° 192.

15 Índice bibliográfica, N° 45.

16 Sólo ENGELHARDT ha tratado el proceso por homicidio de Slater (*Archiv für Kriminologie,* tomo 91, págs. 166 y sigtes., págs. 226 y sigtes. [1932]) y un caso Beck, ocurrido en Londres (*ibidem,* tomo 88, págs. 1 y sigtes. [1931]).

17 E. S. WATSON, en *The Trial of Adolf Beck,* ofrece un cuadro detallado de este caso.

18 2ª edición, 1925, pág. XIII.

do *The Seddons,* dice el editor Filson Young: «El caso echa luz sobre cierta transformación que parece haberse operado en la aplicación del derecho penal inglés, una transformación que atañe a la vieja regla de que el acusado se reputa inocente hasta tanto se pruebe su culpabilidad, lo que ha sido tradición firme en la justicia penal de Inglaterra. Toda la ley parte del supuesto de que ese principio fundamental es observado. Pero hoy en día la situación es ésta, según las palabras de un notable abogado que comentara en su época el caso Seddon: «Oímos hablar a los jueces de conclusiones, de presunciones, de que el acusado no había podido dar cuenta de sus actos y omisiones, pasándose por alto la regla de que es el Estado quien debe aportar, tomando declaraciones a los testigos, una cadena de pruebas que no deje cabida a la duda. Y quien hubo asistido al debate completo tenía la impresión de que Seddon había sido condenado, no porque el Estado hubiera podido demostrar su culpabilidad, sino porque él no había podido demostrar su inocencia».

Lo que antecede demuestra no solamente que en todos los países se dicta gran número de sentencias erróneas, sino también que esos errores obedecen en todos los países a las mismas causas. Mi estudio se limitará exclusivamente a aquellos fallos que fueron anulados en el juicio de revisión o por procedimientos análogos en países extranjeros, es decir, reconocidos con autoridad de cosa juzgada como errores judiciales. Las únicas excepciones son los casos Ziethen (caso N° 6) y Hilsner (caso N° 12), en los cuales se llegó por otras vías a comprobar irrebatiblemente que la sentencia de muerte era insostenible. No cabe duda de que esas sentencias constituyen sólo una pequeña fracción de los errores judiciales en el ámbito penal. El defectuoso juicio de revisión alemán opone a la revocación de una sentencia errónea escollos casi insalvables, contra los cuales la mayoría de los pedidos, aunque estén bien fundados, tiene que estrellarse. El número relativamente bajo de absoluciones que registran los juicios de revisión en Alemania (1927: 106; 1928: 63; 1929: 91)[19] no debe llevarnos a la errada conclusión de que las sentencias erróneas son pocas. Todos los pedidos de revisión de la sentencia dictada contra el barbero Albert Ziethen, de Elberfeld, fueron desestimados y el reo murió miserablemente en un presidio tras incontables padecimientos. Sin embargo, no puede dudarse de que fue víctima de un gravísimo error judicial.

No debe olvidarse tampoco que son muchas las sentencias erróneas que se revocan en la instancia de apelación y no figuran por consiguiente en las estadísticas. A ello se agregan los muchos errores judiciales que favorecen al acusado, que terminan a menudo con el sobreseimiento en la etapa instructoria. No es pues lícito tranquilizarse deduciendo que las sentencias erróneas son raras por ser pocos los pedidos de revisión que prosperan. No quiero llegar al extremo de Barnes-Teeters[20], que estiman que son erróneos el 50 % de los veredictos de los jurados estadounidenses. Pero es seguro que su número es mu-

[19] Peters, *Strafprozess,* 1952, pág. 490.
[20] *New Horizons in Criminology,* 1951, pág. 313.

cho mayor de lo que la mayoría de los jueces supone. Se requiere una gran desidia de corazón para encogerse de hombros ante tantas existencias inocentes destruidas por la justicia penal. Mientras nos valgamos del sedativo de que las sentencias erróneas son fenómenos aislados y los errores judiciales «algo lamentable, pero natural, y sin duda inevitable en cierto grado»[21], no podremos erigir un dique eficaz contra esos fallos. La idea de que miles de inocentes vegetan en los presidios y muchos otros son ejecutados, debería ser insufrible para toda persona de sentimientos y sobre todo para un profesional del derecho.

Las *sentencias erróneas no son inevitables.* Ya en 1875 escribía von Holtzendorff[22]: «A la justicia no puede repetírsele bastantes veces cuán expuesta se halla al error». La resignación a que aludimos es una manifestación parcial de la declinación del sentido de justicia en esta época de decadencia, incomprensible sobre todo en un pueblo de cuyo seno saliera la inmortal obra de Kleist, *Michael Kohlhaas.* Víctor Hugo dio a su hijo el siguiente consejo, exclamando: «Si necesitas alguna idea que refuerce tu repulsión al cadalso, tu rechazo de penas terminantemente irreparables, piensa que tú mismo podrías estar en el banquillo en que se sentó Lesurques».

Finalmente, para la introducción al problema debe elegirse el método analítico. Como las sentencias erróneas son tratadas aquí como patología de la justicia penal, el método para el análisis científico se da por sí solo. Al igual que en la patología médica, deben estudiarse casos clínicos. Sobre la base de éstos han de examinarse las causas del error judicial, para analizarlas luego de modo sistemático.

Al hacerlo, deben separarse las sentencias erróneas dictadas en procesos por delitos comunes de las dictadas en procesos por delitos políticos, ya que se diferencian sustancialmente, no sólo por el objeto del procedimiento, sino también por las causas que inducen al error. Hay una diferencia radical en la psicología del juez. Mientras que en el proceso por delitos comunes el juez es normalmente imparcial en lo que respecta al resultado del juicio, en el proceso por delitos políticos le toca juzgar, ya a un acusado con el cual confraterniza, ya a uno que le es odioso políticamente. La prueba a que está sometida en este caso la imparcialidad de la justicia es enteramente distinta. La diferencia se advierte también en que en los procesos por delitos políticos, con mucho mayor frecuencia que en los procesos por delitos comunes, la falla consiste en la absolución del culpable.

Es condición para el éxito de un estudio como 1 presente que la justicia penal tome conocimiento de los resultados de este análisis, y esto no vale solamente para los abogados defensores, sino también para los jueces. El material existente hasta ahora sobre el error judicial es casi totalmente desconocido para la mayoría de ellos. Durante mi actuación como defensor en Alema-

---

[21] HELLWIG, *Justizirrtum,* 1914. pág. 3.

[22] *Dat Verbrechen des Mordes und die Todestrafe,* pág. 3 66, nota 115.

nia, me tocó un caso en el cual un testigo afirmaba reconocer al acusado. Traje entonces a colación el caso de Lesurques, ocurrido en Francia, en el que siete testigos, adultos e imparciales, habían identificado al acusado como seguro participante en un robo a mano armada. Los siete habían visto muy de cerca, durante un espacio de tiempo prolongado y a la luz del día, a los cuatro integrantes de la gavilla autora del crimen. Sin embargo, los siete se equivocaban. Lesurques fue condenado a muerte y ejecutado, pero tiempo más tarde se descubrió y condenó al verdadero culpable[23]. Mi impresión fue que el caso era totalmente desconocido para los jueces.

De los casos citados por Borchard[24], aproximadamente la mitad de las sentencias erróneas se debieron a errores de identificación cometidos por testigos[25]. Pero la pavorosa destrucción de existencias inocentes debida a ese tipo de errores continúa, porque los jueces, y generalmente también los defensores, no conocen los tristes ejemplos que debieran servirles de advertencia ni tampoco los remedios que aquí señalamos para poner coto a esas sentencias especialmente trágicas.

La lucha contra las sentencias erróneas no puede librarse únicamente mediante el análisis científico. La impugnación de la condena de un inocente en el juicio de revisión coloca al defensor ante una tarea que presupone una gran pasión por la justicia. De lo contrario terminará por claudicar ante la tenaz resistencia de los tribunales, renuentes a reconocer su error. Sobre este punto habremos de volver al estudiar la psicología del juicio de revisión. Raros son los defensores a los cuales pueda aplicarse aquel dicho del *Florian Geyer* de Gerhart Hauptmann: «un derecho ardiente fluye por su corazón». Su sola formación es poco apta para hacer de ellos «paladines del derecho».

Dedico este trabajo a la generación venidera de abogados, con la esperanza de que ella habrá de producir hombres de tal temple. *Contra spem in spem credo,* como dijera San Agustín.

---

23 *Infra,* cajo N° 9.

24 Índice bibliográfica, N° 19.

25 Cfr. asimismo el caso N° 10 (Adolf Beck), en el que 17 testigos sostenían reconocer al acusado.

PARTE PRIMERA

SENTENCIAS ERRÓNEAS EN PROCESOS POR DELITOS COMUNES

CAPÍTULO I

LAS PRINCIPALES CAUSAS CRIMINALÍSTICAS DE LAS SENTENCIAS ERRÓNEAS

Establecido el método, procederemos, como primer paso, a exponer y analizar una serie de casos ocurridos en Alemania, Estados Unidos, Inglaterra y Francia, que nos servirán de base para estudiar las causas más frecuentes en la práctica de nuestras sentencias erróneas.

Dichos casos nos mostrarán que hasta ahora, en todos los países, los descubrimientos de la criminalística moderna, sobre todo los relativos a la inseguridad de la prueba testifical, a los peligros que encierra el reconocimiento, a la falta de crítica en la valoración de los dictámenes periciales, así como a la superioridad de la prueba real, han penetrado poco en la práctica judicial. De ahí que se dicten muchas sentencias erróneas que podrían evitarse con facilidad atendiendo a las enseñanzas de esa ciencia. Consecuencias tremendas de su ignorancia son condenas a muerte o a largas privaciones de libertad impuestas a inocentes.

En Alemania y en otros países tiene que ver en ello el exceso de trabajo y la baja remuneración de los jueces de carrera. En los Estados Unidos se ha comprendido la necesidad de hacer atractiva la judicatura a letrados capaces, ofreciéndoles sueldos elevados, y la de evitar que los jueces estén sobrecargados de trabajo. Un juez que en una sola jornada debe resolver ocho, diez o más casos, ya sea solo o asistido por escabinos, está mucho más expuesto al error que uno de los reyes de la justicia que en Inglaterra y en los Estados Unidos pueden dedicar a cada asunto el tiempo suficiente.

A un juez que debe dedicar las horas de la noche a confeccionar sus sentencias, no le sobrarán luego ni tiempo ni energías para familiarizarse con los descubrimientos de la criminología moderna. Los defensores muy atareados pueden, gracias a sus altos ingresos, emplear auxiliares en quienes descargar las tareas de rutina, lo que les da tiempo para ampliar sus conocimientos científicos. La mayoría de los jueces, en cambio, no está en condiciones de hacerlo. La errada economía que se practica en la justicia es, pues, culpable, en parte, del gran número de sentencias erróneas.

Sobrecargando la jornada de sesiones, se perjudica gravemente la calidad del debate y de la labor de formación de la sentencia. Muchos jueces se ponen nerviosos si en alguno de los casos fijados se «intercala» algún trámite, ya sea porque el acusado solicita nuevas diligencias probatorias o presenta nuevos documentos que por el apremio de tiempo no pueden examinarse debidamente, mientras que afuera esperan su turno defensores y testigos de otras causas. Todo esto sólo puede ser nocivo para el acierto del fallo.

Quien es atrapado por el engranaje de esa justicia masiva de los llamados casos pequeños, puede sufrir consecuencias tan aciagas como quien es condenado en un juicio por jurados tras un debate prolijo y circunstanciado, ya que para un hombre sin antecedentes penales una condena a cuatro semanas de cárcel por estafa o desfalco puede ser mucho más demoledora que una larga pena de presidio para un delincuente habitual. En lo que respecta al esmero en la comprobación de los hechos, los juicios por jurados —bien entendido que no me refiero a los pseudo-jurados que en 1924 estableciera, mediante una ordenanza de emergencia,

el ministro de justicia Emminger, en reemplazo del jurado de doce miembros— son preferibles para la buena formación de la sentencia. Las exposiciones son más detalladas y tranquilas, porque los miembros del tribunal no conocen los autos y deben ser instruidos sobre todos los pormenores. No obstante ello, por razones que señalaré más adelante, soy de opinión que el tribunal por jurados representa un peligro mayor para la buena formación de la sentencia que el tribunal mixto compuesto por jueces de carrera y legos. Barnes-Teeters[1] llegan a la misma conclusión refiriéndose al procedimiento estadounidense. Pero tanto en ese país como en Inglaterra hay pocas posibilidades de eliminar esos tribunales, afianzados por siglos de consagración constitucional.

Las causas más importantes de las sentencias penales erróneas son las siguientes:

1. La valoración no crítica de la confesión;
2. La valoración no crítica de cargos aducidos por coacusados;
3. La valoración no crítica de las deposiciones testificales;
4. El error en el reconocimiento;
5. La mentira como prueba de la culpabilidad;
6. La valoración no crítica de los dictámenes periciales.

Seguidamente habremos de exponer y analizar todas ellas sobre la base de casos prácticos.

1. Valoración no crítica de la confesión

Para la mayoría de los jueces, la confesión es la prueba más contundente, la *regina probatio*. Ya el Digesto (XLII, 1, 56) decía: «*in iure confessi pro iudicatis*

1 Índice bibliográfico Nº 9, pág. 313.

habentur» [los confesos en juicio se tienen por juzgados], Y en la justicia penal impera aún hoy la cándida idea de que la confesión es un acto de purificación espiritual del acusado arrepentido, que capitula así ante el poder del órgano punitivo, el Estado. Estos casos son sin embargo los más raros. En el procedimiento estadounidense se pregunta al acusado, al iniciarse el juicio, si se reconoce culpable *(plead guilty)*. Si responde afirmativamente, no se procede al juicio por jurados ni a la recepción de pruebas; el juez pasa sin más a dictar la sentencia, que suele ser mucho más benigna que la que se dicta contra un acusado que niega su culpa. Como se ve, son razones de conveniencia las que llevan aquí al acusado y a su defensor a optar por la confesión. Para el caso de Francia nos dicen Lailler y Vonoven[2]: «Por grandes que sean su moderación, su imparcialidad y su tino, no podrá el presidente evitar que la confesión del acusado se convierta en meta de sus afanes. La confesión es un triunfo».

La moderna criminología ha comprobado, sin embargo, que la valoración no crítica de la confesión es peligrosa. La confesión sólo tiene pleno valor si es lograda sin coacción física ni moral. Las obtenidas por vía de la violencia o de la intimidación han conducido a menudo a la condenación de inocentes. Forzar confesiones mediante torturas físicas o morales no solamente es reprobable, sino que también encierra un peligro para la correcta formación de la sentencia. Los métodos que emplea frecuentemente la policía de los Estados Unidos nos muestran que en ese aspecto estamos todavía lejos de haber superado la Edad Media. Esos métodos reciben el nombre de *third degree* (tercer grado). Aunque la Corte Suprema ha declarado inválidas las confesiones obtenidas mediante torturas, en los interrogatorios policiales se las practica aún en gran escala. El informe de la Wickersham Commission[3] señala pormenores terribles sobre este punto. Otra prueba, documentada, de una confesión falsa obtenida por medio de torturas físicas y morales nos la da el caso siguiente:

Caso N° 1 (Sheeler)[4]: El 23 de noviembre de 1936, en Filadelfia, Pensilvania, el oficial de policía James T. Morrow fue muerto de un tiro por un delincuente armado. Como ocurre siempre cuando la víctima es uno de los suyos, la policía extremó los esfuerzos para prender al culpable y lograr su confesión.

Primeramente se detuvo a un tal Joseph Broderick, quien el 9 de diciembre depuso una confesión escrita. Llama la atención que nunca se le inició proceso. El 17 de mayo de 1937 confesó ser autor del crimen George Harland Bilger, sujeto que tenía antecedentes penales. Afirmó que un oficial de policía, Alfred Gebhardt, lo había secundado al cometer el delito. El 24 de junio de 1937 tuvo lugar el plenario contra Bilger, quien, en su defensa, alegó ser inimputable. Los miembros del jurado no lo consideraron así, declarándolo culpable de homicidio. Pero en vez de condenarlo a muerte, el juez Me Devitt,

---

2 Índice bibliográfico, N° 107. pág. 147.

3 *Report on Lawlessness and Enforcement*, Government Printing Office. Washington DC, pág. 93 1.

4 Expuesto por FRANK, índice bibliográfico N° 45, págs. 16 y sigtes.; mencionado también por BARNES-TEETERS, índice bibliográfico N° 9, pág. 252.

presidente del tribunal de jurados, le concedió una nueva audiencia. En ésta, Bilger se confesó culpable y retiró la defensa de inimputabilidad. El juez lo condenó a prisión perpetua. El 29 de junio de 1937 tuvo lugar el juicio contra Gebhardt, el oficial de policía imputado, quien fue absuelto.

La policía clausuró entonces el expediente, pero el juez McDevitt no creyó definitivamente resuelto el caso y a los dos años hizo que la policía se ocupara nuevamente de él. El 6 de febrero de 1939 fue muerto en un tiroteo con la policía un delincuente profesional llamado Jack Howard. En sus ropas y en su domicilio se descubrieron pruebas que lo sindicaban como asesino de Morrow. Muerto el autor principal, la policía decidió buscar un cómplice entre sus conocidos, para librar así de toda sospecha a Bilger y a su camarada Gebhardt, aunque éste había sido absuelto.

Rudolf Sheeler, nacido en Pensilvania en 1916, había pasado su infancia en orfanatos, por estar su padre Internado en un manicomio y ser su madre una pobre fregona. En 1931 halló acogida en casa de su hermana Elizabeth Morgan, domiciliada en Filadelfia, por cuyo intermedio conoció a Howard. Este le «instruyó» en su oficio, cometiendo Sheeler, en colaboración con él y también por su propia cuenta, algunos delitos menores. Mas al enterarse en 1936 que Howard había matado a un oficial de policía, rompió relaciones con el malhechor y abandonó definitivamente la delincuencia. Se trasladó a Nueva York, hallando empleo en un restaurante. En 1936 casó con una mujer que ejerció sobre él una influencia benéfica.

El 16 de febrero de 1939, cuando la policía buscaba un cómplice del homicidio cometido por Howard, Sheeler, sin sospechar nada, viajó a Filadelfia para visitar a su hermana, a la sazón enferma en un hospital. La policía, sabedora de la vinculación que los dos habían tenido con Howard, vigilaba a la mujer, teniendo así noticia de la llegada de Sheeler, a quien detuvo cuando se disponía a abandonar el hospital y registró bajo un nombre falso para poder mantenerlo arrestado.

Al día siguiente se lo interrogó sin pausa durante siete horas para hacerlo confesar. Sheeler admitió sus anteriores relaciones con Howard, pero negó toda participación en el asesinato de Morrow. Sometióselo entonces al *third degree.* Los días siguientes, los funcionarios policiales, actuando por tandas, lo golpearon brutalmente, prolongando el interrogatorio hasta cincuenta horas. Usaron también coacción psíquica diciéndole que por sus delitos anteriores, en realidad prescritos, podría condenárselo a una pena interminable. No se le hizo saber la fecha en la que Howard había matado a Morrow, pero se le dijo que se había comprobado que él —Sheeler— había faltado ese día del restaurante donde trabajaba y que un testigo intachable podía dar fe de que había estado en Filadelfia.

Tras una semana de torturas, fue confrontado, junto con otros detenidos, con el citado testigo, que en realidad era un informante de la policía y que, por orden de ésta, identificó de inmediato a Sheeler. El detenido fue devuelto a la prisión, donde se continuó el interrogatorio. Los funcionarlos policiales le dijeron que si confesaba, se lo dejaría en libertad poco después de dictada la sentencia; de lo contrario, no la recobraría nunca. Al cabo de una semana, esos actos de coacción física y moral terminaron por minar la resistencia de Sheeler. Confesó entonces haber sido cómplice de Howard en el asesinato de Morrow y en un robo. Luego de que hubo firmado esa confesión, cuyos pormenores le fueron dictados por la policía, se trató de borrar de su cara y de su cuerpo las huellas de las torturas, lo que se logró sólo parcialmente. Acusado de asesinato, se reconoció culpable. El tribunal le designó dos defensores, pero sólo el día antes del juicio. Cuando éstos se le apersonaron por la noche, Sheeler, totalmente atemorizado, les manifestó que su confesión había sido voluntaria. Habiéndose reconocido culpable, no se le sometió al juicio por jurados. Pero los tres jueces de carrera advirtieron, al interrogarlo, que su declaración discrepaba en varios puntos de su confesión escrita. La policía le hizo firmar entonces una confesión nueva, exenta de esas contradicciones. Se lo condenó a prisión perpetua.

Al ver que la promesa de pronta libertad había sido mentida, escribió, sin éxito, varias peticiones protestando de su inocencia. Sólo al cabo de seis años se ocupó del caso el profesor Schwartz, de la Universidad de Pensilvania, quien comprobó que la confesión se había arrancado por la fuerza y que Sheeler no podía ser el autor del hecho. Descubrió también que el «testigo intachable» que lo había identificado era en realidad un informante a sueldo de la policía y que su declaración había obedecido a directivas de ésta. La lucha se prolongó hasta 1951; el 29 de mayo de ese año la Suprema Corte de Pensilvania decretó la libertad de Sheeler. La investigación estableció, entre otras cosas, que en el momento del crimen Sheeler había estado, fuera de duda, en el restaurante neoyorquino. En la sentencia se lee:

«El agravio inferido a Sheeler no puede repararse con una sentencia absolutoria incondicional. De este entuerto deben derivar conclusiones trascendentales, de un alcance mucho más hondo y más vasto. Contemplado desde un punto de vista más amplio, constituye un grave peligro para la seguridad personal y libertad de todos nosotros. Si se abusa impunemente del poder policial, como ha ocurrido en este caso, nadie podrá gozar ya de seguridad...».

Sheeler había pasado en la cárcel doce años por un delito que no había cometido.

Al referirse a este caso, el juez Jerome Frank[5] describe atroces pormenores del *third degree* de que se sirve la policía en los Estados Unidos; su constatación por parte de un alto magistrado es concluyente. Menciona el uso de la porra de goma, que presenta la ventaja de causar dolor agudo sin dejar huellas; la «cura de agua», en la que se introduce agua en las fosas nasales del detenido, sujetado,

---

[5] Índice bibliográfico Nº 45, págs. 180 y sigtes.

quien debe optar entonces por confesar o asfixiarse; la aplicación del torno por un dentista. Señala Frank que estos métodos conducen no solamente a falsas confesiones, sino también a falsos testimonios de los funcionarios policiales, que niegan bajo juramento haberse valido de ellos. Cita a Roscoe Pound[6], quien destaca que las víctimas son siempre individuos sin recursos, nunca personas pudientes que cuentan con relaciones importantes. Da el ejemplo de Inglaterra, donde se repudian esos métodos, y el del FBI, que deja cesante de inmediato a todo funcionario que se valga de ellos. Frank falleció al día siguiente de terminar su manuscrito, que viene a ser de ese modo el testamento de un alto magistrado acuciado por su conciencia. Ningún otro país puede presentar un documento semejante salido de la pluma de un juez[7].

Son también frecuentes en los Estados Unidos las falsas confesiones nacidas del terror al linchamiento. Borchard[8] nos trae el caso siguiente.

Caso Nº 2 (Johnson): Ocurrió en Madison, estado de Wisconsin, el 6 de setiembre de 1911. Una niña de siete años, llamada Annie Lemberger, desapareció de noche de la cama en que dormía en la casa de sus padres. Estos denunciaron el hecho a la policía, mas todas las pesquisas resultaron infructuosas. Los habitantes de la ciudad, sumamente consternados, colaboraron en la búsqueda, pudiendo finalmente hallarse el cadáver de la desaparecida, que había sido herida y arrojada a un lago. Entre los participantes en la busca había un joven de la vecindad, llamado John A. Johnson, cuyo comportamiento había despertado sospechas. Interrogado durante varias horas, protestó de su inocencia y fue puesto en libertad. Su esposa y sus dos hijas atestiguaron que en la noche del crimen había estado en su casa. Mas al saberse que tenía antecedentes penales y mala reputación, se lo detuvo nuevamente, sometiéndoselo a interrogatorios interminables. La policía le dijo que frente al presidio se agolpaba una muchedumbre enardecida con el propósito de lincharlo. Al oír esto, se confesó autor del hecho, haciendo relación circunstanciada del mismo. Dijo que aquella noche se había acostado en estado de embriaguez, levantándose luego y saliendo a la calle. Después habría roto el vidrio de una ventana de la casa de los Lemberger, sacando por el boquete así abierto a la niña que dormía en su cama. Como ella quiso gritar, le habría asestado golpes de puño. Su primera intención habría sido dejarla en cualquier sitio, mas al percatarse de las graves consecuencias de su delito, la habría arrojado al lago, para evitar ser descubierto. Más tarde repitió esa confesión ante el juez, quien lo condenó a prisión perpetua. Al recluirlo en la cárcel, el sheriff le dijo que pasaría allí el resto de sus días. Johnson replicó que estaba contento de no haber perecido a manos del populacho, más reiteró no ser culpable del secuestro y homicidio de Annie Lemberger.

Desde la cárcel presentó varias peticiones afirmando ser inocente, pero sólo en 1920 pudo encontrarse un juez que se interesara por ellas. Reabierto el

---

6 Índice b: biográfico Nº 148.

7 Otros detalles de torturas para lograr la confesión pueden verse en EMMANUEL LEVINE, *The Third Degree,* 1930.

8 Índice bibliográfico Nº 19, págs. 110 y sigtes.

proceso, se le asignó un defensor oficial, quien demostró que el boquete abierto en el vidrio era demasiado pequeño para introducir el brazo y sacar por él a la víctima. La esposa y las dos hijas de Johnson aseveraron que éste no había salido de casa en la noche del crimen. Se procedió entonces a tomar declaración bajo juramento al mismo condenado. Este manifestó que la policía había tenido conocimiento de que en cierta ocasión había presenciado el linchamiento de un negro y que eso le había causado una impresión terrible. Durante su interrogatorio se le había dicho incesantemente que a la salida del presidio lo esperaba el populacho dispuesto a lincharlo, que no debía tampoco asomarse a la ventana, porque se expondría a que se hiciera fuego contra él, y que solamente podría escapar al linchamiento confesando el hecho. Finalmente, tras días de protesta, había cedido a la presión, terminando por hacer la confesión falsa movido por el temor.

El fiscal persistió en su afirmación de que la confesión no había sido forzada, e hizo prestar declaración bajo juramento a los funcionarios policiales, que lo hicieron en ese sentido. Las esperanzas de que se revocara la sentencia eran pocas. Las actas evidenciaban, sin embargo, que Johnson había sido juzgado en secreto y con toda prisa, y que se lo había transportado al presidio en un camión cerrado, oculto bajo una manta.

Fue entonces cuando el defensor recibió un anónimo y luego un llamado telefónico de la remitente del mismo. Era la señora Mae Sorenson, quien le ofreció dar el nombre del verdadero culpable, siempre que se la pusiera al abrigo de la venganza del mismo. Informado el juez, procedió a tomar declaración a la testigo esa misma noche. La señora de Sorenson nombró al culpable, que había asistido diariamente a las sesiones del proceso contra Johnson. Era el propio padre de la niña. Ebrio tras una francachela con unos amigos, en un arrebato de ira había golpeado a su hija con una atizadero. La niña falleció poco después, siendo sus ropas ensangrentadas lavadas por la madre, quien fue la que relató el hecho a la testigo. En 1922 Johnson fue indultado y puesto en libertad. Aunque había pasado injustamente más de diez años en el presidio, se le negó toda indemnización por haber contribuido él mismo a su condena mediante su falsa confesión.

Aun allí donde no se echa mano de estos expedientes medioevales para lograr que el imputado confiese, se arrancan a menudo confesiones falsas por las penurias de la prisión preventiva, las perspectivas de penas más benignas u otras facilidades, la coacción moral ejercida por los funcionarios policiales, el juez de prevención o de instrucción, o por otros medios análogos. La confesión no es casi nunca fruto de un sincero arrepentimiento. Recuerdo un caso tomado de mi propia experiencia:

Siendo referendario*, se me asignó la tarea de defender a un acusado en cuyo prontuario figuraban varias condenas por robo con violación de domici-

* En la terminología alemana, por *Referendar* se entiende al graduado en derecho que realiza sus prácticas profesionales previas al ejercicio de la abogacía.

lio. Las pruebas que se desprendían del expediente me parecieron abrumadoras. Visité al acusado, en prisión preventiva, quien afirmó no haber tomado parte en el delito que se le imputaba. Le manifesté que el tribunal no daría crédito a esa afirmación; las deposiciones de los testigos lo convencerían de su culpabilidad. Le aconsejé que se confesara culpable, lo que podría valer como atenuante, imponiéndosele en tal caso sólo pena de cárcel, mientras que de lo contrario se lo condenaría a presidio. Reiteró ser inocente, pero dijo que seguiría mi consejo. Entonces rehusé de plano adoptar esa salida. En la audiencia varios de los testigos restaron vigor a sus declaraciones anteriores, siendo el acusado absuelto por falta de pruebas. Al retirarnos le insté a que me dijera ahora con toda franqueza si había participado o no en el robo. Me juró por la vida de sus hijos que era inocente. Pero si yo lo hubiera permitido, habría seguido mi consejo confesándose culpable.

Altavilla[9] es de opinión que, en principio, las confesiones valen prueba, pero admite que pueden darse confesiones falsas, a saber: 1) de enfermos mentales, 2) con fines de suicidio, 3) por sugestión, especialmente la producida durante el interrogatorio, 4) por intimidación, 5) para encubrir a otra persona, 6) para ganar prestigio en el mundo del hampa, 7) para ocultar otro delito más grave. Sello[10] da como causas de confesiones falsas las siguientes: temor a la prisión preventiva, temor al presidio, temor a la muerte, padecimientos morales causados por interrogatorios, extorsión o sugestión, casos de acusados psicopáticos.

El hecho de que el acusado indique detalles, aunque sean verosímiles, no es prueba segura de la veracidad de su confesión. La confesión de Johnson (caso N° 2) había sido circunstanciada, siendo imposible conjeturar que los hechos eran inventados. Dostoevskij[*] mostró en sus novelas que la mentira puede tomar visos de verdad si se la pormenoriza. Como prueba de ello veamos tres casos de confesiones falsas, todas las cuales condujeron a largas penas de presidio:

Caso N° 3 (Gawenda [11]: Katarina Sroka, joven de 16 años de edad, vivía en casa de Johann Gawenda, segundo esposo de su madrastra. Este, aunque administraba el patrimonio de la muchacha, la maltrataba con frecuencia y la descuidaba. En 1881, Katarina Sroka desapareció sin dejar rastros; una menor de edad testificó que por boca de la media hermana de la desaparecida había sabido que Gawenda y su vecino Gallus la habían matado a golpes de azada. La media hermana, a su vez, declaró al gendarme haber visto personalmente cómo Gawenda asestaba a Katarina con el plano de la azada un golpe en la frente. Entre él y Gallus la habrían arrancado de la cama, golpeándola hasta

9 Índice bibliográfico N° 6. págs. 231 y sigtes.
10 Índice bibliográfico N° 165.
* Para la grafía de los nombres rusos, hemos observado en este libro el sistema de trasliteración recomendado por la Organización Internacional de Normalización. Ver especialmente el Capítulo IV (Dostoevskij. en vez de Destoyevski o Dostoiewsky. Puskin, en vez de Pushkin, etc.).
11 SELLO, *ob. cit.*, pág. 223.

matarla. Luego se habrían llevado el cadáver tras despojarlo de sus ropas.

Ante el tribunal, esta testigo, que contaba sólo siete años de edad, se negó a declarar, lo que el fiscal explotó para incriminar a los acusados. Gallus negó el hecho, no así Gawenda, quien confesó haber matado a la muchacha de un golpe de azada en el pecho. Gallus habría traído ese instrumento homicida. Dijo también que habían enterrado el cadáver bajo un sauce, donde, sin embargo, no se lo halló.

Ante el tribunal de jurados, Gawenda se retractó de su confesión, sosteniendo que el gendarme se la había arrancado mediante apremios ilegales. Pero el alguacil Buda testificó que Gawenda había confesado el crimen en su presencia. Gallus lo habría negado, replicando Gawenda que estaba obligado a confesar porque su conciencia intranquila se lo exigía. Otro testigo aseveró, sin embargo, que el gendarme habría dicho a Gawenda que no tenía nada que temer si confesaba, que ni siquiera podría arrestarlo por el hecho, por haber transcurrido ya más de tres años desde su comisión.

Por nueve votos contra tres, el tribunal condenó a muerte a Gawenda, y a Gallus a diez años de presidio por complicidad.

Un año más tarde, se descubrió que Katarina Sroka estaba viva y se encontraba en otra aldea. Su identidad fue fehacientemente comprobada. Explicó que había huido de su casa a causa de los malos tratos a que la sometía Gawenda. Este y Gallus fueron absueltos en el juicio de revisión.

Caso Nº 4 (Bratuscha)[12]: En 1900, Johanna Bratuscha, una muchacha de 12 años, desapareció del hogar de su padre, Franz Bratuscha, quien denunció su desaparición a la policía. Las pesquisas resultaron infructuosas hasta que tiempo después se encontró el cadáver de una niña, que Bratuscha identificó como el de su hija. Al comprobarse más tarde que no lo era, la policía entró en sospechas y practicó un registro en la casa, hallando prendas de la menor, en las que se creyó ver rastros de sangre. Interrogado, Bratuscha confesó haber estrangulado a su hija, confesión que repitió ante el tribunal de distrito, ante el juez de instrucción, y luego, ya condenado a muerte, ante el presidente del tribunal de jurados. Ante el juez de instrucción llegó incluso a declarar que había comido trozos del cadáver. Dijo que había matado a su hija estrangulándola, y luego escondido el cadáver. Por la noche lo habría llevado a su casa, despedazándolo con ayuda de su mujer y quemando los trozos en la chimenea. Dijo también que había asado en un plato de barro un trozo de muslo, que después comió, ya que había leído que en pueblos salvajes se comía carne humana sin riesgo para la vida. Añadió que los huesos los había arrojado a los desperdicios. Allí se descubrieron efectivamente huesos, pero se comprobó que eran de animal. La mujer de Bratuscha confesó su participación en el despedazamiento del cadáver, retractándose luego, pero repitiendo la misma confesión tras confesarse con un sacerdote. Bratuscha fue condenado a

---

12 Sello, *ob. cit.*, pág. 24 6; ver también Hellwig, índice bibliográfico N° 74, pág, 278.

muerte, pena que le fue conmutada por la de presidio perpetuo, y su esposa a tres años de cárcel.

En 1903 Johanna Bratuscha fue hallada con vida. Al comunicársele esto al reo, declaró al fiscal que, de confirmarse el rumor, solicitaría la revisión del proceso, pero que de lo contrario todo debía quedar como estaba. Según sus copresidiarios, no dio muestra de excitación alguna al recibir la noticia. Solamente habría dicho: «Los gendarmes me han traído aquí, que me saquen ahora». Fue absuelto en el juicio de revisión, donde declaró que el gendarme le había arrancado la confesión por la fuerza y que luego había querido ser fiel a su palabra. Como es natural, el tribunal había dudado de su imputabilidad, pero el perito que lo revisó lo había declarado perfectamente cuerdo. Ahora se comprobó que tenía las facultades mentales alteradas. Los hechos confesados no eran mentiras conscientes, sino alteraciones de la memoria.

Caso Nº 5 (Sánchez-Calero)[13]: En España, el 21 de mayo de 1913, se condenó a dieciocho años de presidio a los pastores León Sánchez y Gregorio Calero, acusados de haber dado muerte en 1910 al pastor Grimaldos. Ambos hablan confesado el hecho, especificando que habían despedazado el cadáver, arrojando los trozos a los cerdos y quemando el resto. Tras haber cumplido doce años de esa condena, se los indultó. Dos años más tarde ocurrió que el cura párroco de Mira solicitara la expedición de una fe de bautismo de Grimaldos. El presunto occiso, que se hallaba sano y salvo, estaba por contraer matrimonio.

2. Valoración no crítica de cargos aducidos por coacusados

El criminalista italiano Francesco Mario Pagano[14] pone de relieve que las acusaciones formuladas por coacusados responden, en la mayoría de los casos, a sentimientos de venganza, a malicia o a la esperanza de sacar una ventaja personal y, son por lo tanto, más frecuentemente mentidas que veraces. También Altavilla[15], en el capítulo *La chiamata del correo e la discolpa del socio,* previene contra la falta de crítica en la valoración de esas acusaciones. Mas en la práctica se sigue creyendo que el acusado confeso que imputa un cargo a su coacusado merece fe por estar dando muestras de sincero arrepentimiento[16].

Muchos jueces parten del criterio, totalmente errado. de que el acusado confeso no cargará en su conciencia un sentimiento de culpa tan grave como lo es el de haber llevado a la ruina a un coacusado inocente. Está comprobado, sin embargo, que la mayoría de los acusados no tienen el menor escrúpulo en acusar a un inocente para sacar de ello una ventaja personal. En el juicio de

13 HENTIG, *Wederaufnahmerecht* (1930). pág. 267.

14 Índice bibliográfico Nº 140, pág. 155.

15 Índice bibliográfico Nº 6, págs. 252 y sigtes.

16 En contra de la ficción según la cual el acusado que confiesa merece fe por tratarse de un pecador arrepentido, se pronuncia también HEINITZ en *Archiv für Rechts und W irtschaftsphilosophie,* tomo XXII, pág. 285.

Rettenbeck (ver *infra* caso Nº 27), el verdadero homicida, que incomprensiblemente había sido admitido para declarar bajo juramento, juró fríamente no ser autor del hecho. No vaciló en dejar que Rettenbeck padeciera quince años de presidio por un delito que él mismo había cometido, y otro tanto hizo su cómplice Anna Nöbauer[17].

Es funesto que en estos casos el tribunal suela achacar al coacusado o testigo la responsabilidad de la desgracia de la persona inocente. Que rindan cuentas a su conciencia, explicará el juez. Pero el tribunal no puede cargar su responsabilidad en otros. El juez es siempre responsable de la sentencia condenatoria que dicta.

Las viejas pruebas legales, cuyo retorno no deseará ningún criminalista moderno, contienen sobre este punto más de una norma valiosa, fruto de la experiencia. El § 398 de la Ordenanza Criminal de Prusia del año 1805 disponía: Cuando un acusado sea mencionado como partícipe por un coacusado confeso, sin haber precedido sugestión, esto no constituirá prueba plena, sino tan sólo un «indicio próximo»; deberá existir, además, una sospecha objetivamente fundada contra el acriminado; por otra parte, la acusación formulada por el coacusado no deberá fundarse en un interés propio verificable; deberá ser de fundamentación verosímil, y la confesión no deberá retractarse.

Este problema parcial incluye la acriminación del acusado inocente por el testigo culpable, pero no acusado. Si la investigación va desencaminada desde un principio, puede ocurrir que el verdadero culpable asuma el papel de testigo y el inocente el de acusado, pudiendo aquél acriminar a éste, incluso bajo juramento. El caso Rettenbeck, en el que yo mismo logré en el juicio de revisión que se revocara la pena de muerte y se absolviera al reo por inocencia probada, sin renovación del plenario, es un ejemplo de las funestas investigaciones «de vía única» contra las cuales ya nos previniera Hans Gross[18]. En la *Monatsschrift für Kriminologie und Strafrechtsreform*[19] expuse documentalmente ese caso, que más adelante tendremos oportunidad de estudiar detenidamente (caso Nº 27). Remito a los pormenores allí consignados, que hacen del caso un ejemplo clásico de patología de la justicia penal, limitándome aquí a señalar los puntos más esenciales: tanto la policía, como el fiscal y el juez de instrucción estaban desde un principio tan convencidos de la culpabilidad de Rettenbeck, que no solamente trataron con negligencia, sino que pasaron lisa y llanamente por alto todas las restantes posibilidades. Así por ejemplo, en la causa contra Anna Nöbauer, instigadora del verdadero autor del crimen, se dictó prontamente el sobreseimiento. Ese sobreseimiento consta a los pocos folios de un expediente que luego pasaría de mil. Schikaneder, el verdadero

---

[17] También ALSBERG (*Zur Lage der Strafrechtxpflege,* en *Archiv für*. Otros casos son referidos por HELLWIG, *Psychologie und Vernehmungs-Kriminologie,* tomo 82, págs. 99 y sigtes.) informa sobre dos casos de falsa autoimputación de perjuicio unida a falsa acusación de un coacusado *technik,* 1927, págs. 86 y 95.

[18] Índice bibliográfico Nº 5 8.

[19] Tomo 38 (noviembre de 1955), págs. 129 y sites.

homicida, aunque altamente sospechoso, jamás fue acusado. La primera sesión del tribunal por jurados fue postergada, por tener que citarse aún otros testigos. Se excarceló a Rettenbeck, no obstante pesar sobre él una acusación de asesinato, por no existir, según se sostenía, sospechas de que intentaría fugarse. En la segunda sesión no compareció Anna Nöbauer, alegando hallarse indispuesta. A pesar de existir contra él fundadísimas sospechas, aún antes de los graves cargos que se le formularan en el juicio de revisión, Schikaneder pudo prestar declaración bajo juramento, sin que el defensor lo objetara. Como era natural, juró no haber cometido el hecho. Sobre la base de este elemento probatorio, se condenó a muerte a Rettenbeck. Conmutada luego esa pena por la de presidio perpetuo, habían transcurrido ya nueve años cuando el presidiario recurrió a mis servicios. La lucha en el juicio de revisión, coronada finalmente por el éxito, duró seis años más, con lo que suman quince los años que Rettenbeck, inocente, pasó en el presidio. Por cierto que fue también muy grave la negligencia de su primer defensor, que renunció al interrogatorio de la Nöbauer y no se opuso a que se tomara declaración bajo juramento a Schikaneder.

Uno de los más trágicos casos de aniquilamiento de un inocente por obra del verdadero culpable es el de Ziethen, un reo que murió en el presidio tras haberse desestimado todos los pedidos de revisión. No obstante, la sentencia que lo condenó fue indudablemente errónea[20].

Caso Nº 6 (Ziethen): El barbero Albert Ziethen explotaba en Elberfeld, aparte de su barbería, un local de despacho de bebidas. Casado desde 1871, su matrimonio era desdichado. Rudo y colérico, no era muy escrupuloso en materia de fidelidad conyugal, por cuya razón tenía frecuentes reyertas con su esposa María. En esas ocasiones, llegaba a menudo a maltratarla. Con una de sus criadas, llamada Emma Alberts, tuvo relaciones amorosas, que continuó después de haber dejado ella su servicio. No hay pruebas de que hubiera tenido intención de desposarla. El 25 de octubre de 1883 había ido a visitarla a Colonia. Por la noche regresó a Elberfeld, llegando a su casa después de las 23 horas.

Entre las 23.15 y las 23.30, despertó a gritos a la sirvienta Johanna Tasche, ordenándole que se levantara, porque algo le habría ocurrido a su mujer. Ya en la planta baja, Ziethen le ordenó despertar al aprendiz August Wilhelm, que dormía en una buhardilla. Wilhelm no reaccionó al principio a los golpes dados a la puerta, respondiendo finalmente con la voz de alguien que «despierta de un sueño profundo». La señora de Ziethen yacía en la planta baja, con la cabeza, que presentaba graves heridas, tendida en un charco de sangre. En el charco estaban también su peineta, rota, v sus trenzas postizas, que le

---

20 Una exposición detallada, basada en las actas, puede verse en SELLO (Índice bibliográfica Nº 165, págs. 128 a 159). Otras obras referentes al caso Ziethen: LOHSING, *Der Fall Ziethen im Lichte det Kriminalistik,* en *Gross Archiv,* tomo 3 (1900), págs. 218 y sigtes.; LINDAU, *Der Mörder det Frau Ziethen* (1892); BARRE, *Der Prozess Ziethen* (1893); FRAENKEL, *Der jetzige Stand des Rechtsfalls Ziethen* (1902). Además LOHSING, *Grost Archiv,* tomo 10, págs. 178 y sigte.

habían sido arrancadas. Sus faldas estaban subidas por encima de las rodillas, dejando descubiertas las piernas hasta esa altura. Ziethen corría por la habitación de un lado para otro, lamentándose. Ordenó a Wilhelm buscar a un médico, lo que éste se negó a hacer, por no tener puestos más que los pantalones. Finalmente, Ziethen mismo salió corriendo a buscarlo.

Existen fuertes indicios que prueban que, desde la llegada de su tren a Elberfeld, Ziethen no pudo haber tenido tiempo para cometer el delito. Paso por alto esta prueba, como también el examen del cortaplumas con el cual habría intentado quitar los rastros de sangre de un martillo. Para nuestro tema sólo interesa saber si el homicida fue Ziethen o Wilhelm.

Moribunda, la señora de Ziethen fue interrogada en el hospital. El 26 de octubre los médicos manifestaron que no estaba en condiciones de prestar declaración. Pese a ello, el comisario Kirchhoff la interrogó durante largo rato. Respondiendo a las Insistentes preguntas, a veces tras largos intervalos, nombró a su marido como autor del hecho. Como instrumento del delito designó dos veces un vergajo y otra vez una llave. No hizo mención alguna de un martillo. Terminado el interrogatorio, comenzó a cantar. El 28 de octubre fue interrogada nuevamente, primero por el médico forense y luego por el juez de instrucción. Inquirida varias veces, terminó por decir que era su marido quien la había golpeado, pero esta vez dijo que había sido en la espalda y con un palo; nada dijo de un martillo. Terminado el interrogatorio, se le tomó juramento, pero sin señalarle su derecho de negarse a prestar declaración. Luego comenzó a cantar algo ininteligible. La cuidadora atestiguó que al preguntarle quien la había golpeado, dio varios nombres, añadiendo que no había sido su marido. Ante la pregunta de quién lo había hecho entonces, respondió: «¿Quién pudo haber sido?». El día 30 de octubre falleció.

Va de suyo que las declaraciones de la moribunda carecen de todo valor probatorio, aunque cuatro peritos médicos opinaban que sus respuestas merecían cierto crédito. Otros dos galenos eran de opinión contraria.

Ziethen negó toda culpa. Sólo acusó a Wilhelm al enterarse de que éste lo había acusado a él. El aprendiz manifestó al principio no saber nada del hecho y que sólo había visto a Ziethen cuando bajó al ser llamado por la sirvienta. Luego declaró haberlo visto ya cuando se disponía a acostarse. Cuando el juez de instrucción le dijo que Ziethen lo acusaba de ser autor del hecho, afirmó de repente que él mismo había presenciado cómo Ziethen había golpeado a su mujer con un martillo. Describió detalladamente cómo los esposos habían discutido agriamente, hasta que al final Ziethen descargó cinco martillazos sobre la cabeza de su mujer, que yacía en el suelo.

Los testigos describieron a Wilhelm como amoral y mentiroso. El y Ziethen fueron acusados de asesinato. El jurado sesionó en Elberfeld del 28 de enero al 2 de febrero de 1884. Ziethen negó ser culpable. Wilhelm repitió sus últimas afirmaciones. Ziethen fue condenado a muerte por asesinato, desestimando los jurados la participación o complicidad de Wilhelm, quien fue absuelto. A

Ziethen se le negó la casación del proceso. El defensor no había objetado que la señora de Ziethen hubiera sido juramentada e interrogada, sin señalársele su derecho a no prestar declaración. A Ziethen se le conmutó la pena de muerte por la de presidio perpetuo, donde muchos años después falleció.

Como la opinión pública no se sosegaba, se llamó a funcionarios berlineses para que practicaran una investigación. En la noche del 9 al 10 de junio de 1887, Wilhelm confesó circunstanciadamente el hecho ante el inspector von Meerscheidt-Huellesem, de la policía criminal de Berlín, repitiendo esa confesión al día siguiente ante el tribunal de primera instancia. Dijo que en la noche del 25 de octubre de 1883 había bebido abundante licor estando muy excitado. En un acceso de ensañamiento habría golpeado a la señora de Ziethen con un martillo. Pese a las innumerables advertencias que se le hacían, repitió esa confesión la semana siguiente, completándola con los siguientes puntos importantes: Otros jóvenes lo habían inducido al onanismo. Había pensado con frecuencia en el placer que sería yacer con una mujer. En la noche del drama había caído, por efecto del licor, en un estado de extrema excitación sexual, aumentada por el hecho de no haber encontrado a su querida. Pensó recurrir a una prostituta, pero no tenía dinero. En eso la señora de Ziethen pasó a su lado, rozándolo con su vestido, lo que lo excitó tanto que sintió deseos de violarla. Como ella se resistiera, la derribó con el martillo, abusando luego de ella.

Durante todo el procedimiento no se pensó en examinar el útero y las faldas de la víctima para comprobar si había infiltración de esperma, no obstante habérsela encontrado con las faldas dobladas hasta por encima de las rodillas. Este es otro ejemplo de Investigación «de vía única», tan encastillada en su opinión que deja de examinar toda posibilidad discrepante.

El 16 de julio Wilhelm repitió su confesión ante el juez de instrucción, aunque éste le advirtió que la pena mínima a que se exponía era de quince años de prisión. Es llamativo el afán que tenía ese juez de evitar aquí una confesión que en otros casos buscaría precisamente lograr.

El 19 de julio Wilhelm efectivamente se retractó. Afirmó no ser el asesino, pero que tampoco sabía que el hecho lo hubiera cometido Ziethen. Su deposición anterior habría sido mentida. El 11 de agosto fue interrogado nuevamente por el juez de instrucción. Camino al interrogatorio se encontró con su tía. Estalló en sollozos y declaró al juez: «Fui yo, yo lo hice, pero no quise hacerlo». Dio ahora otra versión. Dijo haber reñido con la señora de Ziethen, golpeándola con un martillo en un acceso de furor.

Interrogado nuevamente el 15 de agosto, dijo que estaba tentado de retractarse nuevamente, por la fuerza que tenían en él el ansia de libertad y el odio contra Ziethen, debiendo refrenar sus pasiones con toda energía para ser fiel a la verdad y confesar francamente el homicidio.

El 19 de agosto manifestó que no creía posible que la mujer pudiera haber quedado tan malherida de los dos golpes que él le asestara y que por lo tanto «suponía» que posteriormente Ziethen también le habría asestado martillazos.

El 30 de agosto dijo finalmente que estaba seguro de que Ziethen también la habría golpeado. Por lo tanto, le sería indiferente la pena que éste sufriere. Los dos comisarios de la policía de Berlín que actuaban en la revisión habían llegado al firme convencimiento de que Wilhelm era el único autor.

A pedido de la defensa, la Cámara en lo Criminal del Tribunal Regional de Elberfeld resolvió el 14 de agosto de 1887 disponer la revisión del proceso, a favor de Ziethen y contra Wilhelm. El Ministerio Fiscal interpuso contra esa resolución un recurso, al que el Fiscal Superior de Colonia creyó necesario dar su apoyo adicional. La Sala en lo Criminal del Superior Tribunal Regional de Colonia revocó entonces la resolución de la Cámara y rechazó el pedido de revisión. El destino de Ziethen quedó así sellado. Otros tres pedidos de revisión, presentados en 1893, 1897 y 1900, respectivamente, fueron rechazados por la Cámara.

Considero una deficiencia de la ley, que, ante sentencias erróneas, pueda el Ministerio Fiscal tener derecho alguno a recurrir contra una resolución que autorice la revisión de una sentencia. El caso Ziethen es un ejemplo persuasivo. En el abajo tratado caso Götz, en el que yo logré en el juicio de revisión la revocación de la sentencia de muerte, el Fiscal también interpuso recurso contra la correspondiente resolución de la Cámara Penal de Augsburgo, pero el Fiscal General Aschenbrenner, del Superior Tribunal Regional de Múnich, le ordenó que lo retirara, señalándole que no competía al Ministerio Fiscal impugnar reparos que pudiera tener un tribunal sobre la justicia de una condena a muerte. Si hubiera más fiscales como el nombrado, habría menos sentencias erróneas.

En su libro *Zeugenlüge und Prozessausgang*[21], Karl Peters nos trae el siguiente caso, relacionado con el problema que estudiamos:

Caso N° 7 (robo de trigo): En la noche del 30 de noviembre de 1922 se robaron en la estación ferroviaria de E., distrito judicial de Bonn, 47 bolsas de trigo, con rotura de un vagón. Un funcionario policial halló en el lugar del hecho una tira de papel, en la que decía con tinta: «Peter Messer... calle X, 1 bolsa (ilegible), 1 bolsa de harina, 1 cajón de Persil, 1 cajón de sosa de blanquear». Sospechóse entonces que el mentado Peter Messer, domiciliado en Colonia en la calle X, podría haber participado en el robo. Tenía mala reputación, porque en 1918 ya se le había instruido una vez en Colonia un proceso por un hurto cometido en un tren, siendo en aquella ocasión absuelto por aplicación del § 51 del Código Penal (StGB). Una testigo, la señora de Finger, declaró que una tal Barbara Hochthal le habría referido que ella misma, Peter Messer y dos hermanos de apellido Tüssen eran los autores del hecho. Otra testigo, la señora de Reif, declaró que, en la noche del robo, varios hombres

---

[21] Índice bibliográfico N° 14 3, págs. 18 y sigtes.

habían llamado a su casa para pedirle agua para un camión. Uno de esos hombres habría sido Peter Messer. Anteriormente la misma testigo había dicho, por cierto, que no reconocía a Peter Messer como integrante de ese grupo.

El Ministerio Fiscal procedió entonces a acusar a Peter Messer, Barbara Hochthal y a los hermanos Tüssen.

El plenario se inició ante la Cámara en lo Criminal de Bonn el 23 de julio de 1923. La testigo Reif se excusó por enfermedad. El ponente le tomó declaración en su domicilio, manteniendo ella los cargos.

Concluida esa audiencia, Peter Messer se dirigió a E., lugar del hecho, donde corrió por las calles gritando: «¡Schön es el ladrón del trigo!». Penetró en la casa de Johann Schön, que explotaba un comercio de cereales y huevos, golpeando al dueño y destrozando varios objetos que allí había. Anteriormente habían sido amigos íntimos.

Tras ese incidente, Johann Schön se dirigió telegráficamente al tribunal, ofreciéndose como testigo. El 26 de julio de 1923 declaró en el plenario tener que hacer una deposición importante. Peter Messer habría pretendido que él, Schön, para ayudarle a probar su coartada, declarara bajo juramento haberlo visitado en su casa en Colonia en la noche del robo. El Tribunal se negó a juramentar a Schön por considerarlo sospechoso de participación. Peter Messer solicitó que se tomara declaración a su mujer, a sus empleados y a varios familiares, quienes podrían atestiguar que aquella noche había estado en su casa. El Tribunal desestimó ese pedido por carente de seriedad, pues daba crédito a la deposición de Schön.

Peter Messer fue sentenciado a dos años de cárcel y también los demás acusados, con excepción de uno, fueron condenados. Se dictó contra ellos orden de arresto.

No podemos detallar aquí los procedimientos que siguieron, pero puede leerse la circunstanciada relación hecha por Peters, a base de las actas. Son una prueba de la inescrupulosidad con que se formulan cargos contra personas Inocentes. En el juicio de revisión se absolvió a los acusados, cuya total inocencia quedó irrefutablemente comprobada, incoándose procesos por perjuicio contra varios de los testigos. Se obtuvo prueba acabada de que Peter Messer no había participado en el robo. La tira de papel hallada había sido colocada allí posteriormente para hacer recaer sobre él las sospechas. Y en otro proceso se estableció quiénes eran los verdaderos autores. El instigador del delito había sido Schön, quien en la noche del robo había estado presente en el lugar del hecho.

Especialmente primitivo y peligroso es el procedimiento usado en los Estados Unidos por el cual el Ministerio Fiscal busca ganar a uno de los coacusados como testigo de cargo («testigo principal») *(to turn State witness)*, mediante la promesa de una pena más benigna o de retirar la acusación respecto de él. El acusado que se presta a esa transacción es preparado meticulosamente por el fiscal para estar en condiciones de responder al interrogatorio, y tiene por cierto el mayor interés en satisfacerle, ya que de su éxito dependerá que se le concedan o no las ventajas ofrecidas.

El juez Frank[22] también previene contra ese peligro. Señala que los jurados se complacen en dar crédito a un acusado confeso que formula cargos contra su coacusado, por suponer que da muestras de sincero arrepentimiento. El acusado que deviene *State witness* cuenta a menudo con la promesa del Ministerio Fiscal de salir impune si alega argos suficientes contra el otro, siendo entonces capaz de declarar cualquier falsedad a fin de eludir la pena.

3. Valoración no crítica de las deposiciones testificales

No podemos exponer aquí las conclusiones a que ha llegado la psicología criminal en Europa con respecto a la poca seguridad que ofrece la prueba testifical, en especial la prestada por niños. En la República Federal de Alemania se registran en ese sentido varios progresos, sobre todo con la implantación del § 121 JGG 1953, que exige una valoración más crítica de las deposiciones de menores. La Corte Federal de Justicia ha exhortado a que se aprecie críticamente la fe que merecen los menores[23] que actúan como testigos. En la *Monatsschrift für Kriminalpsychologie* publiqué un caso bajo el título de *Ein Fehlurteil auf Grund unwahrer Kinderaussagen*[24]. Un joven había sido acusado de un delito sexual por una niña, la cual confesó luego a una amiga que, en realidad, nada le había hecho. Ella había inventado el cargo por temor a que su padre la castigara, porque le había desobedecido al salir a pasear con el joven por el bosque. El condenado fue absuelto en el juicio de revisión cuando ya había cumplido la pena.

Es indudable que la justicia penal no ha comprendido aún cabalmente el peligro de las falsas deposiciones testificales. Debe distinguirse también entre la deposición conscientemente falsa y la hecha de buena fe, pero equivocada. Ambas son una de las causas más importantes de las sentencias erróneas. El número de perjurios es muy superior al que supone la mayoría de los jueces. Yo mismo tuve oportunidad de intervenir en el juicio de revisión de una causa de perjurio, en la que unos labriegos confabulados habían prestado fríamente testimonios falsos sobre al menos cuarenta puntos[25]. Habían convenido «ayudarse» mutuamente en los juicios de alimentos promovidos por mozas a las que habían seducido, declarando siempre uno a favor del otro para proporcionarle la excusa de no haber yacido con mujer virgen[26].

---

22 Índice bibliográfico, N° 45. pág. 221.

23 BGHSt. 7 (1955), págs. 82 y sigte.

24 1928, pág. 670.

25 Sobre este extraño caso he hecho una relación circunstanciada en *Ein aufgedecktes Meineidikomplott*, en *Archiv für Kriminoiogie*, tomo 84, págs. 81 y sigtes., basándome en las actas correspondientes.

26 En la literatura especializada están divididas las opiniones sobre la frecuencia de sentencias erróneas provocadas por testificaciones falsas. PETERS, *Zeugenlüge und Prozessausgang* (págs. 13 y sigtes.) trae amplia información sobre esa literatura. Lo que es seguro es que

Lógicamente, los perjurios que terminan siendo penados representan sólo una fracción de los realmente cometidos, ya que la mayoría de ellos no puede demostrarse fehacientemente o porque no se inicia causa por otras razones[27]. En una sesión de la Comisión de Derecho Penal del Parlamento *(Reichstag)*, realizada el 27 de enero de 1928, el ex ministro de justicia Emminger estimó en 35.000 el número anual de testimonios falsos. La cifra es, sin duda alguna, mayor, pero ese dato oficial basta para dar una idea del tremendo peligro que ellos encierran para la justicia penal.

También el Juez Frank[28], basándose en su larga experiencia, se muestra muy pesimista respecto de la frecuencia de los perjurios. Cita a un juez neoyorquino que dijo: «Se cometen perjurios en el 90 % de las causas criminales debatidas en nuestra comuna». Aunque señala que esta afirmación no está probada, Frank destaca que la mayoría de los jueces y abogados estima que el número de perjurios, tanto en las causas penales como en las civiles, es extraordinariamente elevado. Un abogado dijo en broma que la mayor parte de los procesos civiles se ganaban por el «predominio que lograban los falsos testimonios reunidos por una de las partes sobre los de la otra». Frank subraya también que el temor a una condena sólo los evita en pocos casos. Una vez condenado el acusado, el fiscal no estará inclinado a perseguir al testigo de cargo que él mismo presentara. El perjuro lo sabe y obra convencido de que quedará impune. Frank cita también un caso ocurrido en 1948 en Kansas City, Missouri.

Una niña de once años había acusado a un hombre de sesenta de haberla violado. Esa sola deposición bastó para que se lo condenara a veinte años de prisión. Cinco años más tarde la niña confesó haber Inventado la historia. En realidad, no había existido tal delito. El condenado fue absuelto tras cinco años de encierro.

También otras de las sentencias erróneas citadas por Frank han tenido lugar en los últimos diez o veinte años. No puede afirmarse, pues, que el aniquilamiento de personas inocentes haya venido a ser más raro en nuestro tiempo.

Lailler y Vonoven[29] relatan la siguiente sentencia errónea, fundada en una deposición libremente inventada por una perjura.

---

la opinión de HELLWIG *(Juttiziertümer,* 1914, pág. 38), quien considera que los falsos testimonios son relativamente raros y son sólo pocas veces causa de sentencias erróneas, por resultar generalmente sospechosas al juez, es insostenible. SEELIG (*Lüge*, en *Handbuch der Kriminaliftik* II, 1936, pág. 145) y NIEDERREUTHER *(Die Wahrheitspflicht det Prozegsbeteiligten,* en *Gerichtssaal* 109. pág. 66) creen, por el contrario, que las deposiciones falsas son muy a menudo las causas de las sentencias erróneas.

[27] Igual criterio sostienen PETERS *(ob. cit.,* pág. 3), TEICHMANN *(Meineidige im Meineidtsituationen,* 1935) y KLOSS *(Eine Zahlung der Zeuqenmeineide im Strafprozess,* en *Monatsschrift für Kriminalptychologie und Strafrechtsreform,* tomo 2, págs. 667 y sigtes., 1905).

[28] Índice bibliográfico Nº 45, págs. 159 y sigtes.

[29] Índice bibliográfico Nº 107, pág. 487.

Caso Nº 8 (Cauvin): La octogenaria y acaudalada viuda de Montet habitaba en 1891 en Marsella una villa de su propiedad. Tenía a su servicio una criada de quince años llamada Marie Michel. En la vecindad vivía un dependiente de comercio, de apellido Cauvin, hombre de treinta y seis años, por el cual la viuda había llegado a sentir maternal afecto. En 1886 lo había instituido heredero universal suyo, por estar enemistada con su familia. Pero en 1891 las relaciones con los familiares mejoraron; la viuda pensaba viajar a Toulon para visitar a su hermano y reconciliarse con los suyos. Había peligro de que cambiara el testamento e instituyera herederos a los familiares. En la noche del 16 al 17 de diciembre de 1891 se la halló muerta.

Lógicamente, la sospecha recayó de Inmediato en Cauvin y, en grado menor, en Marie Michel. Esta, en su primera declaración indagatoria, señaló a Cauvin como el homicida. Dijo que se había arrojado sobre la anciana, tendida en la cama, apretándole el cuello. Por temor, ella lo habría ayudado, sujetando los brazos de la víctima. Sobre la base de ese testimonio, Cauvin fue condenado a trabajos forzados perpetuos. Marie Michel fue absuelta, pese a haber confesado su participación. Evidentemente, por su actitud se había granjeado la simpatía de los jurados.

La sentencia contra Cauvin fue revocada por defecto de forma, realizándose en noviembre de 1892, contra él solo, una nueva sesión del tribunal de jurados.

Marie Michel compareció esta vez como testigo, añadiendo nuevos detalles, a pesar de las protestas de inocencia de Cauvin. Dijo que éste le había prometido 3000 francos de recompensa para que le ayudara a cometer el hecho. Al recriminársele que anteriormente había afirmado que los autores habían sido intrusos extraños, replicó que había hecho esa declaración falsa por orden de Cauvin, y al señalársele que presentaba rasguños en el cuello, contestó que eran marcas de un rosario que había llevado pendiente. Cauvin la interrumpió gritando: «Soy inocente. Esta muchacha miente descaradamente''. La respuesta que le dio el presidente del tribunal es extremadamente significativa para nuestro estudio: «Demuéstrelo, pues». Al preguntársele qué motivo podría tener la testigo para acusarlo si ello no fuera verdad, Cauvin sostuvo que quería encubrir un cómplice. También en este segundo debate los jurados creyeron a la Michel y no a las vehementes protestas de Cauvin. Nuevamente se lo condenó a trabajos forzados a perpetuidad.

La Michel ocupó a continuación varios empleos, uno de los cuales abandonó repentinamente sin dar razones. Su empleador encontró en su pieza un libro de poesías, sobre cuyo margen había escrito: «Mi vida está perdida para siempre. Ya no me verán más. Debo expiar mi grave culpa». Fue hallada y trasladada al hospital de Toulon. Pasaron dos años. En marzo de 1895, un sermón de un misionero católico le causó profunda impresión. Confesó al arzobispo que creía más en la justicia divina que en la humana y que quería confesar su culpa y salvar a la víctima de su falso testimonio.

Es significativo el empecinamiento con el cual el Ministerio Fiscal y los tribunales atacaron ahora esa confesión, buscando mantener la sentencia pronunciada contra Cauvin. Se le preguntó a la Michel cuánto se le había pagado por esa nueva declaración. La familia de Cauvin contrató entonces a un abogado, a quien se le opuso toda la resistencia imaginable. En su afán de probar la culpabilidad de Cauvin, el fiscal llegó al extremo de calificar de delincuentes a sus hermanos. La Michel fue examinada por varios médicos, uno de los cuales declaró que su confesión nada demostraba. Eran tantas las mentiras que había dicho que tampoco podría dársele crédito ahora. El abogado de los Cauvin consiguió finalmente que se iniciara contra la Michel una causa de perjurio. El fiscal solicitó su absolución, alegando que había sido inducida a hacer esa confesión por la familia Cauvin y las influencias clericales. Esta vez el instinto no traicionó a los jurados; la Michel fue hallada culpable de perjurio y condenada a cinco años de cárcel.

Con ello se hizo inevitable la revisión de la sentencia dictada contra Cauvin. Descartada, como medio de prueba, la deposición de la Michel, el Ministerio Fiscal buscó ahora demostrar su culpabilidad por otros medios. Había otros elementos de sospecha que lo acusaban. En sus ropas se habían descubierto rastros de sangre, aunque no se examinó si provenían de la occisa. También se había apoderado de los valores de ésta. Al descubrir el crimen no había llamado a un médico ni dado parte a la policía. Mas todo esto era insuficiente para mantener en pie la sentencia. Un nuevo tribunal de jurados lo absolvió por falta de pruebas. Había cumplido cinco años de trabajos forzados.

Sobre la poca confianza que merecen las *deposiciones testificales,* incluso las hechas de buena fe, la psicología criminal ha acumulado mucho material de prueba. No basta que el juez establezca si el testigo quiere decir la verdad; debe examinar también si puede decirla y si efectivamente está en condiciones de saber lo que cree saber. Recuerdo un caso en el que tuve que defender al conductor de un automóvil que había chocado en Múnich con un motociclista. Este circulaba, en dirección a las afueras de la ciudad, por la calle que va del Monumento a la Paz al Teatro del Príncipe Regente. El automóvil había venido por una calle lateral. Se tomó declaración a tres testigos oculares imparciales, preguntándoseles a qué velocidad se había acercado el motociclista al cruce. El primero dijo que había venido a una velocidad vertiginosa de por lo menos 70 kms. por hora. El segundo sostuvo que su velocidad había sido normal, quizá de 40 kms. El tercero, finalmente, manifestó que venía avanzando lentamente, a lo sumo a 20 kms. por hora. No envidié al juez por su tarea de tener que resolver sobre la base de esas tres deposiciones tan divergentes.

La criminalística estadounidense, al igual que la psicología criminal en Europa, sabe también de la paca confianza que merecen las declaraciones de testigos. En los Estados Unidos esas declaraciones son examinadas con espíritu mucho más crítico que en Europa, porque se las analiza meticulosamente, hasta en sus detalles más ínfimos, por el interrogatorio cruzado que practican el fiscal y el defensor[30].

La inseguridad en las declaraciones de buena fe se ve aumentada por la sugestión, especialmente por las preguntas concretamente sugestivas hechas por funcionarios policiales o por los jueces. Ese peligro se ve multiplicado por la sugestión colectiva, especialmente en procesos sensacionales, en la «*cause célebre*». Gran parte de la prensa que informa sobre esos procesos de manera sensacionalista, no se percata de la responsabilidad con que carga por influir así sobre los jurados y jueces de carrera. A veces, la autoridad acusadora contribuye inescrupulosamente a acrecentar esa sugestión colectiva. En el más adelante citado caso Otto Götz (caso N° 26), la Cámara Penal había declarado fundada mi solicitud de revisión y fijado la fecha para el plenario. Cuando llegué a Augsburgo la noche anterior a la sesión, me encontré con que varios diarios locales proclamaban que la sentencia condenatoria era acertada y que mis esfuerzos serían inútiles, corroborando esas afirmaciones con minuciosas citas de los autos. En la sesión protesté contra esos intentos ilegales de influir sobre el tribunal. Felizmente, dichos intentos no tuvieron éxito: la sentencia fue revocada.

Los errores judiciales más frecuentes, y de más trágicas consecuencias, causados por declaraciones testificales hechas de buena fe, pero equivocadas, son los casos de error en el reconocimiento. Por su importancia habremos de tratarlos extensamente en el acápite siguiente. Aquí puede colocarse una valla a las incontables sentencias erróneas de que caen víctima todos los años personas totalmente extrañas al hecho que se les imputa. Para ello es necesario no sólo que el tribunal comprenda el peligro que encierra el error de reconocimiento, sino también que las declaraciones de los testigos se controlen con pruebas reales.

4. El error en el reconocimiento

Al ser confrontados con el inculpado a quien corresponde identificar, los testigos proceden en su mayoría con suma ingenuidad. No sospechan cuán peligrosamente están expuestos al error. Tanto más importante es que lo sepan el juez y el defensor, y que éstos no acepten esas declaraciones lisa y llanamente, sino que las examinen con espíritu crítico. La ligereza con que proceden muchos testigos raya efectivamente en lo inconcebible. Lailler y Vonoven[31] citan el ejemplo de una testigo en el caso Game (1773) que llegó a afirmar: «Después de ocho años reconocería entre miles a un hombre al que hubiera visto un solo instante». Wigmore[32] relata cómo declaró una testigo en

---

[30] Abrió nuevos caminos Hugo Münsterberg, con su obra *On the Witness Stand* (Índice bibliográfico N° 9 129). Son importantes, además. Gault, *Criminology* (48); Pound, *Criminal Justice in America* (148): Cantor, *Crime, Criminals and Criminal Justice* (27); Lehmann, *Technical Rules of Evidence* (111): Wellman, *Gentlemen of the Jury* (189): Wellman, *The Art of Cross-Examination* (190); Smith. *Fallibility of Testimony* (168): Morgan, *A Study in the Psychology of Testimony* (127) y Frank, *Not Guilty* (4 5).

[31] Índice bibliográfico N° 107, pág. 73.

el proceso de Adolf Beck (ver *infra* caso Nº 10): «Entré directamente a la sala del tribunal y lo vi de espaldas, de pie frente al banquillo de los acusados. Lo habría reconocido entre miles. Lo reconocí en seguida. Estoy segura de que es el mismo». Ella y otros dieciséis testigos se habían equivocado y confundido a Beck con el verdadero culpable. En el caso Sacco y Vanzetti, otra menorista, más extraordinaria aún, prestó una funesta contribución para que se condenara a muerte a los acusados. Wigmore reproduce los siguientes pasajes de una carta del Dr. Morton Prince, fechada el 30 de octubre de 1926: «Miss Splaine prestó declaración, aunque había visto a Sacco cuando iba en un coche que marchaba a una velocidad, en aumento, de 15 a 18 millas por hora, en medio de un tiroteo, a una distancia de 60 pies, durante un período que, según se calcula, fue de un segundo y medio a tres segundos. Sostuvo haberlo visto y recordar, al cabo de un año, dieciséis detalles relativos a su persona, que describió minuciosamente, hasta el tamaño de sus manos, el largo de su cabello y la sombra de sus cejas. Es fácil comprobar que, en esas condiciones, es imposible observar y memorizar esos aspectos».

Los peligros del error en el reconocimiento serán examinados a continuación a base de algunos casos, tomados de la práctica, que culminaron en trágicas sentencias erróneas.

Caso Nº 9 (Lesurques)[33]; En la noche del 27 de abril de 1796 el correo que circulaba entre París y Lyon fue atacado en el bosque por una banda de salteadores a caballo. El postillón y el conductor de correos fueron muertos y los bandidos capturaron un gran botín, consistente en dinero, valores y efectos valiosos.

Estaba comprobado que los implicados en el delito eran cinco: los cuatro salteadores y un pasajero en complicidad.

De 1796 a 1804, cinco tribunales de jurados procesaron y condenaron a un total de diez acusados.

En el primer juicio se condenó por homicidio a tres, que fueron ejecutados. Otro fue sentenciado a veinticinco años de galeras por encubrimiento. Dos fueron absueltos.

En el juicio siguiente, un tal Durochat, reconocido por uno de los funcionarios del correo, confesó plenamente, siendo condenado a muerte y ejecutado.

Cuando el hado fatal toco a Lesurques, las personas condenadas y ejecutadas por ese delito, habiendo sido cinco los autores, ya sumaban siete.

Joseph Lesurques, hombre de treinta y cinco años, había servido en el ejército, siendo dado de baja con el grado de sargento y excelentes certificados de conducta. Casado, con tres hijos y buenos ingresos, su vida familiar era feliz.

---

32 Índice bibliográfico Nº 192, Pág. 436.

33 De entre los casos antiguos, éste, descrito por SELLO (Índice bibliográfico Nº 165, págs. 327 y sigtes.), es un ejemplo clásico. También lo cita WIGMORE (Índice bibliográfico Nº 192, pág. 704).

Varios testigos habían visto muy de cerca a cuatro integrantes de la gavilla, quienes antes del hecho habían pasado largo rato, con la mayor despreocupación, en dos posadas. Dichos testigos fueron citados por el juez de paz de París. Un amigo de Lesurques había sido complicado en el asunto, pero pudo probar su inocencia. Ese día quería pasar por la oficina del juez a retirar sus documentos. En el camino se topó casualmente con Lesurques y lo invitó a acompañarlo. Lesurques, apurado, rehusó, pero terminó por ceder ante la insistencia del otro. Como si el destino quisiera lanzarle aún otra advertencia, a la puerta del tribunal fueron detenidos por un guardián que les negó el acceso. Esperaron entonces a que éste les diera la espalda y entraron.

En la antesala se encontraban, a la espera de ser interrogados, los testigos citados, entre ellos dos criadas de la primera posada en que habían entrado los jinetes. Estas contemplaron a los recién llegados, y creyéndolos implicados, declararon inmediatamente que los reconocían como dos de los integrantes de la banda, declaración que mantuvieron con toda firmeza. Lesurques y su amigo fueron confrontados entonces con los demás testigos. Cinco de éstos también testificaron que los reconocían con plena certeza como miembros de la banda, sin dejarse confundir por las vehementes protestas de los Imputados. El amigo de Lesurques pudo presentar una coartada perfecta, y también Lesurques presentó la suya, corroborando todos los testigos que presentó la exactitud de sus afirmaciones.

Pero nuevamente la fatalidad le jugó una mala pasada. Sus testigos fueron interrogados sólo en el plenario. Entre ellos se contaban el orfebre Legrand y el joyero Aldenhof. Ambos confirmaron haber estado con Lesurques en la mañana del crimen y que, por consiguiente, este no podía ser integrante de la gavilla. Para probar su coartada para las horas de la tarde, Lesurques pudo presentar toda una serie de testigos, todos los cuales confirmaron sus aseveraciones.

Legrand declaró haber estado aquella mañana con Lesurques sin interrupción desde las 10 hasta las 14 horas. Dijo recordar la fecha con exactitud. Ese día habría vendido a Aldenhof una cuchara de plata y anotado la operación en su libro de cuentas bajo esa fecha. El presidente ordenó que se exhibiera el libro. La operación figuraba anotada el 9 de floreal, día siguiente al crimen. Por encima del 9 se había escrito un 8. Legrand fue detenido inmediatamente por falsificación. Ni él ni Aldenhof se atrevieron a persistir en sus declaraciones. La suerte de Lesurques quedó sellada. Los jurados no dieron ya crédito a ninguno de sus testigos. Fue condenado a muerte y ejecutado.

En la sección siguiente, *La mentira como prueba de la culpabilidad,* analizaremos el trágico incidente ocurrido con este libro.

Lesurques habría podido ser salvado todavía a último momento. Antes de pronunciar los jurados su veredicto, se presentó al presidente del tribunal Madeleine Breban, amante del acusado Courlol, manifestándole que de los actualmente acusados Couriol era el único culpable. Lesurques y el otro habrían sido confundidos por los testigos. El presidente, que ya había mostrado su parcialidad hacia Lesurques al instruir a los jurados, replicó: «Es tarde ya. El debate está cerrado». El nombre de ese magistrado, que Quedará para siempre cubierto de oprobio, era Gohier. También Couriol aseguró, antes de ser ejecutado, que Lesurques era inocente. Su afirmación fue desoída. Después de ejecutado Lesurques, el bandolero con el cual los testigos lo habían confundido, fue descubierto y condenado.

Caso Nº 10 (Adolf Beck)[34]: En 1877, un tal John Smith fue condenado en Londres por haber estafado a varias mujeres. Haciéndose pasar por el Conde de Wilton, había ido a visitarlas, logrando ganar su confianza. Bajo el pretexto de estar buscando un ama de llaves, citaba a sus víctimas a un club distinguido para tratar el asunto. A todas les había contado la misma historia: Que las llevaría a un viaje a Italia; que les compraría vestidos lujosos: que tenían que pagar algo, pero que les entregaría un cheque por el importe; que también les compraría joyas y que le dieran sus anillos para tomarles la medida. Siempre prometía volver, desapareciendo luego sin dejar rastros. Por último, una de sus víctimas lo reconoció en la calle. Fue detenido y condenado a presidio. En 1891 salió en libertad y desde 1895 su paradero fue desconocido para la policía. Prosiguió cometiendo fraudes.

Adolf Beck realizaba negocios de dudosa licitud y adeudaba dinero a sus acreedores. El 16 de diciembre de 1895 se topó en la calle con Ottillle Meissonier, una de las víctimas de Smith. Ella lo reconoció como el estafador que había desaparecido con su dinero y sus anillos e inmediatamente, pese a las protestas de Beck, lo hizo detener. Confrontado con otras diez u once mujeres, todas ellas lo reconocieron como el sabido defraudador. Con todas ellas se había valido de la misma treta, haciéndose pasar por noble y hablándoles de una supuesta casa propia y del puesto de ama de llaves que pensaba ofrecerles y prometiéndoles vestidos nuevos y alhajas.

Un hombre enterado por los diarios de la detención, manifestó a la policía que creía que el detenido era el mismo John Smith que fuera condenado dieciocho años atrás por estafas similares. Se llamó también a dos funcionarios que en su época habían entendido del caso John Smith. Estos declararon que Smith y el detenido eran indudablemente idénticos. En el plenario diez mujeres declararon bajo juramento estar seguras de que Beck era el estafador. El defensor solicitó que se examinaran los documentos que el timador había dejado a las defraudadas y sostuvo que la letra era la de John Smith, no la de Adolf Beck. Ofreció probar, además, que en 1877, año en que se condenó a Smith, Beck había estado en Sudamérica. Ambas peticiones fueron rechazadas, la primera por razones de forma y la segunda porque evidentemente la culpabilidad de Beck ya se consideraba probada. Más tarde la Cámara de los

[34] Este caso, ocurrido en Inglaterra, fue publicado en la mencionada recopilación *Notable Brithis Trials*. Seguimos acá la versión abreviada que da BORCHARD (Índice bibliográfico Nº 19, págs. 7 y sigtes.).

Comunes designó una comisión parlamentaria especial para Investigar el caso. Ello prueba la honda significación que se asigna en Gran Bretaña a una sentencia errónea, mientras que en otros países su gravedad se desdeña. La Comisión criticó con la mayor severidad el rechazo de todos los pedidos de prueba, estableciendo: «El caso nunca fue tratado conforme a la ley».

Desde el presidio, Beck dirigió al Home Office varios pedidos de revisión, alegando haber sido víctima de errores de reconocimiento. Sólo en 1898 este organismo dispuso que el caso se examinara nuevamente. Se supo entonces un hecho hasta entonces ignorado. John Smith había sido revisado en la prisión por un médico que comprobó que el reo era circunciso. Examinado de inmediato Beck, se comprobó que no lo era. Pese a ello, el proceso no fue revisado. Beck tuvo que cumplir la condena, siendo puesto en libertad en julio de 1901.

En julio de 1904 se lo detuvo nuevamente. Se habían cometido nuevamente estafas similares de las que habían sido víctimas varias mujeres. Una de las víctimas reconoció a Beck como autor del hecho. Estaba a punto de ser condenado nuevamente, cuando vino en su ayuda una feliz casualidad. Antes de iniciarse el nuevo juicio, un sujeto trató de empeñar alhajas a un prestamista, quien, por parecerle sospechoso ese cliente, llamó a la policía. Detenido el individuo, que había dicho llamarse William Thomas, confesó que era John Smith y se reconoció culpable de todas las estafas por las cuales Beck había pasado siete años en el presidio.

La indignación que este caso despertó en Inglaterra fue tal, que el Parlamento sancionó una ley que establecía la revisión de los veredictos de los jurados por un Tribunal de Apelaciones en lo Criminal. Es este otro ejemplo que merece ser emulado en otros países, para poner coto a las sentencias erróneas. Las comprobaciones de hechos de las sentencias deberían ser siempre revisadas por una instancia superior[35].

Caso N° 11 (Herbert T. Andrews)[36]. En Boston, Massachusetts, aparecieron en el verano y en el otoño de 1913 una cantidad de cheques, en parte falsos y en parte carentes de fondos. Se trataba de cheques dados en pago, que el banco devolvía con la nota «*no account*». En octubre de 1913 un comerciante de Boston entregó a la policía un cheque de US$. 30.—, expedido por Herbert T. Andrews, que el banco había rechazado por falta de fondos. Andrews era cajero de una gran casa de comercio de Boston, estimado por sus vecinos y por su empleador y carente en absoluto de antecedentes penales. Había girado en descubierto por error. El 1° de noviembre de 1913 se lo detuvo. La policía estaba convencida de haber aclarado de golpe las muchas denuncias de che-

---

[35] Borchard (Índice bibliográfico N° 19, págs. 1 y sigtes.) trae también otro caso en el que diecisiete testigos causaron por su error en ¡a identificación la condena de un inocente, aunque éste y el verdadero culpable, que fue luego descubierto, no tenían parecido alguno (caso N° II).

[36] Según Borchard (Índice bibliográfico N°9 19, págs. 3 52 y sigtes.).

ques falsificados y sin fondos y le imputó el libramiento de todos ellos. Andrews manifestó ser inocente. No se le siguió la causa por el cheque que efectivamente había librado, por comprobarse que poco antes su cuenta registraba la suma de US$. 36.—, debiendo por ende suponerse la existencia de un error. Pese a ello, se presentaron fotografías del detenido a las víctimas de las estafas, a los cuales la policía aseguró haber descubierto al autor. Algunos lo reconocieron como el librador de los cheques, otros se mostraron indecisos, otros manifestaron que no se trataba de la misma persona. Andrews fue acusado. Entretanto aparecieron nuevos cheques sin fondos. Como se creyó que había tenido la osadía de continuar sus fraudes, se hizo extensiva la acusación también a esos hechos. No pudiendo pagar la fianza, que a raíz de esos hechos nuevos había sido aumentada a US$. 4.000, debió aguardar el día de la audiencia en prisión. La defensa se puso al habla con un perito calígrafo, al que presentó cuerpos de escritura confeccionados por Andrews y los cheques falsificados, para su cotejo. El perito dijo que la letra era muy parecida y aconsejó que no se lo hiciera comparecer. Más tarde se supo que un inspector de policía le había hecho creer que contaba con testigos que habían presenciado cómo Andrews libraba esos cheques.

En el juicio, se tomó declaración a diecisiete testigos. Andrews siguió afirmando que era inocente y declaró no haberlos visto nunca Pero todos ellos afirmaron bajo juramento que lo reconocían con certeza como el librador de los cheques. Se lo condenó a catorce meses de casa de corrección.

Pero después de su encierro los cheques falsos siguieron brotando. Finalmente se descubrió que su librador era un tal Earle Barnes, quien, haciéndose pasar por hijo de un potentado, gastaba dinero a mano abierta y papaba con los cheques falsificados. Detenido, confesó todos los hechos, incluso el libramiento de los cheques por los cuales se había condenado a Andrews. Informado el juez que había dictado la sentencia contra éste, dispuso de inmediato una nueva vista en la que Andrews fue absuelto. Barnes fu: condenado, a base de su confesión, a dieciocho meses de casa de corrección. Como, al decir de Schopenhauer, aun en las páginas más serias es lícito un soplo de buen humor, dejamos constancia de que Barnes solicitó una pena benigna, fundándose en que por su confesión había permitido que se absolviera a un condenado inocente.

Caso N° 12 (Hilsner)[37]: En 1899 y 1900, un oficial de zapatero de origen judío, llamado Leopold Hilsner fue condenado a muerte acusado de doble homicidio. Esa pena le fue conmutada luego por la de presidio perpetuo. Contaba veintitrés años cuando en 1900 entró en presidio, de donde, a mi saber, nunca llegó a salir. Fue víctima de una campaña antisemita sin escrúpulos que se valió de la vieja patraña del asesinato ritual. Calumniadores hubo que para probar esa superchería esgrimieron los *Protocolos de los Sabios de Sión*, documentos cuyo carácter apócrifo se ha comprobado hace ya mucho tiempo

[37] Según SELLO, Índice bibliográfico N° 165, pág. 259.

y que por último sirvieron como material de agitación en la época hitleriana, contribuyendo a la masacre de seis millones de judíos. Según esos documentos, los judíos usarían sangre de cristianos, por motivos rituales, para la fiesta de Pascua. La manifiesta insensatez de este infundio no impidió que en la época hitleriana lo aceptaran en Alemania millones de personas. En los procesos sensacionales, el peligro de error en el reconocimiento aumenta enormemente cuando existe una atmósfera semejante. Los testigos *quieren* entonces reconocer al acusado y el fanatismo del populacho los impele prácticamente a deponer en falso.

El 1° de abril de 1899, un día antes de Pascua, se halló en la senda que unía la localidad bohemia de Polna con la aldea de Klein-Wieznitz, distantes entre sí unos 3 kilómetros, el cadáver de Agnes Hruza, joven de 19 años, hija de un bracero. Presentaba en el cuello una herida de arma blanca. Habiéndoselo hallado culpable de ese homicidio, Hilsner fue condenado a muerte por el tribunal de jurados de Kuttenberg tras un juicio de cinco días. El ambiente estaba viciado por una feroz campaña antisemita que dominó todo el procedimiento desde un principio. Hasta los médicos forenses sucumbieron ante ella. Dijeron que el cadáver contenía menos sangre de lo que normalmente habría de esperarse. La Corte de Casación revocó la sentencia a base de un dictamen presentado por la Facultad de Medicina de la Universidad de Praga, que impugnó el «dictamen» anterior. Los autos se remitieron al tribunal de jurados de Pisek para un nuevo juzgamiento.

En el nuevo juicio se acusó a Hilsner de otro homicidio. Desde el 17 de julio de 1898 había desaparecido, sin dejar rastros, una tal Marie Klima, de Oberwieznitz, Polna. El 27 de octubre del mismo año se encontró en el bosque de Polna un esqueleto. Sin averiguar si un cadáver puede quedar reducido a esqueleto en sólo tres meses, se sostuvo que era el de la desaparecida y que el homicida era Igualmente Leopold Hilsner. Se lo condenó a muerte por doble homicidio.

Agnes Hruza había salido de la casa de una modista de Polna el 29 de marzo de 1899, a las 18 horas. Se la vio con vida por última vez en el camino de regreso. El 24 de abril se presentó un carretero de apellido Cink, que manifestó haber visto en el día del crimen, a las 17.10 horas, a tres judíos que pasaban apresuradamente a su lado. Uno de ellos habría sido Leopold Hilsner. Al principio no les habría dispensado atención, por haber estado ocupado descargando paja de su carro, pero luego los habría observado desde el carromato, viendo que se internaban por un atajo en el sendero que solía usar la occisa. La certidumbre de sus aseveraciones crecía con cada declaración que prestaba, fenómeno muy común, como lo enseña la experiencia criminalista, en las deposiciones que sufren la influencia de la sugestión. Dijo que en el camino en que se encontró el cadáver había visto una mujer que se cubría la cabeza con la falda para protegerse de la lluvia. Localizada la mujer, se comprobó que ese día había reinado buen tiempo. De ahí se desprendía que lo observado por Cink no pudo haber ocurrido el 29 de marzo. El testigo había confundido las fechas, o bien su deposición era inventada.

En el nuevo juicio, el sastre Joseph Straad declaró haber visto aquel 29 de marzo, a las 17 horas, a tres judíos, entre ellos a Hilsner. No habrían ido por el atajo, sino a la cervecería de Polna, desapareciendo rápidamente por el portón.

Cuatro meses más tarde compareció otro testigo, llamado Peter Pesak, quien manifestó que ese 29 de marzo, después de las 17 horas, había visto en las proximidades del lugar del crimen, en el linde de un bosque, a un hombre esbelto que vestía traje gris y apoyaba su mano derecha en un bastón. La silueta y los movimientos, sostuvo el testigo, delataban inconfundiblemente a Hilsner. Declaró que se había Internado en el bosque virgen, donde se encontró con otros dos hombres, más gruesos y de más edad que él, con sombreros y trajes oscuros. Añadió que el traje de uno estaba raído y el del otro en mejor estado. Aunque aclaró que no había visto sus caras, por haber estado ellos parados detrás de un árbol, afirmó que se animaría a reconocer a ambos. Hilsner habría conversado con ellos.

La distancia a la cual el testigo había presenciado esa escena, era, como se estableció después, de 676 metros.

La regla de Vincent nos dice que una persona de vista normal puede, en el mejor de los casos, reconocer a la luz del día a otra, fácilmente distinguible por su aspecto y a la cual conoce perfectamente, a una distancia de 100 a 150 metros. El método nuevo que explicaremos en el caso Rettenbeck (caso N° 27) establece distancias aún menores.

No podemos entrar aquí a pormenorizar las incontables contradicciones de los demás testigos, que pretendían haber visto a la víctima en los lugares y con las vestimentas más dispares. Nunca se estableció si el esqueleto hallado pertenecía a Marie Klima, ni tampoco si ésta había sido efectivamente asesinada.

Queda pues sentado que no existía prueba alguna de la supuesta culpabilidad de Leopold Hilsner, ni siquiera una fuerte sospecha. La sentencia del tribunal fue el trágico saldo de una infame campaña antisemita que, valiéndose de la patraña del asesinato ritual, causó la ruina de un joven que era inocente o cuya culpabilidad no estaba al menos de manera alguna probada.

Gross-Hoepler[38] refieren un caso en el que el acusado, a quien los testigos habían identificado erradamente, pudo demostrar su inocencia de un modo verdaderamente curioso mediante una prueba real.

Caso *N° 13 (Nebraska):* En la primavera de 1910 se detuvo en Nebraska a un hombre sospechoso de ser causante de una explosión. Dos testigos afirmaban haberlo visto cerca del lugar del hecho con una valija, Inmediatamente

---

[38] Índice bibliográfico N° 59. pág. 137.

antes de producirse el siniestro. Decían reconocerlo con absoluta certeza. El acusado fue condenado a quince años de presidio. El tribunal no había considerado que las declaraciones de las testigos, incluso de ser veraces, no constituían prueba de culpabilidad. El contenido de la valija podría haber sido inocuo o también podría el acusado haber estado allí en otro momento. Después de la condena se presentó una fotografía, tomada por un aficionado, de una iglesia ubicada en una localidad distante más o menos media hora, en el momento en que salían los feligreses después del culto. Entre ellos se distinguían con toda claridad las dos testigos. La sombra de una persona que aparecía en la fotografía permitió a peritos astrónomos calcular exactamente la hora en que la instantánea fue tomada, quedando demostrado que las testigos no podían haber estado cerca del lugar de la explosión en el momento de ocurrir ésta. Las falsas deposiciones quedaban desmentidas por una prueba real.

Son particularmente sugestivos los casos en los cuales el verdadero autor es prendido más tarde y se puede establecer su parecido con el condenado inocente reconocido por los testigos. Borchard[39] cita el caso siguiente:

Caso N° 14 (Irving Greenwald): En enero de 1924 se hurtaron de una estafeta postal instalada en una droguería de Buffalo una serie de formularios para giros postales. El ladrón había hablado por teléfono en una cabina vecina a la estafeta. Se lo describió como de unos veinticinco años de edad, de talla mediana, cabello rubio y ojos azules. Algunas semanas más tarde los giros hurtados comenzaron a circular en Nueva York. Un sujeto entraba en un local de negocios, hacía alguna compra y pagaba con un giro, recibiendo el vuelto en efectivo. La firma del oficial de correos que figuraba como expedidor del giro era falsificada. En los meses siguientes se dieron en pago giros falsificados también en otros locales. Todos ellos iban extendidos en formularios de la estafeta de Buffalo. En marzo de 1924 los funcionarlos policiales que seguían la pista creyeron haber dado con el autor, al descubrir en Wall Street a un hombre que respondía a la descripción hecha del individuo que había hablado por teléfono en la cabina. Era joven, de talla mediana, cabello rubio y ojos azules,

Irving Greenwald, como se llamaba el imputado, creyó al principio ser víctima de una broma. Negó tener algo que ver con el hurto y la expedición de los cheques falsos. Fue detenido y se llamó a los empleados de los distintos comercios donde se habían entregado en pago los cheques falsificados. La mayoría de ellos lo reconocieron como el estafador. Greenwald no tenía dinero para costear un perito calígrafo que cotejara las letras, examen que el tribunal tampoco dispuso de oficio. Por otra parte, la fuerza probatoria de esa peritación no habría sido muy grande, ya que la firma puesta en los cheques podía ser simulada. Pese a sus protestas, Greenwald fue condenado a la pena máxima, que el juez dijo imponerle por la porfía con que afirmaba su inocencia.

[39] Índice bibliográfico, N° 19, págs. 79 y sigtes.

Poco después volvieron a aparecer giros hurtados, esta vez en Filadelfia, donde se los había dado en pago de manera muy similar a los anteriores. Se logró capturar al culpable, que confesó ser autor de todos los hechos por los cuales se había condenado a Greenwald. Se citó nuevamente a los mismos testigos, quienes declararon ahora que el nuevo detenido era el hombre que les había entregado los giros. El autor confeso fue condenado, dándose la rara situación de que ahora se hallaban en prisión dos hombres por el mismo delito, el culpable y un inocente. Tardó aún bastante tiempo hasta que Greenwald recuperara la libertad. El juez se negó, por razones técnico-jurídicas, a abrir un nuevo juicio y Greenwald sólo salió en libertad mediante un Indulto del presidente Coolidge. Los dos acusados no se parecían, salvo tener en común el cabello rublo y los ojos azules, señas a que responden millones de personas. El deseo de reconocer al culpable había dominado de tal modo a los testigos que creyeron reconocer a una persona que era totalmente inocente. Con la misma certidumbre reconocieron al verdadero autor.

Estos casos, tomados de una gran cantidad de sentencias erróneas similares, ponen de manifiesto el grave peligro a que el error en el reconocimiento expone a personas totalmente inocentes. Cualquiera de nosotros corre el riesgo de ser «reconocido» a causa de un parecido remoto, con el verdadero culpable, o aún sin tener parecido alguno con él, y ser acusado de un grave delito. Como las condenas de personas inocentes debidas a esos errores son extraordinariamente frecuentes, sería de especial urgencia ponerles vallas

En un caso en el que tuve a mi cargo la defensa, pude evitar una sentencia errónea que parecía inminente a causa de un error de reconocimiento:

Caso N° 15 (mujer del panadero): Cierta vez me tocó defender a la mujer de un bien acomodado panadero de Múnich, acusada de falsificación de documentos. Era una época en la que estaba racionado el pan negro y quien recibía su correspondiente ración, debía firmar recibo en un libro. En un puesto de reparto una mujer había tomado la ración correspondiente a otra y firmado el recibo con el nombre de ésta, es decir, falsificando su firma. Al llegar más tarde la mujer del panadero, una de las empleadas encargadas del puesto exclamó: «Esta es». Afirmó estar segura de que se trataba de la autora, lo que confirmó luego en el juicio. La otra empleada manifestó que creía, sin estar segura, que se trataba de la misma mujer. Pese a ello, el tribunal parecía dispuesto a condenar por falsificación a la acusada, sobre la base del reconocimiento hecho por una de las empleadas. Tras haber intentado en vano enervar la certidumbre con que ésta mantenía su acusación, argüí lo siguiente: el pan negro estaba racionado, no así el pan blanco, que la mujer podía recibir de su marido en la cantidad que deseaba. Habría sido absurdo para ella exponerse a una condena por falsificación por una pequeña ración de pan negro. Gracias a ese argumento la acusada fue absuelta. Sus antecedentes eran impecables. Una condena por falsificación de documentos habría sido catastrófica para ella y su marido.

Para poner coto a las sentencias erróneas originadas por errores de reconocimiento, la justicia penal debería observar los siguientes recaudos:

a) Ante todo, el reconocimiento hecho por testigos, por muchos que éstos sean, no debe llegar *nunca por sí solo* a constituir prueba plena. Como lo demuestran los casos Lesurques y Beck, tampoco la pluralidad de testigos es garantía de seguridad. Al reconocer un testigo a un acusado, ejerce una fuerte sugestión sobre los demás, animándolos a pronunciarse en idéntico sentido.

b) Es menester, pues, que el juez exija en todo caso que los testigos *indiquen los pormenores* en los cuales fundan su opinión. Cuando los testigos se ven obligados a entrar en detalles, resulta casi siempre que no pueden indicar ninguno o casi ninguno, y que su declaración se basa sólo en impresiones borrosas, dictadas exclusivamente por el sentimiento. Tanto menor ha de ser por consiguiente su fuerza probatoria.

c) Corresponde luego establecer si por sus antecedentes, su carácter y por las circunstancias del caso, el acusado es lo suficientemente sospechoso de haber cometido el delito que se le imputa. Indudablemente no lo era Lesurques (caso Nº 9). Bien acomodado, de buenos ingresos, vivía feliz con su familia, y no tenía por lo tanto ningún motivo para arriesgar su vida participando en un robo. En el caso de Hilsner (N° 12), el juez habría debido advertir que el acusado no tenía razón alguna para cometer el doble homicidio y que el motivo que se aducía, el asesinato ritual, no resistía el análisis judicial. Andrews (caso Nº 11) había tenido la mala suerte de girar por algunos dólares en descubierto, por lo cual el banco rechazó su cheque, que era por lo demás auténtico. En el caso Nº 14 faltaba todo motivo razonable.

d) Deben verificarse minuciosamente la capacidad visual de los testigos, su *distancia hacia el objeto de observación,* las condiciones de luminosidad y el tiempo que duró la observación. En el caso Hilsner (Nº 12), un testigo había observado a un hombre cerca del lugar del crimen a una distancia de 676 mts. No solamente afirmaba haber reconocido con toda certeza a Hilsner, sino que incluso se había comprometido a reconocer a los dos hombres con los cuales Hilsner habría conversado allí, aunque el mismo testigo admitía no haber visto sus caras. El tribunal debió haber comprendido que tales observaciones eran imposibles y que el testigo no merecía fe alguna. La ya citada regla de Vincent puede ahora ser suplida por otra prueba mucho más precisa, que yo introduje por vez primera en la justicia penal (caso Rettenbeck, Nº 27). Su aplicación evitaría muchas sentencias erróneas.

En el caso Rettenbeck estaba fehacientemente comprobado que el homicida había abandonado la casa del acusado alrededor de media hora antes del crimen, dirigiéndose al bosque en el que la señora de Rettenbeck fue muerta poco más tarde. Al principio no se sabía que un desconocido, el soldado Schikaneder, había llegado la noche anterior para visitar a su pariente Anna Nöbauer, ama de llaves y amante de Rettenbeck. Tres testigos habían visto cómo el probable homicida abandonaba la casa encaminándose al bosque: dos niños que patinaban sobre el hielo y una mujer que había echado un vistazo desde su ventana. Es sorprendente que los tres dieran versiones muy dignas de fe: los dos muchachos declararon que la oscuridad estaba ya demasiado avanzada como para distinguir al individuo, pero que lo tomaron por Rettenbeck por haber salido de la casa de éste. Nada sabían ellos de la presencia de Schikaneder. La otra testigo declaró que no creía que hubiera sido Rettenbeck, pues éste tenía otro modo de andar. Pese a ello, el tribunal declaró que Rettenbeck era culpable, condenándolo a muerte.

En el juicio de revisión, solicité que se tomara declaración como perito al profesor Dr. Kühl, docente de óptica y astronomía esférica en la Escuela Superior Técnica de Múnich. El momento en que tuvo lugar la referida observación estaba perfectamente determinado. Por extraño que parezca, la distancia que separaba a los testigos del hombre que habían observado marchando sólo se midió en el juicio de revisión: era de 265 metros. La defensa planteó al perito esta única cuestión: «¿A qué distancia podía una persona de capacidad visual normal, el 19 de diciembre de 1918, entre las 16.45 y las 17 horas, en el lugar en cuestión, reconocer a un hombre, a) por el rostro y la complexión, b) por la vestimenta o la prenda que le cubría la cabeza?». El dictamen fue: «El 19 de diciembre de 1918, el sol se puso en esa localidad a las 16.20. A las 16.45 se hallaba a 4 grados, y a las 17.7 a 6% grados por debajo del horizonte. A las 16.45, la capacidad visual, al aire libre y con cielo despejado, era de sólo una cuarta parte de la capacidad normal que se tiene a plena luz del día; a las 17.7, sólo la décima parte. Después de la puesta del sol, pocos minutos de diferencia afectan mucho esa capacidad. Cuando es sólo una cuarta parte de la normal, se puede reconocer la cara de un hombre a 29 metros y su complexión a 53; si se la reduce a un décimo, esas cifras disminuyen a 12,3 y 21 metros, respectivamente. Si el cielo está nublado o si la silueta se destaca sobre un fondo oscuro (bosque), son aún más bajas. Por ello es totalmente imposible que el 19 de diciembre de 1918, entre las 16.45 y las 17 horas, un hombre en marcha haya podido ser reconocido, por su rostro, a una distancia mayor de 30 a 12 metros, y por su silueta, a una mayor de 50 a 20 metros. Un sobretodo militar de color gris podía parecer negro a los testigos y ser tomado por vestimenta civil. La prenda que cubría la cabeza sólo era reconocible a una distancia de 50 a 20 metros».

Es ejemplar la manera en que cumplió los requisitos que deben observarse en juicio penal el Tribunal de Jurados del Tribunal Regional de Weiden, Alto Palatinado, en su fallo del 13 de noviembre de 1952 (Expte. Ks 3/52), dictado en el juicio de revisión contra Hans Bunkert. Por su resolución revocó la sentencia que dictara el 3 de octubre de 1947 el Tribunal Regional de Weiden y absolvió al acusado[40].

En dicho fallo se han observado ejemplarmente todas las exigencias de la moderna criminalística científica, lo que prueba que esto ya es posible en nues-

---

[40] Debo una copia de esa sentencia a la gentileza del abogado defensor Martín Hirsch de Marktredwitz (Baviera).

tros días si los jueces se han familiarizado, mediante la lectura de obras de criminalística, con los peligros del error en el reconocimiento.

La Cámara Criminal del Tribunal Regional de Weiden había condenado al acusada a doce años de presidio por homicidio, de los cuales había cumplido ya cinco. La sentencia, consistente en 23 folios, es demasiado extensa para reproducirla aquí. Todo tribunal y todo defensor debería poseer una copia de la misma, para tenerla en cuenta en los casos en que se han practicado identificaciones.

Un empleado de aduana había sido muerto en una oficina de la repartición, escapando el homicida por la ventana. Dos testigos habitantes de la casa que habían observado al fugitivo de noche a la luz de la luna, afirmaban poder reconocerlo con seguridad. Se trataba de un hombre al que ya conocían bien desde largo tiempo atrás. Sobre la base de esas declaraciones, la Cámara Penal había dictado la condena.

En su sentencia absolutoria, el Tribunal del Jurado señala los peligros del error en el reconocimiento y explica, remitiéndose a Gross-Selig, *Handbuch der Kriminalistik*[41], Selig, *Lehrbuch der Kriminologie*[42], Grassberger[43] y otros autores, que esos errores son los que provocan la mayor parte de las sentencias erróneas. Menciona el caso Lesurques (caso Nº 9) y los casos Georg Will, ocurrido en Alemania en 1902, y Brunner, acontecido en Italia en 1926; de estos dos últimos no pudo disponer de las actas. El tribunal se tomó incluso el trabajo de leer la obra original del investigador francés Vincent, *Traité de médicine légale* (1886) para informarse sobre la regla establecida por ese autor.

Estudió asimismo las condiciones de luminosidad de aquella noche, solicitando un informe a un observatorio astronómico, recurriendo a un experto en meteorología para determinar la nubosidad, y a un oftalmólogo para conocer la capacidad visual de los testigos. Había tomado nota y examinado detalladamente qué era lo que los testigos podían haber visto y oído. Estudió también las posibilidades de sugestión y autosugestión, analizando especialmente la personalidad del testigo de cargo Hernann Köstler, hombre vanidoso y porfiado en sus afirmaciones, estableciendo la sugestión que éste ejerció sobre su mujer. Luego de todas esas investigaciones el tribunal desestimó la deposición de los dos testigos, absolviendo al acusado.

En toda mi labor, nada me ha alentado tanto como esa sentencia. Ella llena prácticamente todas las exigencias que propugnamos en este libro para poner coto a las sentencias erróneas y abre la perspectiva de que la justicia penal alemana avance hasta llegar a una formación científica-exacta de la sentencia si otros tribunales siguen ese ejemplo.

---

41 Índice bibliográfico Nº 60, págs. 383 y sigtes.
42 2ª edición (1951), pág. 221.
43 Índice bibliográfico Nº 53.

5. La mentira como prueba de la culpabilidad

Este importante problema ha sido aún poco estudiado por la criminalística alemana. Otro tanto cabe decir de la criminología estadounidense, que apenas se ha ocupado de él. La justicia penal aplica generalmente la regla de que la persona a la que se descubre mintiendo no merece ya crédito alguno. En su obra *Criminalpsychologie*[44], Hans Gross ya señaló que los jueces dan excesiva importancia a las mentiras y contradicciones, porque el juicio preconcebido sobre la culpabilidad del acusado conduce a generalizaciones que no constituyen una base segura. La afirmación de Ernst Troeltsch, «*In generalibus latet error*», es válida aún hoy.

Gross-Hoepler[45] destacan: «Quien miente por principio, dice a menudo la verdad en casos particulares; y quien dice por principio la verdad, suele no obstante mentir en casos particulares». Dice también Altavilla[46]: «Debe destruirse un prejuicio: una mentira no es siempre expresión de conciencia culpable». Por mi parte, busqué analizar el problema en mi artículo *Die Lüge als Schuldbeweis*[47].

Sello[48] cita un caso extraño para demostrar que el acusado mentiroso no puede, pese a todo, abandonar completamente el terreno de lo verídico: para despistar a las autoridades, un vagabundo se había puesto el apellido apócrifo de Wallenburg, pero siempre indicaba correctamente su fecha de nacimiento, así como el nombre y apellido de soltera de su madre. Troeltsch nos cuenta en el *Pitaval der Gegenwart*[49] de un ladrón homicida, buscado por las autoridades, que se ocultaba bajo un nombre supuesto. Su nombre era Georg (Jorge) y había trabajado con un maestro panadero apellidado Kotter, por lo que se puso el nombre ficticio de Georg Kotter. Un fabricante de paños de apellido Bourgeois no podía librarse de su nombre de pila, Wilhelm, y llamaba así a todas las personas inventadas que hacía figurar en sus procesos. El delincuente, a menudo mentalmente infradesarrollado, no se percata de la inconveniencia de una concesión a la verdad en medio de una maraña de mentiras. El defraudador o estafador de talento es consecuente en ellas.

Incluso el acusado confeso recurre con frecuencia a la mentira en medio de una confesión veraz, para ocultar hechos especialmente deshonrosos, para salvar a cómplices o para lograr una pena más benigna. Las relaciones sexuales, sobre todo, son a menudo negadas por exigirlo así el código de honor de la moral sexual. Los conceptos de honor son a veces curiosos. Cierta vez pregunté a un acusado muniqués si no había estado ebrio tras beber siete jarros de cerveza, ante lo cual me increpó airado, sosteniendo que esa cantidad de bebida no bastaba para embriagar a un hombre como él.

---

[44] Índice bibliográfico N° 58, pág. 665.
[45] Índice bibliográfico N° 59, tomo I, pág. 137
[46] Índice bibliográfico N° 6, pág. 181.
[47] Índice bibliográfico N° 87.
[48] Índice bibliográfico N° 165, pág. 217.
[49] Tomo V, págs. 121 y sigtes.

Es de vital importancia saber que aún el acusado inocente echa con frecuencia mano de la mentira dentro de la exposición de la verdad, con la esperanza de salvarse, sin que ese artificio pruebe nada en orden a su culpabilidad. Es errado pensar que sólo el acusado culpable miente o tiene motivo para mentir, pero esa equivocada opinión domina aún hoy la justicia penal. Siempre vuelve a ocurrir que el juez diga, al habérsele descubierto al acusado una mentira: «Ud. ha mentido sobre este punto; ahora no le creo ya nada». Justamente el acusado inocente buscará con frecuencia un engaño para escapar a la asfixiante red de las pruebas aparentes. Al no creer nadie sus protestas de inocencia, al verse con horror envuelto en pruebas aparentes que amenazan su vida o su libertad, nada será más natural que valerse de una mentira en la creencia de que ella habrá de resultar salvadora. Un ejemplo fácil de recordar es el caso Leister.

Caso N° 16 (Leister)[50]: El 19 de marzo de 1924, se condenó a muerte al albañil Johann Leister, acusado de haber asesinado a su esposa. El 8 de junio de 1928, el Tribunal de Jurados de Eisenach lo absolvió en el juicio de revisión. El acusado había faltado dos veces a la verdad, al negar por un lado la posesión de un arma de fuego, y por el otro sus relaciones sexuales con otra mujer. En la sentencia del juicio de revisión se lee al respecto:

«Llama la atención, finalmente, que el acusado, habiendo tenido en el momento del hecho un arma de fuego en su casa, haya negado poseerla. Estando en Jena, se había encontrado con el maestro Hönninger, quien le manifestó que deseaba adquirir un arma. El acusado le llevó una pistola, pero la operación no llegó a concretarse, porque Hönninger desistió, por diversas razones, de esa compra. Fue así como el acusado volvió a llevar la pistola a Bremen... Era una Máuser automática con un calibre de 7,65 mm. El disparo homicida no pudo haber provenido de ella, puesto que el calibre del proyectil hallado en el cadáver era de 9 mm., lo que el acusado ignoraba al preguntársele durante la autopsia si poseía un arma de fuego; mas esto se supo sólo en 1927. Siguió siendo sospechoso, sin embargo, que persistiera en su negativa después de la autopsia y aun en el plenario que culminó con su condena a muerte. Mas para ello ha dado explicaciones que fueron confirmadas por su cuñado Erb y su hermana Veronika. Para ocultarla de los niños, había guardado la pistola en una caja de cartón, con el propósito de devolvérsela a su cuñado... no había pensado en ella hasta que se le formuló esa pregunta en la autopsia. Dijo que esa pregunta fue, para él, como una punzada en el corazón, y como no sabía si la tenía aún en su casa o si Veronika la había devuelto a Erb, negó tenerla; a fin de ser consecuente, persistió en esa negativa más adelante...».

«La relación que mantenía con la señora de Letsch no era, en opinión del tribunal, de tal carácter que hubiera podido inducirle a dar muerte a su esposa. Sin embargo, en el plenario negó obstinadamente haber tenido relaciones sexuales con ella».

---

[50] Índice bibliográfico N° 87.

La sentencia continúa diciendo que en el proceso de divorcio de la señora de Letsch, Leister había prestado a favor de ella un testimonio falso. Su situación era, por lo tanto, comprometida. Si confesaba ese hecho, hacia pasibles a ambos de una acusación de perjurio, y además daba motivos al tribunal para dudar de su credibilidad, incluso para achacarle un motivo aparente. La verdad y la mentira eran para él igualmente peligrosas. Por lo tanto, nada significa el hecho de haber tomado uno u otro camino.

También en los casos Nos. 25 y 26 (Pfeuffer y Götz), en los que conduje el juicio de revisión y que concluyeron ambos con la revocación, con fuerza de cosa juzgada, de la sentencia errónea, la mentira de los acusados se interpretó —y ello tuvo graves consecuencias— como prueba de su culpabilidad.

El prejuicio imperante en la justicia penal de que la mentira es prueba de culpabilidad llega a tal extremo que incluso la mentira de un testigo de descargo puede tornarse fatal para el acusado. En el ya referido caso Lesurques (N° 9), el testigo Legrand había declarado que el acusado había estado con él al tiempo de cometerse el hecho. Dijo recordar exactamente el día, por haber vendido en esa fecha una cuchara de plata y anotado la operación en su libro de comercio. El presidente del tribunal ordenó traer el libro, comprobándose que Legrand había anotado la venta bajo el 9 de floreal, tachando luego esa fecha y escribiendo por encima un 8, fecha de la comisión del delito. Se lo detuvo inmediatamente por falsificación y su deposición se declaró indigna de crédito. Ese incidente selló la suerte de Lesurques. Desde ese momento, los jurados no creyeron tampoco a los demás testigos. Juzgando desapasionadamente, el tribunal debería haberse percatado de que era imposible que Legrand falsificara dolosamente el asiento para salvar a Lesurques. De haberlo hecho, no se habría remitido al libro en su deposición. Y si hubiera querido adulterarlo efectivamente, no se habría limitado a escribir un 8 por encima del 9, sino que habría tratado de cambiar la cifra con cuidado.

Igualmente inextirpable es el prejuicio de que si el acusado se sonroja, palidece, balbucea o tiembla, ello prueba algo en su contra. Gross[51] señala: «El sonrojo no prueba nada sobre la culpabilidad o inocencia del acusado, pues son muchas las personas que se sonrojan sin tener el menor sentimiento de culpa».

Altavilla[52] destaca que las personas tímidas se sonrojan a menudo por el solo temor de sonrojarse (erotofobia) o también por temer que se las pueda considerar culpables o pensar mal de ellas. Menciona a Darwin, quien manifestó en cierta ocasión a un conocido suyo: Me sonrojo por estar frente a mis acusadores. En los casos reproducidos por Sello y Borchard siempre vuelve a hablarse de deposiciones de testigos que afirmaban que el acusado les pareció sospechoso desde un principio por su comportamiento medroso y su apoca-

51 Índice bibliográfico N° 58, pág. 62.
52 Índice bibliográfico N° 6.

miento. Hellwig refiere un caso de homicidio[53] en el que ese prejuicio contribuyó sustancialmente a que se dictara la sentencia errónea.

Caso N° 17 (Gietzinger): El 11 de noviembre de 1898 se encontró asesinada en su casa en Slegershaft (Alta Austria) a la tendera Anna Kranzlger. Se trataba a todas luces de un homicidio con robo, pues se le habían sustraído dos libretas de ahorro por valor de 400 y 200 florines, respectivamente. Primero se detuvo a un tal Perschl, que pudo presentar sin embargo una coartada perfecta. Las sospechas se encauzaron entonces contra los esposos Matthäus y Therese Gietzinger, personas de mala reputación, vecinos de enfrente de la occisa. Al ser interrogados, sus declaraciones fueron contradictorias y evidentemente mentidas. Los testigos revelaron que el comportamiento de ambos al hallarse el cadáver fue llamativo. Descubierto el crimen, Gietzinger, que fue quien lo denunció, se habría dado aires de importancia, pero sin mostrar ninguna excitación. Llamaba Igualmente la atención la actitud de su esposa, que, según se decía, permaneció enteramente indiferente al contemplar el cadáver. Uno de los testigos afirmó que Gietzinger le había parecido sospechoso, pero no pudo dar razones. La opinión general señalaba como autores del crimen a los dos esposos y a un tal Harter, sujeto que tenía una relación amorosa con la señora de Gietzinger. Estando Gietzinger en prisión preventiva, formuló sospechas contra su propia mujer y contra Harter. El informe de la gendarmería sobre el interrogatorio de este último, practicado el 23 de noviembre de aquel año, dice: «Fui a verlo y le solicité explicaciones. Al principio se hizo ostensiblemente el tonto y pretendió no entenderme, aunque mis preguntas eran claras. Finalmente confesó haber estado en casa de los Gietzinger el 11 de noviembre entre las 19 y las 20 horas, pero negó saber algo acerca del crimen. Al afirmar esto, Harter, hombre rudo y enérgico, como ya dijimos, se mostró, podría decirse, temeroso. El registro de su casa no dio pista alguna y durante el mismo Harter permaneció sereno, sin hablar casi. Cuando por último le ordené que se desvistiera para poder revisarle sus ropas, empezó a temblar. En el bolsillo posterior del pantalón se le encontró un cuchillo que parecía adecuado cara inferir esas heridas, y en otro par de pantalones se halló igualmente un cuchillo afilado. Agregamos que Harter podría ser el cerebro e inspirador del crimen, bien planeado por cierto, y que haya instigado a los esposos Gietzinger a ayudarle a cometerlo».

Los días 14 y 15 de junio de 1899 tuvo lugar en Ried el juicio contra los esposos Gietzinger y Harter. Los tres negaron ser culpables. El tribunal de jurados halló culpables a Therese Gietzinger y a Harter, que fueron condenados a la horca, no así a Matthaus Gietzinger. El recurso de nulidad que los condenados interpusieron ante la Corte de Casación fue rechazado el 31 de agosto. La pena capital les fue conmutada por la de veinte años de presidio.

---

[53] Índice bibliográfico, N° 74, págs. 187 y sigtes.: Sello (Índice bibliográfico N° 165. pág. 235), también reproduce este caso.

Dictada esa sentencia, se reanudó la instrucción contra Matthäus Gietzinger. El banquero Franz Donner, de Braunau, denunció que un individuo había obtenido en su casa un préstamo utilizando una libreta de ahorros, que resultó ser una de las robadas a la víctima. El banquero creyó reconocer a Gietzinger como aquel sujeto. Aunque no dio certeza de ello, señaló que en el acto de identificación éste se había mostrado sumamente apocado. Gietzinger negó haberlo sido, dictándose el sobreseimiento.

Harter murió en la cárcel el 27 de mayo de 1901. Pasados más de dos años, se descubrió que tanto él como Therese Gietzinger eran inocentes. El 26 de noviembre de 1903 la gendarmería se enteró de que la criada Mathilde Kaufmann acusaba a su padre de ser el asesino de la Kranziger. Detenido Matthias Kaufmann, éste, tras negar inicialmente su autoría, confesó plenamente con Indicación de todos los pormenores, cuya exactitud fue comprobada. Los dos condenados no habían tenido ninguna participación, y fueron absueltos en el juicio de revisión, bien que Harter sólo pudo serlo post *mortem.*

Haciendo la crítica de este caso, observa Pollak[54]: «Es bien sabido, aunque en la práctica se lo tiene muy poco en cuenta, que los imputados tienden a negar incluso aquellos hechos de cuya comprobación nada tienen que temer. Tanto más lo harán si los hechos podrían servir —verdadera o supuestamente— para acriminarlos, aunque ellos sean inocentes. Generalmente se razona así: si el acusado fuera inocente ¿qué razón tendría para no decir la verdad? Luego, debe ser culpable. El juicio celebrado en Ried ofrece varios ejemplos que ilustran la falsedad de ese razonamiento... Si Matthäus Gietzinger hizo efectivamente «bien poco» al descubrir el cadáver, y si pareció «no del todo correcto» al testigo Endhammer, «totalmente atemorizado» al testigo Pommer y «muy vacilante y lívido» al testigo Kainz, ¿no podía esto explicarse tanto por la excitación causada por el crimen como por un supuesto sentimiento de culpabilidad? El hecho de que Harter estuviera «llamativamente pálido» ¿no podía tener una explicación natural? Su «mirada medrosa y sarcástica» ¿no podía ser indicadora de sus relaciones, evidentemente poco amistosas, con los habitantes del lugar? ¿Podía sorprender que al acusarle el gendarme del crimen fuera presa de pánico y empezara a temblar, aun sabiéndose inocente? Buena razón tenía, como lo demuestra el desenlace del proceso. ¿Qué valor tenían pues los indicios que se hicieron valer contra el acusado y que quizá causaron a los jurados la impresión decisiva?». En el caso Dreyfus, en el que pueden estudiarse casi todas las causas de las sentencias erróneas (v.g. falsos testimonios, dictámenes periciales equivocados, acusación por el verdadero culpable), el jefe de investigaciones, mayor Paty de Clam, declaró como testigo que, antes de la detención de Dreyfus, había dictado a éste, que nada sospechaba, pasajes del *bordereau,* con el pretexto de necesitarlo como secretario. En su primera deposición, Paty de Clam sostuvo que Dreyfus había temblado al dictársele

54 Índice bibliográfico N° 147.

esos pasajes, lo que interpretó como prueba de su culpabilidad, y en la segunda, afirmó que no había temblado, señal —a su juicio— de una insolente porfía[55].

6. Valoración no crítica de los dictámenes periciales

No se ha escrito aún ningún trabajo sobre la psicología del perito, tema por cierto muy importante. Tan sólo Altavilla[56] le ha dedicado una sección de su obra. Parece ser inextirpable la ciega fe que la mayoría de los jueces tiene en la sabiduría de los médicos forenses y demás peritos oficiales. En el inconsciente, rige aún la vieja máxima «a quien Dios da un cargo, le da también inteligencia», En realidad, los conocimientos del médico forense no son superiores, sino por lo general muy inferiores a los de un perito no oficial. Lógicamente son más profundos los conocimientos que tiene en su especialidad un ginecólogo o psiquiatra, sobre todo si es profesor universitario, que un médico forense que debe dominar por igual todas las ramas de la medicina legal. Pese a ello, la mayoría de los jueces seguirá por principio el dictamen del médico forense y no el de un médico particular, en caso de haber discrepancias entre ambos. Esto no puede sino robustecer la creencia del perito en su propia infalibilidad. Las numerosas sentencias erróneas fundadas en dictámenes equivocados tienen su principal causa en esa fe ciega de los tribunales en el perito, sobre todo en el dictaminador oficial, y en la deficiente instrucción de la mayoría de los jueces y defensores en materia de criminología moderna, cuyo conocimiento los capacitaría para apreciar un dictamen con espíritu crítico. Si en un caso de aborto u homicidio los peritos exponen o explican el acta levantada en una autopsia u otros informes oficiales, el juez no podrá examinar críticamente el dictamen por faltarle los necesarios conocimientos de medicina. Hay sin embargo muchas cuestiones en las cuales el juez puede revisarlo echando mano de un tratado de medicina forense. En el después expuesto caso Götz (N° 26), el tribunal, y antes de él el juez de instrucción, habría podido comprobar que el dictamen del único perito consultado, que era un viejo farmacéutico, era a todas luces incorrecto. Un examen escrupuloso, bien factible si se recurría a cualquier tratado de medicina legal, habría podido evitar la errónea sentencia por la que se condenó a muerte al acusado.

La posición autoritaria, incluso dictatorial, que se acuerda en muchos tribunales al médico forense y a otros peritos oficiales, induce a éstos con frecuencia a excederse en sus facultades, que consisten en presentar un dictamen objetivo, para inmiscuirse en la apreciación de la prueba. Me ocurrió a menudo que un médico forense declarara, al finalizar su exposición, que

[55] Sobre el apocamiento como motivo de sospecha se pronuncian en idéntico sentido Reichel. (Índice bibliográfico N° 156) y Hellwig (Índice bibliográfico N° 77). Soy sumamente escéptico respecto de los experimentos que suelen practicarse en los Estados Unidos con el *«lie detector»* (detector de mentiras). Justamente el inocente reaccionará con excitación ante una pregunta que le sugiera el peligro de una condena. De la misma opinión es Frank (Índice bibliográfico N° 45, pág. 161).

[56] Índice bibliográfico N° 6.

en virtud de sus comprobaciones las declaraciones del acusado no merecían fe alguna. El defensor tiene el deber de oponerse con toda firmeza a tales excesos. Sobre todo debe estudiar a fondo las ciencias accesorias de la criminología, como la psiquiatría, la medicina legal, la técnica criminal y el cotejo de letras, para estar en condiciones de combatir los errores de los dictámenes. Tampoco debe permitir que el perito oficial actúe como agente del fiscal y muestre parcialidad contra el acusado. Un abogado berlinés lo hizo cierta vez en forma jocosa. Un perito acababa de exponer, con criterio totalmente parcial, un dictamen que era abrumador para la defensa. El presidente preguntó al defensor, con una sonrisa irónica, si tenía algo que preguntar respecto de ese dictamen. La respuesta fue: «Sí, el perito ha olvidado pronunciarse sobre el monto de la pena».

Por regla general, el defensor tampoco debe contentarse con que el tribunal nombre un único perito oficial. Debe pedir que se cite a otros expertos y, de negarse su citación, hacerlos comparecer directamente. Esa fue la única manera de desvirtuar, en el plenario del juicio de revisión, el dictamen presentado por el médico forense en el caso Pfeuffer (ver *infra,* caso N° 25). La Cámara Penal había rechazado mi pedido de que se citara a otros peritos, ante lo cual procedí a llamarlos por mi cuenta. Sólo así se pudo invalidar el incorrecto dictamen.

Es especialmente grande el mal que suelen ocasionar los *peritos calígrafos encargados del cotejo de letras.* En ninguna otra especialidad hay tantos pseudoperitos que hacen alarde de erudición, ya que también en ella es válida la regla de que la seguridad y arrogancia del perito están en relación inversa a su saber. En 1928 uno de los calígrafos más importantes, Robert Saudek[57], de Londres, explicó que la introducción de la grafología científica en Alemania sólo databa de treinta años atrás. Los métodos empleados serían a menudo anticuados, y cuanto mayor la ignorancia del perito, tanto mayor también la seguridad con que proclamaría sus conclusiones. Saudek observa acertadamente que en esos casos se trata de una autoafirmación ostentativa nacida como reacción a un subconsciente complejo de inferioridad. El muy usado método del cotejo de letras aisladas traería aparejado el peligro de errores judiciales. En Alemania, solamente cinco peritos estarían equipados con aparatos modernos, como lámpara de cuarzo, instalaciones para análisis químicos, etc. Pero alrededor de cien otros expertos acreditados no poseerían ninguno de esos instrumentos.

En Múnich hubo un pseudoperito calígrafo, empleado por la Dirección de Policía, que causó tal daño con sus irreflexivos dictámenes incorrectos que el Ministro de Justicia dispuso en el Parlamento Estadual que los Tribunales no recurrieran más a sus servicios. Personalmente tuve ocasión de tratarlo en el caso siguiente:

---

[57] Índice bibliográfico N° 162.

Caso Nº 18 (dama de la nobleza): Cierto día, una dama de noble alcurnia que vivía con sus hijas en las cercanías de Múnich, vino a consultarme, sumamente excitada, refiriéndome que desde hacía meses venía recibiendo anónimos de contenido procaz en los cuales se insultaba a ella y a sus hijas de la manera más grosera. Habiéndolos entregado a la policía, ésta los presentó al citado «perito», quien a su vez solicitó que la dama confeccionara un cuerpo de escritura. Luego de estudiarlos, dictaminó decididamente que ella misma era la autora .de los anónimos; las letras serían perfectamente idénticas. Se inició querella contra la denunciante. En el plenario, el perito, ante mis ataques, se retractó parcialmente de sus afirmaciones, sosteniendo ahora que las cartas habían sido escritas por la acusada o por una de sus hijas. Eso hizo sin embargo que el tribunal se formara su opinión sobre ese «perito» y absolviera a la acusada. Los autores de los anónimos eran unos labriegos que habían asistido a las sesiones y es de imaginar cómo se habrían divertido si se hubiera condenado a su víctima.

También para este problema el caso Dreyfus es un ejemplo clásico[58].

El *bordereau* fue cotejado con cuerpos de escritura del capitán Dreyfus. El primer cotejo se confió a Gobert, perito del Banco de Francia, quien se pronunció por la negativa. Pero como se quería condenar a Dreyfus a toda costa, las autoridades militares solicitaron un dictamen a Bertillon, un anormal hijo de un padre famoso. Este sostuvo la culpabilidad del autor de los cuerpos, y al enterarse de que se trataba del judío Dreyfus, reforzó aun esa afirmación, porque era antisemita fanático. De los tres peritos consultados dos se pronunciaron por la afirmativa y uno por la negativa, pero uno de aquéllos se desdijo más tarde. Hoy se sabe que el *bordereau* había sido escrito por Esterhazy, quien admitió el hecho luego de su huida a Inglaterra.

Al considerar informes sobre cotejos de letras, los tribunales deberían tener siempre presentes las palabras del defensor francés Daguesseau[59]: «El cotejo de letras es tan sólo un argumento, un indicio, una hipótesis probable, y nada es más fácil, o, mejor dicho, más frecuente, que equivocarse al realizarlo»[60].

Cuánto mal pueden causar dictámenes irreflexivos hechos por «peritos» incompetentes, lo muestra el caso siguiente, que nos refiere Borchard[61]:

Caso Nº 19 (William Broughton): En 1900, un funcionario de Atlanta recibió una carta soez, en la que se vertían sospechas que afectaban su honor. La carta llevaba la firma «Grant Jackson». En Atlanta vivía un negro de ese nom-

[58] SELLO, Índice bibliográfico Nº 165, págs. 414 y sigtes. A ello debe agregarse la vasta literatura especializada.

[59] Índice bibliográfico Nº 107, págs. 99 y sigtes.

[60] Sobre la necesidad de una valoración crítica de los peritos, remite» entre los autores extranjeros, a LACASSAGNE (Índice bibliográfico Nº 106); LOMBROSO (Índice bibliográfico Nº 119) y COLOMBINI (Índice bibliográfico Nº 29); además, a LAILLER y VONOVEN, III *Les Experts* (Índice bibliográfico Nº 107, págs. 97 y sigtes.).

[61] Índice 'bibliográfico Nº 19, pág. 28.

bre, a quien se detuvo inmediatamente. Junto con él se arrestó también a su amigo William Broughton, dándose como razón que si Jackson había cometido un hecho ilícito, su amigo seguramente estaría implicado en ello. Ambos negaron ser autores de la misiva. Como Jackson ni siquiera sabía escribir, hubo que retirar la acusación contra él, más la policía sostuvo entonces que la había escrito Broughton a instigación de su amigo. Se le indujo a escribir una carta a su madre, a fin de obtener un cuerpo de escritura, estableciéndose que entre las dos letras había un parecido notable. Broughton fue acusado.

En el juicio, el destinatario de la carta compareció en la doble calidad de testigo y perito. Sostuvo que las letras eran idénticas, y para dar fe de su pericia señaló que había intervenido como funcionario en varios casos en que se practicaron cotejos. Aunque admitió que las letras acusaban ciertas diferencias, lo explicó diciendo que como Broughton era un negro muy inteligente, habría tratado de disimular un tanto su letra en la carta dirigida a su madre, sabiendo que se la usaría para un cotejo.

Los jurados le creyeron, por cuanto otros dos peritos, uno de los cuales era un veterano funcionarlo y el otro un auditor viajero de la Standard Oil Company, concurrieron en apoyo de su dictamen, comprobando el parecido de las letras.

Broughton negó haber escrito la carta u odiar al ofendido destinatario, aunque éste lo había hecho detener algunas veces por faltas menores. El tribunal lo declaró culpable, condenándolo a cinco años de prisión y al pago de una multa de 500 dólares, así como de las costas del juicio, que no pudo solventar.

Poco tiempo después, el mismo funcionario recibió una carta de un tal Charley Mitchell, de Birmingham, Alabama, quien manifestaba ser amigo del condenado y comunicaba al sorprendido destinatario que la carta agraviante había sido escrita por una amiga suya, Becky Lou .Johnson, y no por Broughton. A esta carta siguió al poco tiempo otra del mismo remitente, comprobando el funcionario, estupefacto, la gran semejanza de la letra con la de la carta injuriosa. Procedió a citar a Mitchell, quien compareció, ignorando la sospecha que había despertado y confiando en su mentida acusación contra Becky Lou Johnson. Interrogado, confesó finalmente ser el culpable. Había tenido una reyerta con su amigo Jackson por un préstamo de 20 centavos y para vengarse, había firmado la carta con el nombre de éste a fin de que recayera sobre él la sospecha. El condenado sólo se salvó de la cárcel por haber escrito Mitchell otras dos cartas al funcionario y haber tenido éste la honradez de reconocer su error como «perito calígrafo».

También en el campo de la psiquiatría los dictámenes incorrectos abundan y han conducido con frecuencia a la condena y ejecución de evidentes enfermos mentales. Muchos médicos forenses carecen de conocimientos suficientes en esta materia. Por esa razón, es deber del defensor recurrir a especialistas. En los procesos sensacionales, la opinión pública es a menudo reacia a que se declare insano al acusado y se lo exima de pena. En su libro *Insanity as a Defense in Criminal Law*[62], Henry Weihofen señala que en los Estados Unidos es el acusado quien tiene que probar su inimputabilidad. Un enfermo mental manifiesto fue el asesino del presidente Garfield. Su juicio duró del 14 de octubre de 1881 al 25 de enero de 1882 y dio lugar a que los peritos debatieran ardorosamente acerca de si el acusado era o no imputable. Para los jurados, la cuestión pareció ser irrelevante. Tras haber deliberado tan sólo una hora, lo declararon culpable por unanimidad. El reo murió en la horca. La presión popular que reclamaba a viva voz una víctima había sido tan fuerte que ninguno de los jurados osó oponerse a ella. Pero los datos que damos a continuación no permiten dudar que en este caso se condenó y ejecutó a un alienado.

Caso Nº 20 (Guiteau)[63]: El 2 de julio de 1881, James A. Garfield, Presidente de los Estados Unidos, fue herido mortalmente, en la estación ferroviaria de Washington, por dos tiros de revólver disparados por Charles Guiteau. Semanas después falleció.

Guiteau, hombre de cuarenta años, pertenecía a una familia de grave herencia psicopática. Al darle a luz, su madre padecía de una enfermedad cerebral. Comenzó entregándose a cavilaciones religiosas, pero al mismo tiempo ingresó, a los diecinueve años, en una sociedad que predicaba el amor libre. Afirmaba que estaba iluminado por Dios y que se colocaba enteramente a su servicio. Fundó un diario religioso y escribió a su padre que se sentía fuerte en su misión por estar al servicio de Jesucristo & Cía., la sociedad más eficiente del mundo. El periódico fracasó, más esto no lo desanimó. Pasó a proclamar que el comunismo y el amor libre eran la única doctrina verdadera, destinada a suplantar a las demás religiones. Su vida era inconstante. En 1860 casó con una dama decente, para abandonarla luego por una prostituta. En 1872 tomó parte en una campaña electoral, porque esperaba obtener así un puesto de ministro plenipotenciario en el exterior. En 1875 fundó en Chicago un diario, aunque carecía de fondos. Ofreció a un desconocido el cargo de presidente de los Estados Unidos a cambio de un préstamo de 200.000 dólares, y a otro, por un préstamo de 50.000, el de gobernador de Illinois. En 1875, sin ningún motivo aparente, llevó a cabo un atentado con un azadón contra su hermana. Un médico llamado a examinarlo lo declaró loco. Ante ello desapareció con su Biblia, que solía leer asiduamente, haciéndose predicador religioso. Se comparaba con Cristo y San Pablo, cometiendo al mismo tiempo pequeñas estafas y timos. Pronunció conferencias en las que se titulaba a sí mismo el «gigante del Oeste». Por último, como su misión religiosa no le reportaba dinero, la abandonó para dedicarse a la política.

Apoyó a Garfield en un artículo periodístico, y al ser éste elegido Presidente, le escribió: «Hemos barrido con ellos, tal como yo lo esperaba, Gracias a Dios. Suyo atentísimo. Charles Guiteau». A continuación, reclamó repetidas

---

[62] Índice bibliográfico Nº 18 8.
[63] SELLO, Índice bibliográfico Nº 165, págs. 318 y sigtes.

veces del Presidente, en retribución por sus buenos servicios, un cargo de ministro plenipotenciario. Le manifestó que quería casarse con una mujer rica y en compañía de ésta representar dignamente al país en el exterior. Como no recibió contestación, volvió a escribirle, manifestándole que se contentaría también con el cargo de cónsul general en París. Dióle además consejos so- ore cómo desempeñar su cargo. Al quedar nuevamente sin respuesta, nació en él un terrible rencor contra Garfield, concibiendo finalmente, seis semanas antes del atentado, la idea de darle muerte. Dijo que esa idea le había sido inspirada por Dios.

Después del hecho, emitió una «Proclama al pueblo de los Estados Unidos». En ella sostenía que Dios lo había elegido como Instrumento para librar al pueblo estadounidense de un ser dañino. Muy sorprendido y decepcionado estuvo al comprobar que su acto había despertado canta indignación. Su esperanza había sido llegar él mismo a Presidente y hacerse famoso. Durante el juicio insultó al fiscal, llamándolo «rufián infernal» y hasta le advirtió que sería más bueno si acostumbrara, como él, decir una oración antes de comer. En el patíbulo cantó, entre sollozos, versos que comenzaban con las palabras: «Voy a unirme a Dios, estoy contento, voy a unirme a Dios, gloria aleluya, gloria aleluya».

Aunque ya en aquel entonces hubo psiquiatras y criminalistas que se opusieron al equivocado dictamen que lo declaraba imputable, los jurados no se inmutaron y lo declararon culpable de asesinato, ejecutándose la pena capital. La autopsia reveló que el cerebro presentaba graves anormalidades, especialmente atrofia de la corteza superior y alteraciones degenerativas de las capas más profundas[64].

Son siempre sospechosos de alienación mental los numerosos pleitistas que invaden los tribunales o asedian a los abogados con demandas, quejas, insultos y denuncias de prevaricato, a menudo por una razón fútil. Debido a su falta de conocimientos de psiquiatría, la mayoría de los letrados frecuentemente no logra percatarse de ello y cree tener que proceder con severidad ejemplar contra esas acusaciones que estima malévolas. A mí me tocó actuar cierta vez en una causa en la que el implicado era un joven abogado. El Tribunal ni siquiera se había preocupado por averiguar si el querellante no padecía de alguna enfermedad mental, como yo pude comprobar sin dificultad.

Caso Nº 21 (joven abogado): Cierto día vino a verme un joven abogado, pidiéndome que lo defendiera en una causa por desacato. Todo había empezado con una disputa insignificante con su vecino. Había entablado una demanda tras otra, y al ser todas ellas rechazadas, acusó de prevaricato a los jueces. Visto esto, el fiscal le inició querella por desacato. Los funcionarios no habían advertido que tenían que vérselas con un caso típico de locura quere-

---

[64] Ya en 1903, pudo comprobar NAECKE (Gross *Archiv*, Tomo 12, pág. 268) que nadie dudaba ya de que se había condenado y ejecutado en este caso a un alienado. KRAFFT-EBING reprodujeron extensamente el caso en su tratado de psiquiatría.

llante (paranoia). Las investigaciones que mandé realizar revelaron la existencia de un grave mal hereditario. Varios de sus parientes más cercanos habían estado recluidos en manicomios, otros se habían suicidado. Se había casado con una mujer que había estado igualmente internada por dos años en un manicomio. Se lo absolvió por tratarse de un enfermo mental.

A veces puede resultar sumamente peligroso para un juez si no advierte que el pleitista es anormal y procede contra él con extrema dureza. Sirva de advertencia el caso siguiente, que Anselm von Feuerbach conservara para el mundo en su *Aktenmässige Darstellung merkwürdiger Verbrechen*[65].

Caso N° 22 (Steiner): El 26 de junio de 1821, a las 15 horas, el maestro zapatero Ludwig Steiner se topó en el mercado de coles de Ratisbona con el concejal Elsperger. Tras un breve altercado, durante el cual Elsperger blandió su bastón, o —según afirma un testigo— llegó incluso a golpear a Steiner, éste extrajo de su bolsillo una pistola y destrozó de un tiro la cabeza del magistrado. Esto lo hizo a plena luz del día, en presencia de varios testigos. Lanzando a la cara de los presentes una risa sarcástica, se encaminó tranquilamente hacia su casa, donde fue arrestado. Dijo: «He cumplido con mi deber: ahora estoy purificado. Hace ya mucho tiempo que se la tenía jurada». En la guardia se comprobó que llevaba en sus bolsillos dos pistolas, una de las cuales estaba aún cargada. El detenido manifestó que Elsperger le había hecho perder todo, que había causado su desdicha y que por eso había tomado esa venganza. Su actitud era la de un hombre orgulloso de una proeza. Se mostró a la multitud que se agolpaba frente al presidio. Al conducírselo ante el cadáver, no dio señal alguna de arrepentimiento y firmó su confesión con mano firme.

Steiner era un hombre de cincuenta y tres años, ciudadano tranquilo y pacífico, respetado por todos por su laboriosidad y honradez. No participaba de las diversiones de sus cofrades y leía muchos libros. Cuatro años antes, en 1817, al debatirse en una reunión del gremio la elección de un nuevo maestre, Steiner había reprochado al líder de la facción contraria haber desfalcado una moneda. A raíz de ello, se le impusieron 24 horas de arresto policial. Steiner apeló de esa medida ante el gobierno de Ratisbona, pero su apelación fue desestimada. La proclamación y ejecución de la sentencia fueron encomendadas al concejal Elsperger. Steiner siguió insistiendo haber sido víctima de una injusticia y sostuvo que una de las actas del proceso había sido hurtada o trocada por una apócrifa. Pidió a Elsperger que lo dejara ir a su casa antes de cumplir el arresto para poner en orden sus negocios. Elsperger se negó a concederle ese pequeño favor y Steiner, tras cumplir la pena, regresó a su casa abatido y enfermo. Afirmó que en la cárcel se lo había martirizado intencionalmente con hedores y con el calor de una estufa. La sentencia le imponía además pedir disculpas al ofendido. Steiner se negó a hacerlo, y todas las órdenes y admoniciones y las multas que le impuso Elsperger a tal efecto fueron vanas. Finalmente cedió, haciendo trasmitir sus disculpas a

[65] 1829, tomo 2, págs. 2 92 y sigtes.; también SELLO, Índice bibliográfico N° 165, pág. 29.

Elsperger por intermedio de su abogado. Desde ese momento, movido por un odio inapagable, persiguió a ese magistrado como a su enemigo mortal.

Desatendió por completo a su familia y sus negocios. No pensaba más que en el pleito y pasaba día y noche meditando cómo hacer para descubrir el acta que suponía hurtada o trocada y rehabilitarse. Todos los testigos dieron fe de que había cambiado totalmente. Sin sosiego de noche y sombrío durante el día, hablaba sin cesar de su pleito a toda persona que quería escucharle y también a quienes no tenían interés en hacerlo. Calificó a la municipalidad de banda de ladrones, maleantes y asesinos; se enemistó con sus cofrades y especialmente con aquéllos que buscaban hacerle entrar en razón. Su negocio decayó y se vio endeudado, lo que sólo contribuyó a acrecentar su odio. Cada vez que se topaba con Elsperger o con algún otro funcionarlo, creía leer en sus rostros sarcasmo y sonrisas irónicas.

En mayo de 1820 interpuso en Múnich un recurso de nulidad, del que confiaba plenamente que prosperaría. Dijo a un amigo que el proceso iba a tomar ahora otro «giro» o de lo contrario causaría un «escándalo mayúsculo». El recurso, carente de todo fundamento, fue rechazado el 8 de setiembre de 1820. Ante ese fracaso, Steiner perdió enteramente el juicio. Clamaba que toda la municipalidad se había conjurado contra él para meterlo preso o internarlo en un manicomio; a sus oficiales les dijo que era un muerto legal y que tenía que llevar consigo dos revólveres, para defenderse de los ataques de las autoridades municipales o para matar a Elsperger. Comenzó a practicar tiro en presencia de testigos. Se puso sobre aviso a Elsperger, pero el magistrado desoyó las advertencias. Creía, precisamente porque Steiner lo amenazaba públicamente, que éste no intentaría nada contra él.

Poco antes del hecho, Steiner fue demandado por mora en el pago de sus alquileres. La desdichada casualidad quiso que el demandante fuera concejal. Steiner no acudió a ninguna de las citaciones, diciendo que se lo citaba para aniquilarlo. Su médico y su esposa intentaron persuadirlo, ante lo cual declaró al médico su enemigo mortal y expulsó a su mujer de la casa. Su comportamiento era cada vez más excéntrico.

El eran criminalista Anselm von Feuerbach sostuvo decididamente la imputabilidad de Steiner y atacó los dictámenes que lo consideraban total o parcialmente inimputable. Hasta el más grande de los hombres está sujeto al estado de la ciencia de su tiempo. Lo que sorprende, sin embargo, es que algunos peritos tuvieran la valentía de hablar de «ideas fijas» y de poner en duda la imputabilidad del reo. Las deposiciones de los testigos no permiten dudar de que se trataba de un pleitista alienado. El hecho de que cobrara rencor contra los médicos que lo calificaban de enfermo mental no es una prueba en contra, sino que robustece esa tesis. Sirva para disipar las últimas dudas la relación que hizo sobre su conducta en la cárcel el guardián de ese establecimiento. Steiner creía que en breve habría de liberárselo. Decía que ahora se había sumado a sus enemigos el cuerpo de militares, por lo cual tenía necesariamente que sucumbir. Incesantemente hablaba de los enemigos que lo perseguían. Según el médico forense, el reo afirmaba ser perfectamente cuerdo. Siempre lo recibía riendo. Sostenía que su sentencia había sido a tres meses de cárcel, y que por consiguiente debía ponérselo en libertad. Dijo que su mujer era la manceba del médico que lo había declarado insano. Steiner no fue ejecutado, sino condenado a presidio por tiempo indeterminado.

Puede ser muy peligroso para jueces y abogados pensar que las amenazas de los pleitistas no son serias. De mi propia experiencia puedo citar el caso de un profesor de colegio secundario, a cuya esposa representé durante años en los procesos de divorcio que él seguía contra ella con furor y tenacidad fanáticos. Sus demandas eran siempre rechazadas. Finalmente, en vísperas de dictar su sentencia el Superior Tribunal Regional, recibí de él una carta amenazadora: decía en ella que al día siguiente concurriría al tribunal armado de un revólver. Si la sentencia volviere a serle desfavorable, se vengaría del hombre que había arruinado su vida. En aquel entonces fui lo suficientemente incauto como para concurrir al acto sin pedir custodia policial. Hoy no volvería a hacerlo.

Poco se ha ocupado hasta ahora la justicia penal de la moderna *psicología profunda,* basada en las geniales obras de Sigmund Freud. Más adelante habremos de referirnos a su importancia para la psicología criminal. Aquí sólo quiero hacer mención de dos casos para los cuales la psiquiatría y la psicología clásicas no ofrecen solución y que sólo la psicología profunda es capaz de resolver. Los médicos forenses generalmente guardan hacia ella una actitud de rechazo y rehúsan familiarizarse con la materia. En tales casos es imprescindible que la defensa acuda a un neurólogo moderno.

Caso N° 23 (carterista): Una señora de cierta edad me pidió que la defendiera en una causa por hurto que se le había iniciado. Su prontuario registraba varias condenas por ese delito. Esta vez había ocurrido que en la tradicional Fiesta de Octubre celebrada en Múnich, había abierto la cartera de otra mujer que estaba delante de ella, extrayendo el dinero. Un funcionario policial que la había seguido, la sorprendió en flagrante delito y la detuvo. Dados sus antecedentes, la defensa parecía reducirse a discutir el monto de la pena.

Un examen más detenido del caso reveló sin embargo circunstancias extrañas: sus víctimas habían sido siempre mujeres, y siempre había consumado los hurtos de la misma manera: metiendo la mano desde atrás en la cartera. Ella misma indicó que sólo se sentía impelida a cometer esos hechos durante la menstruación. Más extraño aún era que, pese a ser ella y su marido pobres, no gastaba el dinero que hurtaba, sino que lo guardaba tras atar los billetes con cintillas de seda, como lo haría un enamorado con las cartas de la amada. Esto era tanto más incomprensible por cuanto la inflación estaba en su apogeo y los billetes se desvalorizaban por completo. Consulté al alienista Dr. von Hattingberg, de Múnich. Este sumió a la mujer en un estado de hipnosis profunda y la hizo ejecutar el acto de hurto. Al hacerlo, ella presentó todos los síntomas de la más fuerte excitación sexual. Quedaba comprobado que el acto de hurtar era para ella un sucedáneo de la cópula y que se trataba de un acto de sexualidad reprimida. El tribunal atendió a la exposición de la prueba con el mayor interés, lo que demuestra que los jueces son receptivos a los descubrimientos de la psicología profunda. Aunque no pudo decidirse a absolver a la acusada con arreglo al § 51 del StGB (Código Penal), lo que no era de extrañar, dada la novedad del planteamiento, le impuso tan sólo una pena leve, a pesar de sus antecedentes. No llegué a saber si posteriormente reincidió en esos actos, pero es seguro que un tratamiento psicoanalítico habría sido para ella más adecuado y eficaz que una pena de cárcel.

Sobre otro caso, inexplicable sin la ayuda del psicoanálisis, nos informa María Bonaparte[66]:

Caso Nº 24 (Lefebvre): Ocurrió en 1927, que Madame Lefebvre, una dama de sesenta años, acomodada, respetada y religiosa, viajaba en coche con su hijo y con su nuera. Repentinamente, sin mediar ningún motivo aparente y sin que hubiese precedido disputa alguna, mató a su nuera de un tiro. En cierta ocasión la nuera le había dicho: «Aquí me tiene. Debe Vd. contar conmigo». Al enterarse Madame Lefebvre que ella esperaba un vástago de su hijo, compró un revólver y resolvió matarla. Dijo que no podía soportar la idea de que de ese matrimonio nacieran hijos. Luego del homicidio declaró: «He cumplido con mi deber. Estaba obligada a matar a esa mujer, como se escarda la cizaña o se mata un animal salvaje». En la cárcel se mostró enteramente tranquila y no dio muestra alguna de arrepentimiento; parecía, al contrario, redimida y más joven y estaba enteramente feliz y satisfecha, convencida de haber ejecutado una obra buena. Los jurados se encontraban ante un enigma, pues no acertaban a explicarse el motivo de ese homicidio. La acusada fue condenada a muerte, conmutándosele luego esa pena por la de presidio perpetuo.

El motivo, que ni el tribunal ni la acusada podían comprender, yacía en el subconsciente. El análisis de María Bonaparte reveló que se trataba de un amor inconsciente que la madre sentía por su hijo. No podemos extendernos aquí más sobre este punto.

No solamente calígrafos y psiquiatras han sido causantes de muchas sentencias erróneas con sus dictámenes equivocados. También han llevado a la condena de inocentes, incluso a la pena capital, los informes de otros peritos carentes de ciencia suficiente, que el tribunal tomó como base de su fallo sin examinarlos por sí mismo o sin recurrir a peritos verdaderamente capaces.

Yo mismo logré la revocación por error comprobado en dos condenas por homicidio, fundadas ambas en dictámenes equivocados de los peritos forenses. Aunque ya traté detalladamente esos casos en la *Monatsschrift für Kriminologie und Strafrechtsreform*[67], deseo reproducirlos aquí por ser una veta inagotable para el estudio de nuestro tema.

---

[66] *Revue Psychoanalytique,* 1927, tomo 1, Nº 1.

[67] Año 38 (1 955), Nº 5/6, págs. 129 y sigtes.

Caso Nº 25 (Johann Pfeuffer): Johann Pfeuffer, un albañil de F. (Baviera), casado y padre de seis hijos, mantenía relación amorosa con una operaría soltera llamada Babette G. lo que causaba gran indignación en la católica aldea. A fines de mayo de 1923, Babette G. reveló a su amante que se sentía encinta y que deseaba practicar un aborto.

El 29 de junio de ese año se halló el cadáver de la G. en un bosque situado aguas arriba de la localidad. En la autopsia se descubrió en el útero un embrión del tamaño de una nuez. En la garganta, cerca del fondo de la lengua, se encontró una dentadura postiza, consistente en un paladar con doce dientes. El médico forense dictaminó que la muerte se había producido por asfixia. La dentadura habría obstruido las vías respiratorias.

Hallado el cadáver, Pfeuffer se presentó inmediatamente al tribunal, siendo detenido y puesto en prisión preventiva. Dijo que la G. le había dado cita en el bosque a las 20 horas. Allí, ella misma habría sacado un recipiente con agua caliente, haciéndose un lavaje con un mango de goma. Inmediatamente después, dijo sentirse mal. Cayó de espaldas, emitiendo algunos sonidos guturales y quedando luego inmóvil. El la sacudió para hacerle recobrar el conocimiento. Como ella permaneciera inmóvil, pensó que quería gastarle una broma. Por eso, volvió a F. y durmió en un henil. A la mañana siguiente, notó que había olvidado en el bosque su chaleco. Volvió para buscarlo y al llegar descubrió que la G. seguía inmóvil, en la misma posición, con el rostro azul. Comprendió ahora, con horror, que estaba muerta. Indicó el lugar a su mujer para que ella denunciara el hecho a la policía y se entregó a la justicia.

En el plenario, celebrado ante el tribunal popular de Bamberg, comparecieron como únicos peritos el médico forense y un dentista. El defensor no había solicitado la comparecencia de otros. El fiscal pidió la pena de muerte por asesinato, pero el tribunal impuso al acusado la pena máxima por homicidio, consistente en quince años de presidio, de lo que se desprende que, inconscientemente, no consideraba totalmente esclarecido el caso y buscaba una solución de compromiso. En los considerandos de la sentencia se establecía sustancialmente lo siguiente: La acusación afirma que el acusado habría matado premeditadamente a la G., por resultarle enfadoso su embarazo. La habría amordazado con un pañuelo, empujando así la dentadura postiza hacia atrás, lo que, en opinión del médico forense, habría provocado la asfixia. Habría pensado ciertamente en un aborto, y también lo habría intentado. Pero el artefacto de goma con agua caliente sería, según el dictamen, un medio inidóneo para ese fin. El desmayo, que describiera sería imposible, por faltarle toda causa. Su concurrencia a la mañana siguiente al lugar del hecho sería prueba de su conciencia culpable. Como fue visto, no habría podido negar el hecho. Evidentemente habría especulado con que el cadáver fuera descubierto sólo al cabo de algunos días, cuando hubiera entrado en tal estado de descomposición que ya no se pudiera determinar la causa del deceso. Según el dictamen del médico forense, la dentadura sólo podría haberse corrido a la garganta por efecto de la violencia. El perito dentista admitía por cierto la posibilidad de que la víctima hubiera caído de bruces, tragándose la dentadura, pero eso no respondía a la relación hecha por el acusado. Los hechos no estarían aclarados en todos sus detalles. Habría dos posibilidades: que el acusado hubiera amordazado a la víctima durante el aborto o durante un coito, empujándole así la dentadura hacia atrás. O si no, podría haber habido disputa y lucha, habiéndola él amordazado en esa ocasión. El resultado del análisis bacteriológico-químico del pañuelo del acusado fue negativo, mas eso nada probaba, por cuanto él podría haberlo lavado o usado otro para practicar la mordaza. El acusado habría estado muy excitado al cometer el hecho, por lo cual éste configuraría homicidio. En vista de su gravedad, correspondía aplicarle la pena máxima de quince años de presidio.

Desde el presidio el acusado me escribió que no había tenido intención de matar a la G. Admitía haber hecho una tentativa de aborto, que hasta ese momento había negado por temor al castigo, y que ya había hecho algunas tentativas anteriormente.

El examen de los autos nos llevó a una comprobación que inexplicablemente había sido pasada por alto por el tribunal y por el anterior defensor. En el acta sobre la inspección y autopsia del cadáver se había establecido lo siguiente: la membrana interior del útero estaba enrojecida. En tres puntos distintos se presentaban salidas de-sangre del tamaño de una lenteja. De los labios de la vulva y de la pubis pendían pequeñas cantidades de sangre aún semilíquida. El médico forense había practicado la autopsia y hecho las constataciones, pero sin tenerlas en cuenta en su dictamen. Al inspeccionarse el cadáver, se comprobó que la falda de la víctima, apretada entre los muslos, presentaba una coloración de tinte rojo pardusco, determinada por sangre seca.

Esa prueba real demostraba que había habido una tentativa de aborto y que al hacerla, se había lesionado el útero.

En aquel entonces no había recurso contra las sentencias de los tribunales populares de Baviera, ni tampoco revisión del procedimiento. Esa ignominiosa situación cambió sólo al dictarse la ley nacional del 21 de julio de 1925. Ese mismo año presenté un pedido de revisión, que la Cámara Penal rechazó. La nueva relación hecha por el acusado, se sostenía, era tan indigna de fe como la primera. Si su intención hubiera sido efectivamente practicar un aborto, lo habría revelado en el plenario, cuando estaba en juego su cabeza. Interpuse inmediatamente recurso y el Superior Tribunal Regional de Baviera declaró procedente el pedido, por haber posibilidad de una tentativa de aborto con homicidio culposo. Evacuadas las pruebas por mí solicitadas, la Cámara rechazó el pedido por infundado. Todo lo presentado carecería de trascendencia; la dentadura postiza no podría haberse deslizado a la garganta sin mediar violencia, y esto habría causado la muerte por asfixia. En seguida interpuse recurso, señalando que todo el material, especialmente las comprobaciones respecto de la autopsia y la inspección del cadáver, indicaba que la muerte se debió a una embolia causada por una tentativa de aborto, y no a asfixia provocada por la dentadura postiza. El Superior Tribunal Regional declaró procedente el recurso.

En el nuevo plenario se pidió que se llamara a nuevos peritos para desvirtuar el dictamen del médico forense. El pedido fue rechazado. La defensa procedió entonces a llamarlos por su propia cuenta. El médico forense mantuvo su dictamen. Los nuevos peritos declararon que la causa del deceso era evidente. Al intentar el aborto, el acusado había lesionado una vena, inyectándole aire sin darse cuenta. Ello provocó una embolia de resultado fatal inmediato. No había cuadro de muerte por asfixia. Comparecieron testigos que dieron fe de que el acusado y la G. se querían entrañablemente. Uno de ellos había escuchado la conversación en la que convinieron encontrarse en el bosque.

El tribunal revocó la sentencia anterior y dictó otra nueva, esta vez por tentativa de aborto en concurso legal con homicidio culposo. La pena de cuatro años de cárcel se consideró cumplida. El acusado fue puesto en libertad.

El caso Pfeuffer es instructivo en muchos aspectos en cuanto al tema que nos ocupa. Nos muestra cómo el tribunal operó con una neta ficción basada en un dictamen incorrecto. La ficción y la hipótesis en la justicia penal serán analizadas en el capítulo segundo. La hipótesis de que el acusado hubiera amordazado a su amante era enteramente fantástica. Si su intención era practicar un aborto, no era necesario amordazar a quien no sólo lo consentía, sino que lo había pedido. Si hubiera querido matarla por asfixia, podría haber empujado la dentadura hacia atrás con la mano. Y era sencillamente absurdo suponer que lo hubiera hecho para realizar el coito. Es significativo cómo el tribunal se pronunció sobre el análisis bacteriológico-químico del pañuelo, a fin de poder mantener la ficticia hipótesis del amordazamiento. En el nuevo plenario no se la mencionó para nada. La ficción se había desvanecido.

Tenemos aquí un ejemplo de lo funesto que es sobrevalorar la mentira del acusado. Era bien natural que pretendiera negar el aborto para escapar a la severa pena con que se castiga ese delito. Era pues equivocado desde el punto de vista psicológico declarar indigna de crédito esa confesión en el juicio de revisión.

Es también notoria la tenacidad con la que la Cámara Penal buscó mantener en pie la sentencia. Aunque el Superior Tribunal, en la resolución que declaraba procedente el pedido de revisión, había establecido la posibilidad de un aborto con homicidio culposo, la Cámara no citó de oficio a peritos para establecer la posibilidad de una embolia, de la que evidentemente nada sabía. Tan obstinadamente se aferró al dictamen del médico forense que hasta rechazó la citación solicitada por mí de otros expertos, obligándome a llamarlos por mi cuenta.

El caso es también un ejemplo de las investigaciones de vía única que conducen a tantas sentencias erróneas. El resultado de la inspección del cadáver y la autopsia constaba en los autos. No solamente el médico forense, sino también el tribunal y el defensor que el acusado tuvo en aquella ocasión, lo habían pasado enteramente por alto, aunque explicaba claramente la verdadera causa del deceso.

El médico forense era evidentemente un hombre de escasos conocimientos, ya que debió admitir, ante una pregunta de la defensa, que al practicar la autopsia no había pinchado el corazón bajo agua, con lo cual habría podido comprobar la existencia de una embolia. Cualquier tratado de medicina legal le habría servido para informarse de que los atragantamientos espontáneos con dentaduras postizas son frecuentes. El perito dentista no podía tener conocimientos técnicos sobre este punto, porque es difícil que un dentista tenga que tratar un caso en que alguien se trague una dentadura. Era el mismo odontólogo que había confeccionado la dentadura y por supuesto declaró que estaba bien ajustada. En el juicio de revisión, el tribunal comprobó que la dentadura pudo haberse deslizado a la garganta después de ocurrido el deceso, sobre todo al transportarse el cadáver cuesta abajo.

Sorprende la hipótesis establecida en la primera sentencia, de que el cadáver podría haber entrado en descomposición a los pocos días. Cualquier tratado de medicina legal les enseñaría a los jueces que tal idea es absurda. Finalmente, no se había tenido en cuenta la absoluta falta de motivo para un homicidio doloso. Si lo que incomodaba al acusado era el embarazo de su amante, bastaba el aborto, que en caso necesario podría haber hecho una profesional, en caso de no tener éxito sus inexpertos intentos. Como la víctima misma había deseado la interrupción del embarazo, no pudo tener motivo alguno para matarla. Además, un homicidio doloso no habría podido prepararse de modo que un testigo escuchara la cita que se daban. Y por último, el acusado tenía que saber que se lo detendría inmediatamente como autor, ya que su relación con la víctima era bien conocida.

No menos ilustrativo para nuestro tema es el caso Götz, en el que me tocó igualmente la tarea de lograr, como defensor, la revocación de la condena a muerte. También en ese caso la sentencia se fundaba primordialmente en un dictamen incorrecto, emitido por un farmacéutico totalmente ignorante de la materia.

Caso Nº 26 (Otto Götz): El 5 de diciembre de 1919 el tribunal popular de Augsburgo condenó a muerte a Otto Götz, un mecánico de veintiún años, por asesinato de su novia María F. Se lo declaró convicto de haberla envenenado en la noche del 8 de setiembre de 1919 en una hostería de esa misma ciudad. Habiéndole pedido su novia un abortivo, Götz le dio un brebaje consistente en una mezcla de cianuro, ferrocianuro, limonada y café, falleciendo ella al corto rato. La pena de muerte le fue conmutada, por acto de gracia, por la de presidio perpetuo, el 27 de abril de 1920.

Llevaba ya seis años cumpliendo la condena, cuando me escribió que no había tenido la intención de matar a su novia. El brebaje se lo habría dado a pedido de ella misma y estaría destinado a producir el aborto.

Tras estudiar el caso, presenté un pedido de revisión, con los correspondientes fundamentos, que fue rechazado en ambas instancias. Mi segunda solicitud se declaró procedente y, tras largas inquisiciones, también se la declaró fundada. El nuevo plenario tuvo lugar del 25 al 27 de febrero de 1926 ante el tribunal popular de Augsburgo. El fallo dictado revocó la anterior sentencia de muerte, condenándose al acusado a tres años de cárcel por tentativa de aborto en concurso ideal con homicidio culposo. Dicha pena se consideró cumplida por los seis años que ya había pasado en el presidio. Götz fue puesto en libertad, percibiendo del Estado una indemnización por los años de cárcel que había cumplido en exceso.

Como millones de jóvenes de su condición, Götz había quedado desarraigado a consecuencia de la guerra. Explotaba un tráfico clandestino en el territorio ocupado, para cuyo fin contaba con un comprobante de identidad falso. A principios de 1919 conoció a una cocinera, María F., que ejerció sobre él una influencia benéfica. Se enamoraron profundamente y decidieron casarse. Como pudo comprobarse, ya habían solicitado la expedición de los documentos necesarios y la publicación de las amonestaciones. En agosto de 1919, la F. se sintió encinta. Como no quería tener un hijo prematrimonial, pidió a Götz que le provocara un aborto. De no hacerlo él, ella acudiría a una profesional en Múnich. En un bolsillo de la falda de la víctima se encontró efectivamente una carta de respuesta de esa mujer. Götz intentó disuadirla, pero fue en vano; ella insistió. Götz consultó entonces a un sargento de sanidad, quien le dio la receta de un abortivo, consistente en cianuro y ferrocianuro, diciéndole que debía diluir ese veneno con café negro. Con esa receta, Götz se dirigió a Múnich, donde compró a un droguista 10 gramos de cianuro, con el pretexto de necesitarlos para fotografías. El inescrupuloso droguista se los entregó. Götz indicó su verdadero nombre, con el que firmó dos veces, acreditando su identidad con su libreta militar, aunque llevaba encima un documento falso. Luego compró ferrocianuro en una farmacia y mezcló los dos venenos con 50 gramos de café negro, como le había indicado el sargento.

Alquiló una habitación en una hostería de Augsburgo, donde nuevamente se registró bajo su nombre verdadero. Llegada la F., se encontraron en un local con un conocido, que sin embargo se retiró para no molestar a los dos enamorados. Götz y su novia fueron a bailar, pernoctando luego en la hostería. La F. había traído sábanas y algodón para el aborto. Ella quiso tomar el brebaje en seguida, pero Götz le pidió que esperara hasta la mañana. Llegada ésta, mezcló el brebaje con limonada y café para diluirlo, dándoselo a su novia y pidiéndole aue no bebiera demasiado. Ella tomó sin embargo la mitad. En seguida se sintió mal y nidio un vaso de agua. Al rato se presentaron dificultades respiratorias y calambres. Götz la levantó, pero ella ya no podía hablar. Preso de pánico, Götz salió corriendo a buscar una partera, pero volvió rápidamente a la habitación, comprobando con horror que su novia agonizaba. Huyó sin rumbo fijo pasando por Múnich, Ulm y Stuttgart. No intentó cruzar la frontera para pasar al territorio ocupado. En Stuttgart contó a un amigo que había practicado a su novia un aborto con resultado fatal. Fue arrestado en la calle.

El tribunal comprobó que Götz había faltado a la verdad en más de un punto. Sobre todo, se consideró sospechoso que no mencionara que la receta le había sido dada por un sargento. En realidad, era perfectamente lógico que no quisiera denunciar a su asesor. Debía contar también con que éste negara haberle dado tal consejo, como efectivamente lo hizo en el juicio.

En el plenario se escuchó como único perito a un viejo farmacéutico. Este manifestó que el cianuro no se usaba nunca como abortivo, sino únicamente con fines de homicidio y suicidio. Dijo saber esto de un libro de cultura popular que le había prestado un conocido. Ni el tribunal ni el defensor requirieron la intervención de otros peritos. El tribunal pronunció la sentencia de muerte.

En el juicio de revisión hice comparecer como peritos a los profesores von Hentig y Molitoris. Ambos dieron fe de que para los abortos son utilizados todos los venenos, sobre todo por personas ignorantes. Von Hentig destacó que si el propósito de Götz hubiera sido matar a su novia, lo habría hecho de noche y no por la mañana, ya que entonces habría tenido tiempo para huir al territorio ocupado.

Este caso resulta instructivo no solamente en lo que respecta al valor de la mentira como prueba de culpabilidad. Es incomprensible que el tribunal haya podido contentarse con la intervención de un solo perito, estando en juego la pena capital. Menos comprensible aún es que el abogado defensor del primer juicio no presentara otros peritos para aportar una contraprueba. La funesta falta de conocimientos en el ámbito de la medicina forense se perfila aquí con toda nitidez.

Una simple ojeada a un tratado de medicina legal habría servido para informar al tribunal y a la defensa que el dictamen del farmacéutico era incorrecto. Todos los venenos son usados como abortivos por personas ignorantes, a menudo con desenlace fatal[68].

Si el propósito de Gótz hubiera sido homicida, no se habría registrado en el libro de tóxicos del droguista y en la hostería de Augsburgo bajo su verdadero nombre. Pero lo más importante es que faltaba todo motivo para un homicidio doloso. Aquí, como en tantas otras sentencias erróneas, esa falta fue

[68] Ctr. por ej.: HOFMANN-HABERDA. *Lehrbuch der gerichtlichen Med zin,* 1927, págs. 224 y sigtes.; GROSS-HOEPLER, *Handbuch für Untertuchungsrichter,* tomo II. pág. 8 11; BÜRGER. *Häuf:gkeit und gebräuchtche Methoden des kriminellen Aborts,* en *Friedrichs Bätter für gerichtliche Medizin,* año 1910. págs. 2 2 y sigtes.; LEVIN. *Die Fruchtebtreibung durch Gifte und andere Mittel,* 4ª edición, págs. 2 79 y sigtes. que menciona expresamente el cianuro como abortivo.

suplida por un motivo aparente. El fiscal del primer plenario tuvo una idea genial: Götz se había hecho dar por su novia un reloj, carente de todo valor; la habría matado, pues, para quedarse con él. Por increíble que parezca, el tribunal acogió esa absurda hipótesis en la sentencia. Era absurda, porque los dos estaban comprometidos, se querían entrañablemente y porque un reloj sin valor no habría podido inducir a Götz a cometer un crimen. El fiscal mentado era el futuro Ministro de Justicia Dr. Emminger, quien bregó denodadamente en el Parlamento *(Reichstag)* por el mantenimiento de la pena de muerte y eliminó de un plumazo, mediante una ordenanza de emergencia, los tribunales de jurados.

Sobre el caso Rettenbeck (N° 27), en el que obtuve en el juicio de revisión la revocación de la sentencia de muerte por inocencia probada del acusado, habré de informar en el capítulo segundo.

Si un solo defensor pudo probar en juicio de revisión el error de la primera sentencia en no menos de tres casos de homicidio ¿cómo puede afirmarse .que son raras las sentencias de muerte erróneas? Para los enemigos de la pena de muerte estos tres casos constituyen un argumento de mucho peso.

CAPÍTULO II

VEROSIMILITUD Y CERTEZA EN LA JUSTICIA PENAL

Nos vamos acercando al problema cardinal de nuestro estudio: el análisis lógico de la *verosimilitud y* la *certeza* en la formación de la sentencia, o, dicho en otras palabras, el problema del *rigor de la prueba.* Los casos hasta aquí estudiados ya han puesto claramente de relieve la funesta propensión de los jueces a contentarse con la verosimilitud en lugar de exigir certeza. Es ésta la más profunda de las causas de las sentencias erróneas. Por eso, el análisis que haremos a continuación es de importancia fundamental para combatirlas.

Es antiquísima esa propensión de los magistrados a detenerse en la verosimilitud en vez de continuar avanzando hasta alcanzar la certeza y dictar sentencia sólo entonces. Siendo obispo de Hipona, San Agustín (354-430) mandó a un juez penal de su diócesis la siguiente admonición: «Todos o casi todos los humanos gustamos de llamar certeza a nuestras suposiciones o de tenerlas por seguras cuando contamos para ello con cierta verosimilitud; sin embargo, hay cosas verosímiles que no son ciertas y otras inverosímiles que lo son»[1].

Permítaseme hacer una breve reseña de la evolución histórica del rigor de la prueba[1a]: en el *derecho romano el* juez debía resolver según su convicción subjetiva, el «*arbitrium iudicantis*». Pero en la práctica no podía guiarse por sus sentimientos, obedeciendo a impresiones generales, sino que debía examinar los distintos elementos probatorios. A tal fin, el derecho romano estableció determinados preceptos en materia de prueba, pero sin atar al juez a reglas fijas, como se hizo en la Edad Media. No había ciertamente un derecho probatorio sistematizado. En el Digesto (3 Pr. 2 Dig. XXII 5) puede leerse: «*Quae argumenta sufficiant, nullo modo definiri potest*» [Los cuales argumentos de ninguna manera se pueden definir suficientemente]. Había, sin embargo, algunas reglas de prueba, entre las que se contaba ya la «*in dubio pro reo*». Habiendo dudas sobre la culpabilidad del acusado, éste debía ser absuelto. El dolo tenía que ser probado. La legislación imperial estableció requisitos aún más riguro-

---

1 Citado por Peters (Índice bibliográfico, N° 144. pág. 48), tomado de *Auserwahlte Schriften des Heil gen Kirchenvaters Aurelius Augustinus,* Bibliothek der Kirchenvater, editorial Kösel, tomo X, 1917. págs. 79-103.

1a Cfr. Salvioli. Índice bibliográfica, N° 161,

sos. Sólo podía condenarse sobre la base de *«indiciis ad probationem indubitatiis et luce clarioribus»* [indicios de prueba indubitables y más claros que la luz] (1.25 Cod. IV 19). Siempre vuelve a encarecerse a los jueces que las pruebas de culpabilidad deben ser indubitables, evidentes, más claras que la luz del día. Por regla son necesarios al menos dos testigos intachables. Sobre el procedimiento probatorio en el *derecho canónico* existe un extenso estudio de Carl Gross[2] El derecho canónico prohibía a los jueces juzgar sólo a base de impresiones y convicciones *(arbitrium iudicantis);* había que resolver *«secundum acta et probata"* [conforme a las actas y a las pruebas]. Encabezaba el derecho procesal la máxima: *«Bonus iudex nihil ex arbitrio suo facit; sicut audit, ita iudicat»* [el buen juez nada hace a su arbitrio; como oye, así juzga]. Las Decretales siempre vuelven a encarecer al juez que la convicción dictada por el sentimiento no autoriza a declarar culpable a una persona; eso pueden hacerlo únicamente las probanzas precisas. Para asegurar ese principio se estableció un derecho probatorio casuístico. El derecho probatorio canónico se basa en la prueba legal. En una glosa se dice que el juez debe seguir su convicción *«sed tenetur sequi suam opinionem, non suam voluntatem»* [pero se ve obligado a seguir su opinión, no su voluntad]. Las testificaciones deben ser analizadas con espíritu crítico. Las dudas acerca de su veracidad pueden derivar de la misma persona del testigo o de la forma o contenido de la deposición. El co-culpable no puede ser interrogado como testigo, ya que su declaración sería una deposición en causa propia. El indicio, por regla general, sólo tiene valor de probabilidad. Aunque rigen algunas reglas probatorias, en materia de prueba domina la teoría racional, no la formal. El juez debe sopesar cuidadosamente todas y cada una de las probanzas e indicios, incluso las de descargo. La gravitación de la prueba no reside en el argumento aislado, sino en la concordancia armónica de las probanzas. La convicción de la verdad de una constatación sólo puede darse si el peso de todos los elementos contrarios aparece totalmente anulado en su efecto global. El objetivo del procedimiento penal canónico es la investigación oficiosa de la verdad (proceso inquisitivo). El juez no puede rechazar prueba alguna fundándose en que de ella no puede esperarse una constatación segura. Una constatación no debe fundarse nunca en la deposición de un solo testigo. Son necesarios por lo menos dos testigos intachables. Como lo dice Mefistófeles:

«Lo que otorgan y declaran dos testigos, verdad, que no admite contra, siempre ha sido» Goethe, *Fausto* (1ª Parte)[3].

En el antiguo *derecho alemán,* en cambio —y esto es muy significativo para comprender la evolución histórica-jurídica alemana—, el fin del procedimiento no es el establecimiento de la verdad, sino la victoria final de una de

---

[2] Índice bibliográfico Nº 56.

[3] Esta antiquísima regla fue tomada por el derecho canónico del Antiguo Testamento (Números 17, vers. 6, y 19, vers. 15) y del Nuevo Testamento (S. Mateo 18, vers. 16; S. Juan, 8, vers. 17). [El texto goetheano ha sido tomado de la versión española de Teodoro Llorente].

las partes[4]. Por ello la carga de la prueba es de importancia decisiva, ya se interprete la admisión a la probación como una carga, como lo hacen Mayer-Homberg, o como una ventaja, al decir de Schönfeld. Sólo así se explica que el pleito pudiera decidirse por duelos o por ordalías[5]. La parte que «está más cercana a la prueba» puede librarse de sospecha recurriendo al duelo o al juicio de Dios. La vieja concepción germánica de que el hombre apto para manejar armas busca y encuentra su derecho en el duelo y en el juicio de Dios, estaba profundamente arraigada en la conciencia jurídica germánica, de modo que esa primitiva forma de resolver los conflictos impidió durante siglos que prosperara la idea de la consecución de la verdad.

También en *Inglaterra* ese principio rigió por centurias[6]. Hasta la conquista normanda, el derecho anglosajón no conoció ninguna especie de derecho probatorio para establecer la verdad, sino únicamente el juramento prestado con ayuda de cojurantes o las ordalías de agua o de fuego. La Edad Media es el período de las presunciones y de las reglas probatorias. Dos estatutos (leyes) de Eduardo III exigen un mínimo de dos testigos para establecer un hecho. Hasta el reinado de María no podía el acusado nombrar defensor ni testigos de descargo. No se admitía tampoco el interrogatorio del acusado. Todavía la Bill Denman prohíbe que se interrogue a éste o a sus familiares[7]. Igualmente la segunda ley de Brougham lo autoriza únicamente en el proceso civil, pero no en el penal[8]. Sólo en 1898, la ley de pruebas en el derecho criminal[9] acordó al acusado el derecho de ser interrogado bajo juramento como testigo. Si se niega a declarar, ello no debe interpretarse en su contra; su silencio vale como negación de culpabilidad.

Como se ve, en los países germánicos la búsqueda de la verdad como fin del procedimiento penal es de data sorprendentemente reciente. También en ese aspecto, la humanidad está dando sólo los primeros pasos. Sería precipitado, no obstante, en vista de los fracasos habidos hasta el presente, extraer conclusiones resignadas sobre la posibilidad de una evolución mejor.

Este fundamental problema de la justicia penal apenas ha sido investigado en la literatura criminalística de todos los países. En su significativo artículo *Zur Beweisfrage*[10], Hans Gross sostuvo que no es seguro cuándo puede hablarse de prueba. Nadie habría fijado aún «límites definidos para distinguir suposición, posibilidad, presupuesto, probabilidad, alta probabilidad, certeza semiplena y seguridad absoluta». Por lo tanto, el rigor de la prueba deberá determinarse por la responsabilidad *moral* que la decisión encierra. El histo-

---

4 MAYER-HOMBERG, *Beweis und Wahtscheinlichkeit nach älterem druttchen Recht,* con comentario crítico de SCHÖNFELD (Índice bibliográfico, N° 123).

5 Ver al respecto LÖWENSTIMM, Índice bibliográfico, N° 118.

6 Cfr. SEITZ, Índice bibliográfico. N° 164.

7 6 y 7 Victoria, cap. 85, § 1, Evidence Act.

8 14 y 15 Victoria, cap. 99, § 2.

9 61 y 62 Victoria, cap. 3 6, Criminal Evidence Act. 1 898, § 1.

10 Índice bibliográfico, N° 5 7.

riador o el historiador de arte podrían considerar probadas muchas cosas que el criminalista sólo podría estimar verosímiles. No importa una grave responsabilidad moral saber si es o no auténtico un determinado fragmento de Pomponio, o si los reyes pastores hicsos eran o no semitas. Pero cuando se trata de resolver sobre la vida o libertad de un ser humano, la exigencia de rigor debe extremarse al máximo. Mas también esta admonición del decano de la criminalística moderna ha pasado inadvertida.

Doce años más tarde, Sturm[11] lanzó las siguientes banalidades: «El concepto jurídico de prueba consiste en un alto grado de probabilidad, y en esto se diferencia del concepto matemático, que es certeza... No hay en concreto una diferencia conceptual entre prueba y verosimilitud, puesto que la certeza no existe respecto de nada... como la prueba, en su concepto jurídico, a diferencia del matemático, no equivale a realidad, sino a verosimilitud, existe aquí la posibilidad de errores objetivos, que en las matemáticas sólo puede darse por motivos subjetivos... El jurista, al igual que el médico, opera con probabilidades. Así como éste puede errar en su diagnóstico, puede errar aquél en la sentencia.

A esa laxitud lógica y ética contrapongo las extraordinarias palabras expresadas por Voltaire en su *Dictionnaire Philosophique* bajo la voz: «Certitude»: «¿Cómo? ¿Se exige una prueba rigurosa para la afirmación de que la superficie de una esfera es igual al cuádruplo de la superficie del círculo en torno de su punto central, y no ha de requerirse que sea rigurosa la prueba para privar de la vida a un ciudadano acusado de un delito capital?»[12].

Intentaré ahora, sobre la base de uno de los casos ya expuestos, señalar esa propensión de los jueces a detenerse al llegar a la verosimilitud en lugar de procurarse certeza. En el caso N° 26 (Otto Götz), la prueba de la culpabilidad consistía exclusivamente en el dictamen de un ignorante farmacéutico que afirmaba que el cianuro se usaba únicamente con fines de homicidio o suicidio, nunca como abortivo. Tal era la prueba de culpabilidad presentada por la autoridad acusadora. Aun de haber sido correcto, ese dictamen no habría tornado cierta, sino a lo sumo verosímil, la intención homicida. Mas siendo, como era, incorrecto, no podía aportar siquiera verosimilitud. A esa prueba aparente se oponía en cambio una contraprueba decisiva: 1. La falta de motivo para un homicidio. 2. Si Götz hubiera tenido el designio de matar a su novia, no habría dado su verdadero nombre al comprar el cianuro, ni firmado dos veces con ese nombre el registro del droguista, cuando llevaba encima un comprobante de identidad falso. 3. Si su intención hubiera sido homicida, no habría cometido el hecho en un hotel de Augsburgo, sino en algún lugar apartado, donde hubiera podido ocultar el cadáver. 4. No se habría registrado en el hotel bajo su verdadero nombre. 5. Habría dado a la víctima el veneno por la

---

11 Índice bibliográfico, N° 182.

12 Sobre rite problema, ver HELLWIG, *Wahtheit und Waheschtinlichkeit*, «GS» 88. pág. 147 (1922) y WLMMER, *Überzeugung, Wahrscheinlichkeit und Zweifel*, DRZ 50_t pág. 390.

noche y no a la mañana, y habría huido al territorio ocupado antes de que se encontrara el cadáver. 6. No habría diluido el tóxico con café y limonada. 7. La carta de la comadrona, hallada en el bolsillo de la muerta, y el estado en que se hallaron las cosas demostraban que existía el propósito de practicar un aborto, pero no el de cometer un homicidio. Todas estas pruebas contrarias no se tuvieron en cuenta en absoluto. El acusado fue condenado a muerte, no porque su culpabilidad estuviera probada, sino porque a juicio del tribunal él no había podido probar su inocencia.

Como no queremos teorizar, sino alcanzar nuestros conocimientos mediante el análisis de casos ocurridos en la práctica, pasaremos por de pronto a exponer la investigación de vía única, fuente de tantas sentencias erróneas, a base del ya mencionado caso Rettenbeck, en el que yo logré, como defensor, que en el juicio de revisión se revocara la sentencia de muerte por inocencia probada del acusado. Llamo investigación de vía única la que se concentra exclusivamente en uno de los elementos de cargo, pasando por alto todas las posibilidades que se oponen a ese cargo.

Caso Nº 27 (Rettenbeck): El granjero Lorenz Rettenbeck residía en una aldehuela de la Baja Baviera. Vivía en discordia con su mujer, lo que se debía principalmente a las relaciones amorosas que él tenía con Anna Nöbauer, su ama de llaves. En el juicio de revisión se demostró, sin embargo, que la mujer era enfermiza y pendenciera, que se indisponía con sus vecinos, dando lugar a juicios por injurias, cuyas costas debía pagar su marido. También esto era causa de frecuentes altercados. Junto con la susodicha ama de llaves vivía además en la casa la hija de ésta, una niña de doce años.

El 1° de diciembre de 1918, Rettenbeck encargó a su mujer que entregara un canasto que él había manufacturado, en una aldea vecina, distante media hora de camino. Entre las dos aldeas había un bosque. La mujer entregó el canasto, conversó con gente en la aldea vecina y emprendió a las 17 horas el camino de regreso. A las 17.30 fue muerta en el bosque por un tiro en la sien. El momento del homicidio estaba bien establecido, porque varios testigos habían oído el disparo. Se le halló encima un billete de cinco marcos, lo que parecía excluir la posibilidad de un robo. No había indicios que delataran la existencia de un crimen sexual. La sospecha recayó de inmediato sobre el marido de la occisa.

Detenido al día siguiente, Rettenbeck protestó de su inocencia. Afirmó no haber abandonado la casa en toda la tarde, lo que la Nöbauer y su hija confirmaron. Estas relataron también lo que él había estado haciendo en el momento del crimen. Negaron asimismo que en la casa hubiera habido alguna otra persona, lo que aseveró igualmente Rettenbeck en su primera indagatoria.

Mas pronto se descubrió que esto último no era cierto. Un testigo había visto sentado en la habitación a un soldado que vestía uniforme gris de campaña. Ante esa objeción, Anna Nöbauer declaró que se trataba de Georg Schikaneder, un pariente suyo que había venido a visitarla. Sostuvo que «no había recordado» ese hecho al tomársele la primera indagación. Lo mismo declaró su hija.

Ulteriores pesquisas establecieron que Georg Schikaneder había abandonado la casa de Rettenbeck a las 17 horas para dirigirse a la estación ferroviaria. La senda conducía a través del bosque pasando por el lugar en el que se halló el cadáver. Era de suponer que el hombre que había ido al bosque a esa hora sería el asesino. Pero el Ministerio Fiscal persistió en la Idea de que ese hombre había sido Rettenbeck. Tres testigos habían visto al sospechoso camino del bosque. Dos niños testificaron que habían creído que era Rettenbeck, porque había salido de la casa de éste y porque ignoraban la presencia del soldado. Dijeron, sin embargo, que no pudieron reconocerlo con certeza, porque era ya hora de crepúsculo. Una mujer que lo había observado desde su ventana manifestó que no creía que hubiera sido Rettenbeck, pues éste tenía otro modo de andar.

Lo que siguió luego es un ejemplo típico de investigación por vía única: en el procedimiento contra Anna Nöbauer, sumamente sospechosa de ser instigadora, que tenía incluso motivo y había despertado asimismo sospechas por su mentida afirmación de que en la casa no había habido ningún extraño, se dictó de inmediato el sobreseimiento. A Schikaneder no se le inició juicio alguno, ni se registró su domicilio, no obstante haber dado sus parientes datos falsos sobre su paradero.

El juicio por jurados contra Rettenbeck tuvo lugar el 16 de abril de 1919 ante el Tribunal Regional de Straubing. Habían sido citados como testigos Anna Nöbauer, su hija y Schikaneder, quienes comparecieron, pero no llegaron a ser interrogados, por cuanto el tribunal dispuso que se interrogara también a otros testigos. El defensor solicitó la revocación de la orden de arresto contra Rettenbeck, sosteniendo que no había sospecha de fuga. El tribunal accedió a ese pedido —en una causa por asesinato (!!) — aunque dadas las circunstancias del caso existía gravísima sospecha de colusión. Rettenbeck esperó la apertura de la nueva vista en su casa, sin intentar huir.

La nueva vista se realizó el 24 de junio. Comparecieron Rettenbeck y también el testigo Schikaneder. Faltaba en cambio Anna Nóbauer, quien envió un certificado médico excusando su asistencia por enfermedad. El fiscal puso en duda la veracidad de esa excusa. No obstante ello, la vista se llevó a cabo, sin que el defensor insistiera en la comparecencia de la Nöbauer. Schikaneder, interrogado como testigo, negó tener algo que ver con el crimen. Fue juramentado para declarar sin que el defensor de Rettenbeck se opusiera. Al final de la recepción de pruebas, tanto el defensor como el fiscal desistieron de Interrogar a otros testigos.

Los jurados hallaron a Rettenbeck culpable de asesinato, condenándolo a muerte, pena que le fue luego conmutada por la de presidio perpetuo.

Rettenbeck hizo interponer un recurso de casación, que luego hizo retirar, sin embargo, por su nuevo defensor, aunque ese recurso podría haber prosperado por el solo hecho de haberse juramentado ilegalmente a Schikaneder, presentando en cambio un pedido de revisión. La solicitud se declaró procedente de inmediato, lo que prueba que los magistrados consideraban insostenible la sentencia dictada. Se iniciaron nuevas pesquisas, que llegaron a comprender 504 folios del expediente. Todos esos hechos no habían sido aclarados en el juicio. La Cámara penal declaró fundado el pedido de revisión, pero el fiscal interpuso inmediatamente recurso contra esa resolución, y el Superior Tribunal Regional de Baviera dictó con fecha 27 de abril de 1920 una funesta resolución rechazando la solicitud. Las nuevas pesquisas no fueron atendidas. De ese modo el destino de Rettenbeck quedó sellado por muchos años, porque desde ese momento la Cámara rechazó todas las ulteriores solicitudes de revisión, pese a que en el ínterin las nuevas pesquisas habían crecido en otros 500 folios.

Tras pasar nueve años en el presidio, Rettenbeck me escribió que él no había cometido el hecho, pidiéndome que lo salvara. Mi primera solicitud de revisión fue rechazada. Interpuse de inmediato un recurso de queja, ante lo cual el Superior Tribunal Regional de Baviera admitió la posibilidad de que Rettenbeck no fuera el autor del crimen, pero rechazó el recurso alegando que en tal caso sería por lo menos instigador, lo que también se castigaba con la pena de muerte.

Visto lo desesperado de la situación, tomé una decisión también desesperada. Presenté ante el Ministerio Fiscal, en mi propio nombre, una denuncia de asesinato contra Schikaneder. En vista de los nuevos hechos y probanzas por mí presentados, el Ministerio Fiscal acusó a Schikaneder de asesinato y a Anna Nöbauer de complicidad. La Cámara Penal resolvió sin embargo no abrir el plenario, por no poder esperarse que se probara la culpabilidad de los acusados. Ante la queja inmediata que se presentó, el Superior Tribunal Regional reconoció que contra Schikaneder existían sospechas muy graves. Al mismo tiempo declaró procedente mi nuevo pedido de revisión. A ello siguieron aportándose nuevas probanzas que llevaron a conclusiones tan tremendas que la Cámara ordenó telegráficamente la liberación de Rettenbeck y declaró fundada la nueva solicitud de revisión. Rettenbeck fue absuelto por Inocencia probada el 6 de julio de 1934 sin que se reabriera el plenario. Sumaban de esta manera quince los años cumplidos en el presidio por un hombre inocente. El Estado le abonó una indemnización.

No pueden exponerse aquí todas las probanzas aportadas en seis años de labor para probar la inocencia de Rettenbeck y la culpabilidad de Schikaneder. Sólo citaré algunos detalles del fallo absolutorio, para demostrar la ligereza con que se dictó la sentencia de muerte, sin contar con comprobación alguna.

La hija de la Nöbauer, ya adulta y casada, declaró a toda una serie de testigos que Rettenbeck era inocente. Había estado en la habitación junto con ella, al escucharse el disparo. Todos los testigos tuvieron la impresión de que la madre la había instigado a testificar en falso. Al haberse presentado por penúltima vez un pedido de revisión, mostró a uno de los testigos una postal de su madre, que decía: «Rettenbeck ha vuelto a poner en marcha el asunto de la revisión. Sabes lo que tienes que decir». La joven admitió ahora que su madre le había prohibido decir algo de la presencia de Schikaneder en la casa. Admitió asimismo que el día antes del crimen su madre la había mandado a buscarlo. Camino a la casa, habían pasado por el lugar en el que fue luego muerta la señora de Rettenbeck. Anna Nöbauer confesó ahora que posteriormente había hablado una noche en secreto sobre el crimen con un tal agente G. Debió admitirlo porque la conversación había sido escuchada por un testigo que yo había encontrado. Ella había dicho a G. que «la gente» estaba diciendo que el autor no era Rettenbeck sino Schikaneder. Tras haberle confiado ella, susurrando, ciertos detalles, el agente respondió que el asunto era difícil. Otro de los testigos tenía relaciones amorosas con una hermana de la Nóbauer; ésta intentó impedir el trato, pero su hermana le replicó que si trataba de prohibirle algo, la haría mandar al presidio junto con otra persona, con lo que aludía a Georg Schikaneder, Su hermana sería, según ella, culpable del asesinato. Ya una vez habría intentado ahogar a la señora de Rettenbeck en una tina, porque quería que Rettenbeck la desposara. Schikaneder había abandonado la casa de Rettenbeck a una hora en que no salía ningún tren de la estación, según atestiguó el empleado ferroviario. Su familia dio datos falsos sobre su paradero, para evitar que se lo encontrara. El fallo absolutorio declaró que Rettenbeck no podía ser el autor del hecho, puesto que no había salido de su casa. No había asidero para sostener que fuera instigador. Por el largo tiempo transcurrido no podría ya probarse la autoría de Schikaneder y la instigación cometida por Anna Nöbauer. Contra ninguno de los dos se prosiguió la causa.

El caso Rettenbeck es un ejemplo clásico de una sentencia errónea y de un procedimiento penal violatorios de todas las reglas de la lógica y de la legalidad. Aquí cabía por cierto la probabilidad de que Rettenbeck hubiera matado a su mujer. Sus relaciones con ella eran malas y es posible que haya deseado su muerte. Pero no había ninguna certeza de culpabilidad. Por la presencia de Schikaneder, de la que se supo al poco tiempo gracias a una casualidad, había por lo menos una alternativa más. Ahora era igualmente verosímil que la Nöbauer, mujer moralmente corrompida, lo hubiera hecho llamar para que matara a la señora de Rettenbeck. Schikaneder era soldado y había aprendido a matar en el campo de batalla. De todos los implicados, era la Nöbauer la que tenía los motivos más poderosos. Su ambición era llegar a ser señora de la granja. Rettenbeck sólo podía tomarla por esposa si era eliminada su mujer. Por una ligereza inexplicable, los elementos de sospecha que señalaban a Schikaneder como autor y a la Nöbauer como instigadora fueron totalmente pasados por alto en esta investigación de vía única. El procedimiento contra ella fue cerrado en seguida, y a Schikaneder no se le inició juicio alguno. Ni siquiera se trató de establecer si había llevado consigo un arma. El examen del arma habría servido seguramente para demostrar su culpabilidad. La distancia a la cual los testigos habían visto a un hombre camino del bosque, se estableció sólo en el juicio de revisión, comprobándose entonces que había sido de 265 metros.

Grave fue la culpa del primer defensor, que desistió de interrogar a la Nöbauer y a su hija y no se opuso a la juramentación de Schikaneder. Ello resulta incomprensible e indica que jugaba *va banque* con la vida de Rettenbeck, Es igualmente reprobable que el segundo defensor retirara el evidentemente fundado pedido de casación. Parecería que el magistrado le había dicho que un pedido de revisión se declararía procedente, mas era contrario al deber retirar el pedido de casación y confiar en esa promesa. La solicitud de revisión podía malograrse, como efectivamente ocurrió.

Llegamos así a la conclusión de que la causa más profunda de las sentencias erróneas reside en el hecho de que el tribunal se contente con la verosimilitud en vez de exigir certeza. La diferencia entre estos dos conceptos es lo que corresponde analizar seguidamente desde los puntos de vista lógico y jurídico.

La comprobada sustitución de la certeza por la verosimilitud, que ha sido causa de la desgracia de tantas víctimas inocentes, debería haber sido combatida por el Tribunal Supremo con toda energía. Lamentablemente, éste hizo todo lo contrario. En dos de sus resoluciones, ese organismo ha favorecido funestamente el reblandecimiento del rigor probatorio.

Ya en un fallo dictado en causa civil (tomo 15, pág. 339), el Tribunal Supremo sostuvo: Dada la limitación de los medios del conocimiento humano, nadie puede (aún en caso de vista inmediata de algún evento) llegar a saber con absoluta seguridad la existencia de un hecho. Siempre cabrá imaginar posibilidades abstractas de que no haya existido. Quien haya tomado conciencia de los límites del conocimiento humano, no supondrá jamás que podría llegar al convencimiento de la existencia de un hecho de un modo indudable si por ello se entiende que la posibilidad de un error queda absolutamente excluida. Por esa razón, en la vida práctica vale como verdad el *alto grado de verosimilitud* que resulta de la aplicación en lo posible exhaustiva y concienzuda de los medios de conocimiento existentes, y como convicción de verdad la conciencia que el conocedor ha tomado de la existencia de una *gran verosimilitud* así obtenida».[13]

Más funesta aún fue otra resolución dictada por el mismo organismo en causa penal (tomo 61, pág. 206). La Cámara Penal había comprobado una grave sospecha de existencia de un hecho punible, pero había absuelto a los acusados porque no desechaba la «posibilidad, muy remota por cierto», de que no fueran culpables. El Tribunal Supremo revocó esa sentencia con el siguiente fundamento: «Al juzgar de ese modo la situación, la Cámara Penal

---

[13] Lo subrayado es mío.

comete un error de derecho al fijar condiciones demasiado elevadas para lograr una convicción judicial que sea suficiente para condenar al acusado. Un conocimiento absolutamente seguro —que excluyera por completo la posibilidad de que exista una alternativa contraria— está vedado al conocimiento humano, debido a la imperfección de éste. Si se exigiera un grado de seguridad tan alto, la administración de justicia sería prácticamente imposible. Así como sucede en general en las relaciones humanas, el juez debe *contentarse con un grado de verosimilitud tan alto* como surge de una aplicación en lo posible exhaustiva y concienzuda de los medios de conocimiento existentes. *Un grado tan alto de verosimilitud tiene valor de verdad*».[14]

De acuerdo con estas resoluciones del Tribunal Supremo, bastaría pues un alto grado de verosimilitud para dictar una sentencia de muerte o de alguna otra pena aniquiladora para la existencia del acusado. La certeza sería imposible e inexigible. No compartían ese criterio generaciones anteriores de juristas, que sentaron la exigencia de un rigor probatorio absoluto para las sentencias penales. Johann Christian Quistorp[15] *(Anweisung für Richter beim Verfahren in Criminal-und Strafsachen,* 11) encareció a los tribunales subordinados: Un delito ha de considerarse debidamente probado si se han constatado rastros patentes que tengan carácter de infalibles, mediando confesión voluntaria o cuando el acusado haya sido convicto por el testimonio de dos testigos intachables, como mínimo, que hayan presenciado la comisión del delito y puedan por ende dar plena fe de la verdad. De lo contrario, «el delito no debe considerarse totalmente probado y según la índole de las demás denuncias existentes sobre él podrá considerárselo más o menos *verosímil,* debiendo procederse conforme a ello, pero nunca dictar sentencia de muerte o de una pena corporal grave, siendo tan incompletas las pruebas del *corpus delicti*». También en los delitos menos graves exige que «ninguna persona razonable e imparcial pueda dudar de la *certeza* moral de que el delito haya sido cometido precisa y solamente por el acusado; que este último no pueda tener, por su vida anterior y otras causas, presunción alguna a su favor, y que los motivos de sospecha existentes contra él no puedan de manera alguna refutarse, ni siquiera atenuarse».

Ya en 1810, Anton Parst sentaba en su estudio *Über Suggestionen und ihre Gefährlichkeit im Kriminal-Prozess* los requisitos siguientes: «La pena solamente se justifica si del procedimiento en conjunto resulta incontrovertiblemente que el sujeto es un delincuente necesario, o sea pues, habiendo *certeza.* Cuando esté en juego la pérdida de derechos irreparables, como la libertad y la vida, sólo puede tener fuerza decisiva lo que excluya toda posibilidad contraria. La certeza es, por lo tanto, ese principio superior con cuya guía el poder punitorio

---

14 Lo subrayado es mío. El Tribunal Supremo declaró igualmente suficiente la verosimilitud en lugar de la certeza en RGSt 66, pág. 1 63: 72, pág. 156. En RGSt 72. pág. 90 y 58, pág. 131, habla de verosimilitud rayana a la certeza. Similar ha sido la doctrina sostenida hasta el presente por la Corte Federal de Justicia (cfr. por ej., NJW 1951. pág. 122. n. 16).

15 Índice bibliográfico N° 151.

puede realizar su objetivo mediante la organización de un procedimiento regulado». Mas como no somos omniscientes y la certeza absoluta es por consiguiente un ideal inalcanzable, bastará la «mayor aproximación, pero efectivamente la mayor», a ese ideal. «La composición de todos los motivos hallados, la elección cuidadosa entre todas las explicaciones posibles, la unión de sus tendencias positivas y negativas debe producir en el proceso criminal el grado necesario de certeza». La certeza sólo nacería cuando se han investigado «todos los motivos posibles a investigarse», como también todos los elementos de defensa, cuando los motivos de una afirmación predominan tan netamente que se excluye moralmente la posibilidad de lo contrario. «Si nos detuviéramos ya en un punto en que no se llega a esa preponderancia necesaria, por falta de magnitudes positivas, nos quedaríamos, lejos aún de esa *certeza* posible, en el terreno de la *verosimilitud,* la que, debido a su diferencia cualitativa y cuantitativa con la primera, no puede tener fuerza decisoria sobre bienes irresarcibles».

Es sorprendente que hace 150 años un jurisconsulto haya llegado ya a la misma conclusión a la que llego yo en la disquisición que sigue: la verosimilitud y la certeza difieren, no solamente desde el punto de vista cuantitativo, sino también en el orden cualitativo. La certeza no es un grado más alto de verosimilitud, sino algo fundamentalmente distinto.

La justicia penal parte de la regla de que no es necesario que quede excluida toda duda sobre la culpabilidad del acusado. Para que proceda la condena basta que no exista una duda razonable. En los derechos penales estadounidense y británico esa regla reza: la culpabilidad del acusado debe estar probada *«beyond any reasonable doubt».* Queda a criterio del tribunal determinar la razonabilidad de la duda. Se deja así abierta la puerta a las sentencias erróneas, especialmente tratándose de tribunales por jurados, que juzgan guiándose por sus sentimientos. Jerome Frank[16] refiere el caso siguiente, del cual puede inferirse lo que muchos jurados entienden por *«beyond any reasonable doubt».* El caso es parecido al N° 27 (Rettenbeck), en cuanto en ambos la no observancia de deberes por parte del defensor contribuyó decisivamente al pronunciamiento de la sentencia errónea.

Caso N° 28 (Majczek y Marcinkiewicz): En 1932, Joe Majczek vivía con su familia en el barrio polaco de Chicago. El día 9 de diciembre, jornada invernal especialmente álgida, Majczek, a la sazón sin trabajo, ayudaba a su suegro, domiciliado cerca de su casa, a entrar una carga de carbón. De cuando en cuando iba a su casa a ver a su mujer, para calentarse y tomar café.

Ese mismo día se cometió en la vecindad un asalto con saldo luctuoso. El hecho se perpetró en un local propiedad de una mujer a la que Frank da el nombre de Mrs. Jones, que vendía whisky clandestinamente en aquella época de la prohibición. Dos asaltantes armados entraron en el local y, amenazando

---

[16] Índice bibiográfico N° 45, pág. 53 y sgtes.

a la dueña con sus revólveres, le ordenaron levantar los brazos y la forzaron a entrar en la cocina adyacente. Allí estaban sentados un conocido de la señora de Jones y William Lundy, un agente de policía armado. Al ver a éste, uno de los bandidos lanzó al otro un grito de advertencia. Lundy se puso de pie, sacó su revólver y salió al paso de los malhechores. Uno de ellos le hizo fuego. Un mensajero que pasaba oyó siete disparos y los gritos de la aterrada Mrs. Jones. Entró corriendo al local, alcanzando a ver dos hombres que, revólver en mano, salían precipitadamente a la calle, donde saltaron a un coche y se dieron a la fuga. El policía Lundy yacía sin vida en el suelo.

La delincuencia había aumentado considerablemente en la ciudad de Chicago a raíz de la prohibición. La policía, que no había logrado esclarecer una serie de homicidios, decidió vengar a toda costa la muerte de su camarada.

Un amigo y compañero de escuela de Joe Majczek, llamado Ted Marcinkiewicz, fue avisado aquella misma noche por un amigo que la policía lo buscaba para detenerlo, por suponer que él podría haber sido uno de los asaltantes. Aunque inocente, Marcinkiewicz, por temor al tercer grado y a una posible condena, se dirigió en coche a la casa de Joe Majczek, pidiendo a éste y a su mujer que lo ocultaran por algún tiempo, pedido al que ambos accedieron de inmediato. Marcinkiewicz pasó así en casa de ellos tres días y tres noches. Al advertir finalmente que con su presencia hacía peligrar a sus amigos, abandonó la casa para buscar otro escondite.

Diez días más tarde, un traficante clandestino de alcohol denunció a la policía que el 9 de diciembre por la noche había trasladado en su coche a Marcinkiewicz a la casa de los esposos Majczek. Estos fueron inmediatamente detenidos y Joe Majczek confesó haber ocultado a Marcinkiewicz por tres días y tres noches, declarando no saber su paradero actual. Su mujer fue puesta en libertad, pero él permaneció detenido, acusándosele de haber tomado parte en el homicidio del agente. Se lo confrontó con tres testigos: El mensajero dijo que sólo había visto a los asaltantes por un instante y que no podría reconocer a ninguno. Otro manifestó que podría declarar bajo juramento que Majczek no era uno de los malevos. La señora de Jones dio fe de que no podía reconocer a ninguno de los delincuentes. La policía la amenazó con abrirle causa por su comercio clandestino de alcohol, diciéndole que se le impondría la pena máxima si no reconocía a Majczek como uno de los bandidos. Mas si lo reconocía, harían la vista gorda. Ella lo identificó entonces como uno de los malhechores, y cuando Ted Marcinkiewicz se presentó voluntariamente a la policía, lo reconoció como el otro. Más tarde, un testigo dio fe de que ella le había confesado que sus deposiciones habían sido falsas. ¿Qué podía hacer? —había argüido— Tenía que hacer lo que me pedía la policía ¿no es así?

En el juicio realizado ante el tribunal de jurados, la señora de Jones dio fe de que reconocía a los dos acusados. El defensor no trajo a colación su anterior declaración de que no podía reconocer a ninguno de los dos. Los acusados nombraron toda una serie de testigos. Aunque su esposa no podía testificar a su favor por mediar impedimento, el suegro de Joe Majczek juró que en el momento del crimen éste le estuvo ayudando a descargar el carbón. El carbonero dio fe de que lo había visto descargarlo. Ted nombró seis testigos quienes confirmaron todos su coartada bajo juramento.

Los jurados deliberaron solamente por espacio de dos horas y media. Aunque las pruebas de cargo consistían únicamente en la falsa deposición de la señora de Jones, mientras que nueve testigos confirmaron la coartada de los acusados, se los declaró culpables y ambos fueron condenados a noventa y nueve años de presidio.

En los años que siguieron, la madre de Joe trabajó como fregona, ahorrando cada centavo para salvar a su hijo. El 11 de octubre de 1944 había llegado a reunir 5000 dólares. Entonces publicó en el *Chicago Times* un aviso que decía: «5000 dólares de recompensa por la captura de los asesinos del agente policial Lundy, muerto el 9 de diciembre de 1932». El diario decidió hacerse cargo del asunto. Interrogó primero a la madre de Majczek y encomendó luego a dos reporteros la investigación del caso. Los informes publicados por el diario causaron gran revuelo. Se comprobó que la señora de Jones había prestado un testimonio falso cediendo a la intimidación policial y que los dos condenados no podían haber estado en el lugar del hecho. En agosto de 1945, Joe Majczek fue indultado por el gobernador de Illinois, por estar probada su inocencia, luego de doce años de prisión. Se le abonó una indemnización de 24.000 dólares. Ted permaneció en la cárcel cinco años más, porque un testigo había declarado que poco antes del crimen había preguntado por el local de la señora de Jones. Sólo en 1950 fue absuelto y puesto en libertad.

Es incomprensible que en este caso los jurados no hayan tenido una «*reasonable doubt*». Ellos no podían saber, por cierto, que la señora de Jones había prestado un testimonio falso acuciada por la policía, ni tampoco que anteriormente había declarado no poder reconocer a ninguno de los dos asaltantes, porque el defensor no había llamado la atención sobre ese punto. El presidente del tribunal estaba convencido del error de los jurados y de la inocencia de los acusados, o, al menos, que su culpabilidad no estaba probada. Había estado dispuesto a autorizar un juicio nuevo, pero el defensor, faltando a su deber, no lo solicitó. Con ello el destino de los dos condenados quedó sellado. Aun cuando los jurados hubieran dado crédito a la deposición de la señora de Jones, deberían haber advertido que ello no constituía una prueba de culpabilidad, sino a lo sumo una verosimilitud, tanto más que los otros dos testigos no habían identificado a los acusados. Pero a esa probabilidad, insuficiente por sí sola para justificar la condena, se oponía la declaración de nueve testigos que confirmaban las coartadas. Los jurados sólo habían dado crédito a la falsa deposición de la señora de Jones y no a las de esos nueve testigos. Faltaba en absoluto una ponderación objetiva de las pruebas y contrapruebas. Si la madre de Joe no hubiera fregado pisos durante doce años para ahorrar 5000 dólares y no se hubiera hecho cargo del caso un diario importante, los dos condenados habrían muerto en la cárcel.

Las consecuencias deducidas hasta ahora nos llevan a la conclusión de que la causa más honda de las sentencias erróneas está en que las condenas se dictan sobre la base de verosimilitudes o hipótesis y no a base de certeza. Por lo tanto, debemos intentar establecer definiciones fundamentales de esos conceptos. La precisión de los conceptos es el primer presupuesto para un análisis lógico feliz.

Comenzaremos con una definición de los conceptos de hipótesis y ficción, a base de los fundamentales estudios realizados por Vaihinger en su *Philosophie des Als-Ob*[17]. Una *hipótesis* es una suposición verosímil, pero no probada aún, susceptible de verificarse y destinada a ser verificada.

Una *ficción,* en cambio, es una figura imaginativa que no responde a la realidad. Debe hacerse una distinción entre ficciones conscientes e inconscientes. La ficción consciente, en la que el imaginante tiene conciencia de su carácter ficticio, es uno de los medios más ingeniosos y prácticos del pensamiento para dominar la realidad. La ficción inconsciente, por el contrario, es una fuente de los más graves errores.

La hipótesis es, pues, una suposición que responde a la realidad. No se ha probado todavía que responde también a la verdad, pero es susceptible de ser verificada. Por lo tanto, es una etapa en el camino a la certeza, pero no la certeza misma. Esa tarea debe cumplirla en el proceso la actividad probatoria.

La hipótesis está destinada a ser verificada. La ficción consciente, no verificable por no responder a la realidad, está destinada a ser eliminada en la marcha del análisis. La ficción inconsciente es una fuente de errores de lógica. Sirva un ejemplo para ilustrarlo: La suposición de que la causa del cáncer son agentes patógenos animales es una hipótesis cuya verificación persiguen muchos investigadores sin haber podido demostrarla hasta el presente. La suposición discrepante de que el cáncer nace de la transmutación hereditaria de células normales en células anormales y malignas, es otra hipótesis, que buscan verificar igualmente muchos otros investigadores, pero tampoco probada hasta ahora. La suposición de que esa enfermedad pueda curarse por la Christian Science o por oraciones es en cambio una ficción inconsciente por no responder ese cuadro a la realidad.

Las ficciones son muy usadas tanto en la legislación como en la justicia[18]. Las hay en el proceso civil, por ej., en el juicio en rebeldía, en las notificaciones, en la resolución según el estado del expediente, en las pruebas legales sobre documentos y en los juramentos de las partes. Un hecho se considera firme, aunque no haya ocurrido realmente. La legislación procesal penal, en cambio, es hostil a las ficciones, dado el supremo interés que se tiene en establecer el verdadero estado de las cosas. Pero también allí se trabaja con ficciones, sin que el letrado tome conciencia del carácter ficticio de esas aserciones.

---

17 Índice bibliográfico Nº 185.

18 EAUMHÖR, Índice bibliográfico Nº 11.

Así ocurre con la teoría sobre el lugar y tiempo del acto delictuoso, con la participación, con la tentativa y con el concurso de delitos. En el delito continuado, los distintos actos, que configuran cada uno por sí solo el hecho-tipo completo, son tratados como si se hubiera ejecutado un delito único, lo que tiene importancia para el cómputo de la prescripción y para otras cuestiones[19]

Pero las que desempeñan un papel importante y funesto en la justicia penal son sobre todo las ficciones inconscientes. Las *más importantes* de estas *ficciones* son:

1. El derecho penal vigente se basa en la suposición de que la voluntad es libre. Esto es una ficción, pues está científicamente demostrado que las decisiones de la voluntad no se desenvuelven en un espacio vacío sin motivación, sino que son determinadas por motivos que pugnan entre sí[20].

2. Tan ficticio como el supuesto de la libre voluntad es el fin penal de la retribución justa; ficción que se basa sobre la anterior. Si la voluntad no es libre, la retribución justa carece de sentido. Todo juez que piense sentirá cuán absurda es la misión que le encomienda el StGB de calcular la culpa del autor en tantos años o meses de prisión. A la larga encallece la conciencia y desmoraliza tener que cumplir una tarea que se estima absurda. Tiene en cambio buen sentido y no es ficticia la misión de proteger con la pena a la sociedad intimidando a los individuos para que no delincan.

Por cierto que en Alemania ni el StGB ni la StPO aplican ya el principio de la retribución justa con todas sus consecuencias. La lucha en favor de la pena tutelar, llevada a cabo sobre todo por la Asociación Criminalista Internacional, ya ha abierto una brecha en la anticuada concepción de que la pena constituye una justa expiación del hecho delictuoso.

En la República de Weimar, las enmiendas penales de 1921 a 1924 eliminaron en buena medida las penas privativas de libertad de duración breve, sustituyéndolas por multas, sobre todo mediante la inclusión en el StGB del § 27b. De ese modo se eliminó una de las consecuencias más absurdas de la teoría de la pena retributiva. Los efectos de la innovación han sido sumamente beneficiosos. Se suprimió el efecto infamante de la pena de prisión para los delitos menores, especialmente los ocasionales. Para cumplir el fin preventivo, la pena de multa es enteramente suficiente en esos casos.

También rompió con la concepción de que todo delito debe tener una justa expiación el § 153 de la StPO. Según su apartado II, cuando la culpabili-

---

19 Somlo, *Juristische Grundlehre,* 1917, pág. 5 27, sostiene sin embargo que en este caso no se trata de verdaderas ficciones, sino tan sólo de una forma de expresión abreviada, de una «comodidad terminológica».

20 En igual sentido Baumhör (Índice bibliográfico, N° 11, págs. 59 y sigtes.). Sauer, en cambio (*Strafrecht,* págs. 50 3 y sigtes.) sostiene que el derecho penal y la ética sólo pueden basarse en el supuesto del libre albedrío. Al respecto, ver Petersen, *Willensfreiheit, Moral und Strafrecht,* 1905 ; Petersen, en *Monatsschrift für Krtminalpsychologie,* 1906/7. pág. 335; Graf Zu Dohna. *ibidem,* pág. 513; Kallmann, *Die Bedeutung der Frage nach det Willensfreiheit für den Strafrechtstheorien,* ibidem, 1909/10, pág. 449.

dad del autor es leve y las consecuencias del hecho irrelevantes, el Ministerio Público puede, con asentimiento del juez, no iniciar la querella pública. De ese modo no sólo se evita una difamación carente de sentido de los delincuentes pequeños, sino que también ha logrado reducirse sensiblemente la justicia masiva, que debía conducir a sentencias erróneas por el exceso de trabajo que imponía a los jueces. Otra concesión a la teoría preventiva la constituye la nueva reglamentación del procedimiento contra menores mediante las leyes sobre tribunales especiales de menores. Aquí la idea de expiación ha sido suplantada por la de educación. La ley no solamente ha roto con el concepto de la justa retribución, sino también con el principio de legalidad del § 152 II de la StPO, ya que el fiscal puede, a su cabal y leal criterio, prescindir del procedimiento penal y arreglar el asunto extrajudicialmente de algún otro modo. Ha tenido también saludables efectos el establecimiento de tribunales de menores con fiscales y defensores especiales para jóvenes.

3. Hasta la inclusión del § 51, II sobre imputabilidad disminuida, el § 51 del StGB partía de la ficción de que había una antítesis entre personas normales y alienadas y que todo individuo debía pertenecer a una de esas dos categorías. Esa concepción está reñida con la realidad y coloca nuevamente al juez ante una tarea absurda. Hay incontables etapas intermedias entre la salud y la alienación mental. Hasta el presente, los semiimputables no son sometidos a tratamiento, sino castigados con más levedad, aunque a menudo son más peligrosos que los enfermos mentales. El Código Penal Italiano del 19 de octubre de 1930 (Art. 89) previo el concepto de la imputabilidad disminuida. Lo define diciendo que en los semiimputables la facultad de comprender o de querer no está ausente, pero sí considerablemente disminuida.

4. Ficticia es asimismo la concepción, dominante sobre todo en la justicia penal estadounidense, de que la eficacia de una pena depende de su gravedad y de que es especial el poder intimidante de la pena de muerte. Ya Beccaria (1758-1794), primer gran paladín en la lucha contra esa pena, objetó en su obra *Dei delitti e delle pene,* siempre, o nuevamente, actual, protestando contra la absurda acumulación de penas crueles, que no es la crueldad de la pena, sino la seguridad del castigo lo que intimida al delincuente. Dejó sentado, además, que la brutalidad de la pena conduce al envilecimiento de la población, pues el nivel moral de ésta depende del ambiente en que vive. Von Hentig *(Die Strafe)*[21] demuestra que las bestiales penas de los siglos XVI y XVII fueron a la postre ineficaces, ya que la efectividad reside no en la agravación de los castigos, sino en el aumento de la sensibilidad al dolor del penado.

5. Ya nos hemos ocupado de la ficción, que impera aún en la justicia penal, de que la confesión sería un acto de arrepentimiento moral. El Tribunal Supremo (RGSt 38, pág. 208) reconoció carácter agravante a la negativa pertinaz de admitir la propia culpa, jurisprudencia que Heinitz[22] llama ilegal. Cita

---

[21] Índice bibliográfico, N° 81, págs. 172 y sigtes.
[22] Índice bibliográfico, N° 80.

este autor una resolución del Tribunal Militar de la Nación[23] que establece acertadamente que la ley acuerda al acusado el derecho de negar su culpa y que el ejercicio de ese derecho no puede considerarse por lo tanto agravante. En un fallo plenario[24] se restringió el alcance de la mencionada resolución del Tribunal Supremo, estableciéndose que esa negativa sólo podía considerarse agravante en casos especiales.

6. Una de las ficciones más importantes para el análisis de la sentencia errónea es la igualdad de la acusación y la defensa[25]. Es seguro que al excluirse al defensor de la mayoría de los interrogatorios efectuados en el procedimiento y en la instrucción previos y al no permitírsele consultar los autos a su debido tiempo, se le impide oponerse a tiempo a un error judicial inminente. Si más tarde se le da acceso a los autos, frecuentemente es demasiado tarde para eliminar el error.

7. Finalmente, es de especial importancia para nuestro análisis que se tome conciencia de que la formación del juicio judicial al consignar los hechos en los resultandos es ya una selección de los detalles establecidos, es decir, una abreviación ficticia de la realidad[26]. Los hechos consignados en la sentencia no son todos los hechos realmente ocurridos, sino tan sólo una selección de los mismos. Todo depende de que el juez, al distinguirlos, haga la elección acertada entre los relevantes y los irrelevantes. En el caso N° 26 (Otto Götz) carecía de importancia la vestimenta que había llevado el autor. En el caso Rettenbeck (N° 27), en cambio, era de importancia decisiva saber qué vestía el hombre que momentos antes de cometerse el hecho se había encaminado hacia el lugar del crimen. Si llevaba ropa civil, podría haber sido Rettenbeck. Si había sido un uniforme militar, todo indicaba que había sido Georg Schikaneder. El peligro de que una consignación abreviada, pero ficticia, de los hechos, conduzca a una selección equivocada en la sentencia, se acrecienta aún al ser los considerandos «asegurados contra la revisión» como lo señalara Alsberg en *Justizirrtum und Wiederaufnahme.* El resultado no es solamente una nueva abreviación, sino una verdadera tergiversación de los hechos. Las consecuencias son a menudo funestas para el acusado y para la justicia penal. Los peligros se ven multiplicados por la circunstancia de que ya el testigo, al prestar su deposición, hace un resumen de los hechos, en cuanto sólo declara aquellos que le parecen relevantes, pero omite los otros[27].

El peligro del error en la sentencia será especialmente grande, si se la basa en una ficción inconsciente cuyo carácter no se advierte. En el caso N° 25

---

23 RMG, tomo VIII, pág. 207.

24 RMG, tomo XI. pág. 9 5.

25 LAILLER y VONOVEN (Índice bibliográfico, N° 10 7) consideran tan importante este problema que le han dedicado todo un capítulo. Habremos de tratarlo al estudiar las deficiencias de la ley como causas de las sentencias erróneas.

26 Cfr. BENDIX. Índice bibliográfico. N° 13.

27 Esto ha sido señalado ya por BAUMHÖR (Índice bibliográfico, N° 11, págs. 121 y sgtes.) y por STERN (Índice bibliográfico, N° 175).

(Johann Pfeuffer), la suposición de que el acusado hubiera amordazado a su amante para practicarte un aborto o para practicar el coito, empujando de ese modo hacia atrás la dentadura postiza, hasta el fondo de la lengua, era una ficción enteramente absurda. La suposición no respondía a la realidad, porque no tenía ningún motivo para amordazarla. Fue sobre esa ficción sobre la que se construyó la sentencia errónea. E igualmente era pura ficción suponer que un cadáver pudiera entrar a los pocos días en tal estado de descomposición que no pudiera averiguarse ya la causa del deceso.

Como lo demuestran los casos analizados hasta ahora, el trastrocamiento de la hipótesis o de la ficción en la certeza es la causa más profunda de las sentencias erróneas. Lo destacaré sobre la base de algunos otros casos.

Caso N° 29 (barrendero): En Múnich, un tribunal de primera instancia había condenado por apropiación indebida al barrendero B., sobre la base de los siguientes hechos: un señor de edad había estado sentado con su nieto en un banco de una plaza pública Mientras el niño jugaba, contó el contenido de su billetera. Luego fueron a pie hasta la casa de una hermana del abuelo, distante media hora de camino. Al querer sacar allí su billetera, notó que la había perdido. Volvió a la plaza y se puso a buscarla cerca del banco. En eso se le acercó un obrero que había estado trabajando en la ventana de una casa de enfrente, con vista sobre toda la plaza. Le preguntó qué era lo que buscaba y al oír que había perdido su billetera, le comunicó que en el ínterin había pasado una columna de barrenderos. El que marchaba a la cabeza del grupo, dijo, se había agachado, levantado una billetera del suelo, echado en torno suyo una mirada recelosa y continuado luego la marcha.

El damnificado juró haber perdido la billetera en ese banco, y el obrero, por su parte, juró que el barrendero la había levantado. Este fue condenado solamente a una pena de multa, pero perdió su empleo. Me encomendó entonces que interpusiera apelación. El registro de la casa del acusado no había arrojado probanzas, mas esto no demostraba mucho en su favor. Pedí entonces que se practicara un examen de visualidad, por el cual se demostró que el obrero no pudo haber distinguido cuál era el objeto que el barrendero levantaba. En el juicio de apelación sostuve que el damnificado había jurado algo que no podía de manera alguna saber a ciencia cierta. Sólo podía saber que tenía la billetera al estar sentado en el banco y que ya no la tenía al llegar a la casa de su hermana, media hora después. Pero no podía saber que la había perdido en el banco. Los jueces de apelación se convencieron de que se había tomado por certeza una simple probabilidad. Lo único que había podido comprobarse era que el barrendero se había agachado para levantar algo, pero no que ese algo había sido una billetera. No podía descartarse la posibilidad de que el damnificado la hubiera perdido en el camino a la casa de su hermana. El tribunal revocó la sentencia y absolvió al barrendero.

Domenico Giurati nos refiere otro caso en que se transmutó apresuradamente una hipótesis en certeza, esta vez con epílogo jocoso:[28]

Caso N° 30 (hurto de un reloj): Un caballero viaja a Londres en tren. En el trayecto, se le suma como compañero de compartimiento otro pasajero. El caballero se duerme y al despertar advierte que le falta su valioso reloj de oro. Pregunta entonces al otro si en el ínterin había entrado al compartimiento alguna otra persona. Al recibir una respuesta negativa, le echa en cara haberle hurtado el reloj y le exige su inmediata devolución, so pena de hacerlo detener en la próxima estación. El otro protesta airado y es entonces detenido en la siguiente parada a pedido del damnificado. Llevado ante el tribunal, el acusado niega indignado toda culpa. El juez pregunta si al ser detenido el acusado no se le habría acercado alguna persona. El caballero confirma que se le acercó un hombre preguntándole qué pasaba. El juez declara entonces que dictará sentencia condenatoria, ya que un viejo ardid de los descuideros consistiría en encomendar a un cómplice poner en resguardo el producto del hurto. A pedido del acusado, la sentencia se posterga hasta el día siguiente. Pero a la mañana el caballero aparece sumamente agitado y comunica que, tras haber telegrafiado a su casa para explicar su demora, había recibido de su hija la respuesta de que había olvidado el reloj en su casa. Por consiguiente, no lo había llevado encima en su viaje. Pide disculpas por su error al acusado, a quien el juez también intenta apaciguar, diciéndole que justamente él también había olvidado ese día en su casa su reloj, igualmente una pieza de gran valor. Al llegar al mediodía a su casa, el juez viene a enterarse, por boca de su hija, que había venido para retirar su reloj un ordenanza del tribunal, y que por supuesto se lo habían entregado. Uno de los espectadores de la sesión, tras escuchar lo referido por el juez, había ido rápidamente en coche a casa de éste para retirar ese reloj, haciéndose pasar por ordenanza.

Definidos y deslindados los conceptos de hipótesis y ficción, corresponde emprender la tarea, difícil, pero decisivamente importante, de definir los conceptos de verosimilitud y certeza y señalar su contraposición. Sólo tratamos la cuestión en cuanto atañe a la justicia penal y por consiguiente estudiamos únicamente la verosimilitud y certeza *criminalísticas.* Dejamos a los filósofos contestar la pregunta de Pilatos: ¿qué es la verdad? Matemáticos y lógicos han intentado repetidas veces aplicar la teoría de la probabilidad matemática a las ciencias sociales y especialmente a la formación judicial de la sentencia. Estos intentos han fracasado en lo sustancial[29]. Y tenían que malograrse, porque el concepto matemático de probabilidad es totalmente distinto que el concepto criminalístico. La teoría de la probabilidad matemática busca establecer leyes en los grandes números. Opera con comprobaciones estadísticas. Pero las investigaciones estadísticas sólo pueden operar, como se sabe, con grandes números.

---

[28] Índice bibliográfico. N° 49, págs. 46 y sigtes., según el libro del defensor inglés Montagu Williams, *Leave» of Lift,* 1891.

[29] En igual sentido, Ernst Nagel, *Principles of the Theory of Probability,* en *International Encycloped a of Unified Science,* tomo I, págs. 34 3 y sigtes.

En la era del iluminismo, hubo importantes matemáticos y filósofos, como Quetelet, Euler y D'Alembert, que intentaron establecer axiomas y leyes derivadas de éstos, tales como los principios que rigen para las matemáticas, para la ciencia social, la economía política y la política[30]. Para el progreso de la humanidad estos ensayos fueron de suprema importancia, porque el análisis científico inició para las ciencias sociales y la política la demolición de autoridades y prejuicios autocráticos arraigados durante siglos. Dos de esos axiomas rezan que todos los hombres han nacido iguales y que todos tienen derechos inalienables a la vida, a la libertad y a la felicidad. Encontraron su expresión más gloriosa en la Declaración de la Independencia de los Estados Unidos del 4 de julio de 1776 que comienza diciendo: «Sostenemos como verdades evidentes que todos los hombres nacen iguales, que a todos les confiere su Creador ciertos derechos inalienables, entre los cuales están la vida, la libertad y la busca de la felicidad». Otros axiomas, en cambio, como los que dicen que los actos humanos son motivados siempre por el propio interés o que el placer y el dolor son las únicas realidades que los determinan no eran evidentemente, verdaderos axiomas y, por lo tanto, las consecuencias de ellos deducidas fueron dudosas.

Es comprensible que hayan fracasado todos los intentos de calcular el número de sentencias acertadas y erróneas por medio de la teoría de la probabilidad matemática, por faltar en la justicia penal todos los presupuestos para realizar un cálculo de esa naturaleza. Condorcet y Turgot emprendieron el intento de determinar la probabilidad de una sentencia justa mediante métodos matemáticos, continuando luego en ese esfuerzo Laplace, Poisson y Cournot[31]. Los grotescos resultados a que llegaron son clara prueba de que esos ensayos son insostenibles. Turgot parte de la ficción de representar a los jueces por urnas que son llenadas con bolillas blancas y negras. Aplicando la teoría matemática de la probabilidad, llega a la conclusión de que la posibilidad de una sentencia acertada crece con el número de jueces. En consecuencia, el instrumento más seguro para lograr la sentencia justa tendría que ser el tribunal por jurados. Poisson calcula que en el año 1831 la probabilidad de una sentencia acertada en un delito contra las personas era de dos tercios, en un delito contra el patrimonio de trece diecisieteavos. Estos risibles resultados demuestran lo absurdo del método.

Para nuestro estudio es de suprema importancia la obra de Hume, *Ensayos sobre el entendimiento humano*[32]. Su análisis es psicologístico, partiendo de imágenes y sensaciones y no de la lógica y de la teoría del conocimiento. Explica que las imágenes que tenemos de un objeto o de una relación entre

---

[30] Las obras más grandiosas de esta clase son: LOCKE, *Essay Concerning Human Understanding;* BERKELEY, *Principles of Human Knowledge:* HUME, *Treatise of Human Nature* y *Inquiries Concerning the Human Understanding:* BENTHAM, *Introduction to Principles of Morals and Legislation* y JAMES MILL, *Analys s of the Human Mind.*

[31] Cfr. FÖLDES, Índice bibliográfico, N° 42.

[32] Citas tomadas de la edición alemana de Lipps, Índice bibliográfico, N° 94.

objetos sólo difieren en el grado de intensidad en el que la conciencia los absorbe. El tener por cierta una imagen difiere de las imágenes indiferentes por su mayor energía, vivacidad, facultad de resistencia y constancia. Pero en la mayoría de los casos esa fe en la veracidad de una imagen no es producto del pensamiento consciente, sino de una vinculación inconsciente y consuetudinaria de dos imágenes a causa de una experiencia de largos años. Todos los días, al salir a la calle, deducimos inconscientemente que la luminosidad emana del sol. Cuando salimos de noche, deducimos que proviene del alumbrado público o de la luna.

La conciencia de verosimilitud es favorecida por las imágenes afectivas. Estas son creídas con más facilidad que las indiferentes. Y eso vale tanto para las afectivas positivas como para las afectivas negativas. Un temeroso caminante nocturno tomará fácilmente un matorral agitado por el viento por un atacante.

De la conciencia de la posibilidad nace la conciencia de la verosimilitud por la combinación de posibilidades. Cuanto mayor sea el número de posibilidades que apunten en una misma dirección, con tanta mayor seguridad avanzará la conciencia camino a la verosimilitud. Cuanto mayor sea el número de posibilidades opuestas, tanto más refrenada estará la creencia (duda). Si un dado tiene un número distinto en cada cara, no consideramos probable que un número determinado vaya a salir, pero si tiene marcado en cuatro caras la cifra 1 y en dos caras la cifra 2, consideraremos que hay una probabilidad de 4:2 de que saldrá el número 1.

La reiterada vinculación consuetudinaria de varias imágenes aumenta la seguridad de la conclusión definitiva. «La experiencia cotidiana nos enseña que tanto en nuestro actuar como en nuestro pensar la constante repetición de alguna actividad genera una marcada inclinación y tendencia a ejecutar esa especie de actividad también en el futuro». Este descubrimiento psicológico, que propongo denominar el «declive psíquico», es de importancia fundamental para la psicología del juez.

En el pensar consciente, en cambio, la inteligencia pondera y compara las posibilidades discrepantes. Por la combinación de las distintas posibilidades que apuntan en una misma dirección, nace en la conciencia un predominio de esas posibilidades sobre las contrarias, y con ello la sensación de verosimilitud. El mayor número de posibilidades coincidentes genera en la conciencia una mayor intensidad y fuerza de resistencia. Análogamente se crea la conciencia de certidumbre, cuando las posibilidades coincidentes combinadas adquieren tal predominio sobre las contrarias que dan lugar a la sensación de necesidad, de lo absolutamente forzoso.

En la sección 13, titulada *Sobre la verosimilitud no filosófica,* Hume hace las siguientes observaciones significativas para nuestro estudio: «Las conclusiones basadas en razones forzosas y las basadas en la mera verosimilitud, difieren esencialmente entre sí. Esto no impide que el primer modo de conclusión descienda inadvertidamente al nivel del segundo, sencillamente por razón de la cantidad de eslabones finales. Si de una imagen se saca directamente una conclusión respecto de otra, la fuerza de convicción es mucho mayor que cuando la inteligencia debe atravesar previamente toda una serie de eslabones intermedios, por seguros que éstos sean. La seguridad decrece con el aumento de la distancia. Es por ello que de una conclusión inmediata de verosimilitud se tenga a menudo una fuerza de convicción mayor que toda una larga cadena, por impecables y convincentes que sean los eslabones de ésta». Es palmaria la importancia que tiene este descubrimiento para una complicada prueba indiciaria.

Otra fuente de posibles errores es según Hume esa «conciencia no filosófica de verosimilitud», basada en reglas generales formadas apresuradamente. Son ellas la fuente del prejuicio, tan peligroso para el conocimiento correcto. De esa tendencia de tener por verosímiles los juicios derivados de la costumbre y de la repetición, nacen las conclusiones analógicas, en las cuales la verosimilitud es admitida con apresuramiento, cuando el pensamiento lógico la descartaría. Un ejemplo de ello es el caso N° 30 (hurto del reloj). De la experiencia general de que los carteristas a menudo encargan a un cómplice poner en resguardo el botín, el juez extrajo la conclusión de que el detenido, que en realidad era inocente, había pasado el reloj al individuo que le había preguntado qué ocurría, y lo habría condenado si antes de la sentencia la supuesta víctima no hubiera encontrado el reloj en su casa.

Este análisis psicologístico de Hume, emanación del escepticismo del autor, tiene un punto débil que es fácil de aclarar: no es cierto, que el *número* de posibilidades de igual tenor y discrepantes genere la conciencia de verosimilitud y por último la conciencia de evidencia. Antes bien, todo depende del *valor objetivo de verdad* de las distintas imágenes. Las posibilidades no son pues equivalentes, sino lógicamente de distinto peso. Husserl[33], quien señalara esto, introduce para la conciencia el concepto de «evidencia». Demuestra que ésta sólo se da en un número muy limitado de imágenes, que el intelecto se contenta casi siempre con la «evidencia de verosimilitud». La evidencia debe ser fundada. Esa fundamentación solamente puede ser dada, sin embargo, a base de hechos firme e inobjetablemente establecidos. De ese modo llegamos a la conclusión final decisiva. La evidencia, la conciencia de certeza, no es un *grado más alto de verosimilitud como* suponen los precitados autores y fallos del Tribunal Supremo. La certeza es antes bien la convicción de la necesaria vinculación causal, de la *imposibilidad de que sea de otro modo.* La idea de verosimilitud no excluye en cambio las posibilidades opuestas, sino que nace antes bien de la preponderancia de posibilidades concordantes sobre las posibilidades opuestas. La verosimilitud contiene la posibilidad de que las cosas sean de otro modo. La certeza excluye toda posibilidad de esa índole. Las conclusiones que de ello pueden extraerse para un análisis de las sentencias erróneas son bien convincentes.

---

33 Índice bibliográfico. N° 95.

En su *Fenomenología del espíritu,* Hegel formuló ese descubrimiento fundamental de la manera siguiente: «La verosimilitud, a la que se reduciría el resultado, pierde frente a la verdad toda diferencia por razón de su mismo grado: por grande que sea, no es nada frente a la verdad».

Las *conclusiones* para el análisis de las sentencias erróneas son las siguientes: La mayoría de las sentencias erróneas se dan por detenerse los jueces al llegar a la verosimilitud en vez de exigir certeza. El juez se contenta –teniendo en mente las admoniciones del Tribunal Supremo y de los criminalistas– con la verosimilitud, creyendo erradamente que en la justicia penal no puede haber certeza. Esa inclinación es reforzada por los años de repetición profesional de la ejecución de pruebas y de dictar sentencias. Se tranquiliza pensando que el predominio de las posibilidades que acusan al reo es tan grande que excluye, en su opinión, la existencia de una duda razonable *(reasonable doubt).* De esa manera da preferencia, inconscientemente, a las conclusiones breves y simples, teniendo aversión contra aquellas que consisten en una serie de eslabones. Por el largo ejercicio del cargo, surge la creciente propensión de considerarse satisfecho con la verosimilitud y de renunciar a la certeza. Ese «declive psíquico» se torna especialmente peligroso cuando el juez ya se ha convencido de la culpabilidad del acusado, como ocurre a veces a base de las actas antes de iniciarse el debate. Toda prueba en contrario e incluso todo pedido de prueba que presente el defensor se considerará como una perturbación de la posición ya consolidada. Schopenhauer ha señalado esto[34] diciendo: «Es natural que nuestra actitud con respecto a toda tesis nueva, sobre cuyo objeto tenemos un juicio ya formado, sea de resistencia y de rechazo. Y ello se debe a que esa tesis entra en son de discordia en el provisoriamente concluido sistema de nuestras convicciones, conmueve la tranquilidad que con esto se había alcanzado, nos impone nuevas penas y declara perimido lo antiguo».

El peligro más grande que amenaza a la sentencia correcta es el prejuicio[35]. Hay prejuicio cuando el juez se ha aferrado de tal modo a la verosimilitud que no tiene ya en cuenta ni quiere oír las probabilidades contrarias. Gross ha hecho la importante constatación de que el juez debe contar, no sólo con su propia parcialidad, sino también con la de los testigos, peritos y vocales. Es de imaginar cómo estas fuentes de error no solamente se suman, sino que se elevan a una cierta potencia, cuando un juez afectado de prejuicios interroga a un testigo o a un perito que también los tiene. Lailler y Vonoven[36] trazan un cuadro del tipo de juez parcial en los términos siguientes: «Del estudio de los errores judiciales puede extraerse la siguiente crítica general: el juez considera la acusación no como una hipótesis a verificar, sino como un teorema a demostrar». Casos extremos son aquellos magistrados tristemente

---

[34] Índice bibliográfico, Nº 170.

[35] Gross ha dedicado todo un capítulo de su obra *Criminalpsychologie* (Índice bibliográfico, Nº 58, págs. 561 y sigtes.) al prejuicio del juez.

[36] Índice bibliográfico. Nº 107, págs. 121 y sigtes.

célebres como el Presidente del Tribunal de Jurados Gohier, que en el caso Lesurques (Caso N° 9) contestó a la amante de uno de los coacusados la cual reconocía la culpa de éste, pero sostenía la inocencia de Lesurques: «Es tarde ya. El debate está concluido». Hay también duplicidad de casos. En el caso N° 8 (Cauvin), la testigo de cargo principal confesó ante el fiscal, tras haber sido condenado el acusado a trabajos forzados perpetuos, que Cauvin era inocente y que ella misma era la autora del delito*. El muy digno funcionario le replicó: «El asunto está concluido, .lo que Vd. me dice ahora no tiene ya ningún valor». El informe oficial sobre el caso Cauvin concluye diciendo: «El juez no debe creer en la culpabilidad, sino que debe contar con la prueba de la imposibilidad de la inocencia».

* Podría observarse cierta discrepancia entre lo que aquí se hace constar y lo que resulta de la lectura del caso N° 8, ya que si bien allí aparece que [a mujer fue condenada por perjurio no resulta con igual claridad que pusiera de manifiesta haber sido ella la autora del delito por el que se condenó a Cauvin.

CAPÍTULO III

DEFICIENCIAS DE LA LEY COMO CAUSAS DE SENTENCIAS ERRÓNEAS

Pasamos ahora a estudiar los vicios de la ley que permiten y favorecen las sentencias erróneas. Incluimos en este estudio solamente aquellos vicios que ponen en peligro o impiden el descubrimiento objetivo de la verdad. Además de los vicios de las leyes, cabe citar también aquellas decisiones de los tribunales supremos, que entrañan el mismo peligro. Si bien en Alemania, a diferencia de los Estados Unidos, las resoluciones de esos tribunales no tienen fuerza legal, su efecto es no obstante similar, por estar los tribunales inferiores obligados a seguir la interpretación legal del organismo de casación (StPO, § 358). Sobre este tema se pronunció frecuentemente el defensor berlinés Max Alsberg[1]. Dentro del marco de este ensayo, solamente podemos tratar las deficiencias legales y fallos más importantes:

1. Uno de los defectos más graves del procedimiento penal alemán está en que encarga el *interrogatorio del acusado* y la *evacuación de la prueba* al juez presidente del tribunal. Este, que por el estudio de las actas de la pesquisa o de la instrucción previa generalmente ya se ha formado una opinión provisoria sobre la culpabilidad del acusado, se convierte así prácticamente en un órgano de la persecución. Hacer compatible y armonizar la actividad persecutoria con una estimación equitativa de las cuestiones de hecho y de las probanzas es una tarea casi sobrehumana. Son muchos los jueces que buscan solucionar correctamente este problema, pero hay otros que están simplemente empeñados en probar la culpabilidad del acusado, privándose así ellos mismos de la posibilidad de juzgar objetivamente los argumentos y pruebas que obran en su descargo. Los conceptos vertidos por Rumpf en su libro *Der Strafrichter*[2], que tiene por finalidad servir de guía a jóvenes abogados y jueces penales, nos muestra un triste ejemplo de esa clase de jueces. El autor compara al acusado con una «presa acorralada», a la que hay que

---

[1] En su libro *Justizirrtum und Wiederaufnahme* (Índice bibliográfico, N° 4), en su artículo *Zur Lage der Strafrechtspflige* (N° 5), entre otros. Es también importante para todo abogado defensor su libro *Beweisantrag im Strafprozess* (N° 3), en el que expone y comenta la jurisprudencia del Tribunal Supremo sobre el derecho probatorio.

[2] Tomo I, pág. 27.

«entretejer estrechamente con el hecho hasta que se perfile una situación clara, de modo que pueda iniciarse una interpretación que sea independiente de la exposición que el mismo acusado diera de los hechos o que utilice solamente aquella parte de la misma que sea controlable, para decidir si, en suma, hay motivos suficientes para declararlo culpable». Al leer conceptos como éste, uno está tentado de exclamar con Shylock: «¡Un Daniel ha venido a juzgarnos; sí, un Daniel! ¡Oh joven y sabio juez, como te honro!» ¡La finalidad de la recepción de la prueba habría de consistir, pues, en determinar si «en suma, hay motivos suficientes para declarar culpable» al acusado! ¿Es de extrañar si jueces como éste no tienen debidamente en cuenta los elementos de descargo y dictan sentencias erróneas?

El caso es, por supuesto, extremo y no autoriza a sacar conclusiones sobre lo que es un juez penal. Pero todo defensor ha podido ver incontables veces que un presidente de tribunal considera como su tarea esencial probar la culpabilidad del acusado y se muestra escéptico o francamente hostil hacia las pruebas de descargo.

Especialmente perniciosa es la usanza de emplear un mismo funcionario, ora como fiscal, ora como juez. Así se hacía, por ejemplo, en Baviera, en la época de mi actividad profesional en ese estado. Al entrar a desempeñarse como juez, el fiscal no puede despojarse sin más de esa «parcialidad profesional» inherente a su cargo, a la que alude Hellwig. Por la fuerza de la costumbre, lo guiará el afán de probar que el acusado es culpable.

Por eso, parece preferible encargar el interrogatorio del acusado y de los testigos no al juez encargado de dictar la sentencia, sino al acusador y al defensor. En el proceso inglés y en el estadounidense, la evacuación de la prueba consiste en ese interrogatorio cruzado *(cross-examination)*. Es cierto que el § 239 de la StPO prevé que los testigos y peritos puedan ser examinados por el fiscal y el defensor, si éstos convienen en ello. Mas en los veintidós años de mi práctica profesional en Alemania, no presencié un solo caso en que se hiciera uso de esa posibilidad.

El procedimiento anglo-estadounidense del *cross-examination* realizado por el acusador y el defensor separa la recepción de la prueba de la formación de la sentencia. La primera es realizada por las partes; los jurados pronuncian el veredicto de culpabilidad, mientras que la determinación de la pena es tarea del presidente del tribunal. De esa manera, la comprobación de los hechos se escinde nítidamente de la decisión judicial, de modo que el juez pueda formarse un cuadro objetivo del resultado de la prueba teniendo en cuenta las probanzas aportadas por las partes, sin haber contribuido él mismo al establecimiento de la verdad. Sólo formula preguntas complementarias si cree necesario hacerlo. La opinión que se ha formado el presidente durante la recepción de la prueba es de importancia decisiva, puesto que al dar las instrucciones a los jurados, trasmite a éstos esa opinión de un modo más o menos claro.

Al presidente corresponde decidir, cuando una pregunta del acusador o del defensor dirigida a un testigo o perito es objetada por la parte contraria. La objeción *(objection),* que puede ser autorizada *(sustained)* o rechazada *(overruled),* puede fundarse en que la pregunta es inconducente, o sugestiva, etc.[3].

El XXXV Congreso de Jurisconsultos alemanes, celebrado en 1928 resolvió, tras una conferencia del abogado Max Alsberg y las solicitudes que presentaron en tal sentido los ponentes Lobe y Hoepler, presidentes de sala del Tribunal Supremo, recomendar la adopción del método anglo-estadounidense del interrogatorio cruzado, practicado por el defensor y el acusador, para el procedimiento penal alemán, si bien la resolución se tomó por escasa mayoría[4].

Dieciocho años de constante observación del procedimiento estadounidense me han llevado a la convicción de que para el establecimiento de la verdad objetiva, el interrogatorio cruzado practicado por el acusador y el defensor, en el que al juez le corresponde un papel imparcial, es mejor que el interrogatorio realizado por el presidente del tribunal, que luego debe colaborar en la formación de la sentencia. Es cierto que, según el § 257 de la StPO, el acusado debe ser preguntado, luego del interrogatorio de cada testigo, perito o coacusado, si tiene algo que declarar. Pero la inobservancia de esta norma no es por principio causal de casación (RGSt 42, pág. 168), aún cuando el acusado fuera tardo de oído (RGSt 15, pág. 172). Y como el defensor no puede hacer declaraciones en su lugar (RGSt 44, pág. 284), ese derecho es poco adecuado para enervar una deposición testifical ya firme. En el caso Jacubowski, quien, siendo inocente, fue condenado a muerte por homicidio y ejecutado, se le había negado al acusado, que entendía mal el alemán y lo hablaba sólo con dificultad, la asistencia de un intérprete. ¿Cómo habría podido formular el acusado objeciones contra las declaraciones de los testigos?

El testigo que ya está comprometido por su deposición ante el juez, no estará inclinado a modificarla, sobre todo si el presidente pone de manifiesto su desagrado ante esas objeciones. En el interrogatorio cruzado suele ocu-

---

[3] Para conocer el desarrollo de un interrogatorio cruzado, lo más conveniente es estudiar algunos tomos de la ya citada obra *Notable British Trial Series,* que contiene versiones taquigráficas completas de los debates. Una idea aproximada nos la da también la descripción literaria que hace THEODORE DREISER en *Eine amerikanische Tragödie* (edición alemana de 1927). De las fuentes inglesas citaremos: BARNES-TEETERS (Índice bibliográfico, N° 9) y HARRIS-WILSHERE, *Criminal Procedure* (N° 69): y de las obras alemanas más recientes: WIMMER, *Einführung in das englische Strawerfabren* (N° 193) y NEWMAN-SACHS. *Das englisch-amerikanische Beweisrecht* (N° 130).

[4] Aprobaron también este proyecto: LOBE en GS 1928, pág. 469; GOLDSCHMIDT en DJZ 1978, pág. 11.037. FEISENBERGER en DJZ 1 928, pág. 1.232, FUHRMANN en DJZ 1929, pág. 479, DUERR en DJZ 1 928, pág. 1.434, SCHWARZ en DJZ 1 929, pág. 1.288. En cambio, en las Jornadas de la Asociación Criminalista Internacional celebradas en Breslau, se rechazó, casi por unanimidad, siguiendo a un informe de KOHLRAUSCH, la adopción del interrogatorio cruzado anglo-estadounidense (RADBRUCH. *Die I.K.V, in Breslau* en *Justiz,* 1929).

rrir que el testigo deba retractarse de sus anteriores declaraciones, o rectificarlas. Y lo que es más importante, en ese tipo de interrogatorio del método anglo-estadounidense no puede rechazarse ningún pedido de prueba[5]. Se comienza interrogando a todos los testigos y peritos presentados por el acusador. Tan pronto como éste ha terminado de interrogar a un testigo o perito, el defensor tiene derecho a interrogarlo igualmente. Luego el acusador tiene derecho a otro turno y finalmente le corresponde nuevamente al defensor *(recross-examination)*. Ese método permite que cada punto sea expuesto en sus más minuciosos detalles, y desde todos los ángulos lo que es más conducente al descubrimiento de la verdad que el interrogatorio practicado únicamente por el presidente del tribunal, quien se basa en las actas del procedimiento de investigación o de instrucción previa, que consisten casi exclusivamente en probanzas de cargo. Si bien es cierto que, en virtud del § 160, II de la StPO, el fiscal tiene el deber de aportar también las probanzas de descargo, todo defensor sabe que esto no pasa de ser una ficción, ya que el fiscal, por la parcialidad que le impone su función, persigue el propósito de que se pruebe la culpabilidad del acusado y deja al defensor la tarea de recoger las pruebas de descargo.

Pero también el interrogatorio cruzado del procedimiento anglo-estadounidense encierra graves peligros. El fiscal busca lograr el mayor número posible de condenas, porque de ese modo favorece su reelección. El defensor trata de lograr el mayor número posible de absoluciones, que esto aumenta su prestigio. Por esa razón, ambas partes se traban en ese interrogatorio en una lid enconada, usando con frecuencia medios que no son propios para poner en descubierto la verdad, sino para triunfar en la pugna. Los autores estadounidenses en general, y en especial el magistrado Jerome Frank[6], comparan el interrogatorio cruzado con una especie de justa deportiva, en la que las partes no están tan interesadas en la comprobación de la verdad como en la victoria. Es lógico, por lo demás, que el acusado no puede conducir él mismo los interrogatorios cruzados, que se prolongan por lo común por varios días, y deja esa tarea a su abogado. Dada la técnica extremadamente complicada de ese interrogatorio, es de vital importancia si ese abogado es óptimo o menos hábil que el acusador. Como los buenos abogados cobran, por regla general, honorarios muy elevados, resulta que sólo un acusado pudiente puede contratar sus servicios. El método encierra pues una injusticia social; el acusado pobre se halla en grave inferioridad de condiciones. Mas esas fallas no desvirtúan el hecho de que el interrogatorio cruzado anglo-estadounidense es superior al interrogatorio practicado por el presidente del tribunal.

2. La *instrucción previa*, tomada del derecho francés, constituye un peligro para el descubrimiento de la verdad y es por ello fuente de sentencias erró-

---

5 La enorme ventaja que esto significa para el descubrimiento de la verdad, se apreciará en el análisis que haremos más adelante del rechaza miento de pedidos de prueba en el procedimiento penal alemán.

6 Índice bibliográfico N° 45.

neas. El juez de instrucción padece de la misma parcialidad que el fiscal. Está movido por el afán casi exclusivo de probar la culpabilidad del acusado y, si es posible, de forzarlo a confesar.

Es significativo que Lobe, Presidente de Sala del Tribunal Supremo, propusiera en el XXXV Congreso de Jurisconsultos Alemanes la abolición de la instrucción previa[7]. Su propuesta fue en aquel entonces aceptada[8].

3. La más importante de las fallas legales, que ya ha sido causa de muchas sentencias erróneas, es la *falta de igualdad entre el fiscal y el defensor* ante la ley y en la jurisprudencia. Ya en el capítulo segundo destacamos que la tesis de la igualdad de armas de esos dos contrincantes constituye una ficción. El proceso penal alemán es un proceso acusatorio, pero no un proceso de partes. En el derecho procesal penal vigente en Alemania el defensor se ve en gran medida falto de derechos, lo que es producto de la evolución histórica del proceso acusatorio. Pero también tiene su explicación en una desconfianza, radicalmente infundada, que el legislador y el Tribunal Supremo sienten hacia los abogados defensores. Los abogados alemanes, en su gran mayoría, son intachables. La ley y la jurisprudencia no deben tomar como pauta las excepciones.

La desigualdad entre la acusación y la defensa ya resulta del hecho de que el fiscal dispone de todos los instrumentos de poder del Estado, especialmente de la policía, para efectuar sus pesquisas, mientras que el defensor sólo cuenta con sus medios personales. Pesquisas tales como la búsqueda de testigos o documentos, la persecución de rastros y otros medios de prueba real cuestan tiempo y dinero, elementos de los cuales el fiscal dispone ilimitadamente, no así el defensor. Muchos jueces ven también con gran desagrado si antes del plenario el defensor interroga a los testigos personalmente. Se sospecha en seguida que trata de influenciarlos. De esa manera, el defensor llega a menudo al plenario sin contrapruebas con las cuales podría conmover el edificio de la acusación. Ocurre con frecuencia que el defensor solicita nuevas pruebas sólo a raíz de la recepción de pruebas efectuadas en el plenario. Según el § 246 I de la StPO, una solicitud de esa índole no puede rechazarse por habérsela interpuesto tardíamente. Mas el tribunal normalmente opondrá resistencia al pedido de suspensión establecido por el § 246 II. El plenario debería repetirse entonces desde el comienzo, lo que cuesta tiempo y dinero. Es objetable que el apart. IV de ese mismo parágrafo deje la decisión soore esos pedimentos a criterio del tribunal. Ya en el RGSt 12, pág. 335, el Tribunal Supremo dio a los tribunales la facultad de desestimar pedidos de prueba cuando éstos sólo podían servir para dilatar el proceso. Las consecuencias están a la vista. Toda desestimación de esos pedidos encierra peligro para el descubrimiento de la verdad y puede conducir a sentencias erróneas.

---

7 *Verhandlungen des 35, Deutschen Juristentages,* págs. 699 y sigtes.

8 Propugnaron asimismo la abolición de la insttucción previa: GOLDSCHMIDT en *DJZ* 1928. pág. 112. FEISENBERGER en *Vossische Zeitung* del 23 de mayo de 1 929, SCHMIDT, en *DJZ* 1929. pág. 1.084 y, con ciertas condiciones, WERNER en *DJZ* 1 929. pág. 262.

El descubrimiento de la verdad, y la prevención de las sentencias erróneas, tienen un enemigo en las disposiciones sobre la publicidad para las partes en el procedimiento previo y sobre el acceso a las actas para el defensor[9]. Aunque es cierto que el § 148 I de la StPO permite al defensor *comunicarse con el acusado* en cualquier estado de los procedimientos de pesquisa o de instrucción previa, sea por escrito o verbalmente, también lo es que mientras el plenario no esté abierto, el juez puede rechazar comunicaciones escritas si no se le autoriza a imponerse de su contenido. Hasta ese momento el juez puede disponer también, siempre que la detención no se funde simplemente en el peligro de fuga, que él mismo o algún otro juez autorizado o exhortado para ello, asista a las conversaciones entre el defensor y el imputado. Cabe señalar, sin embargo, que tratándose de defensores de prestigio, los jueces no se valen casi nunca de esa facultad. En los muchos años en que actué como defensor en Alemania, no recuerdo un solo caso en el que se me hubiera impuesto un control tan humillante.

Más perjudicial aún para el descubrimiento de la verdad es la reglamentación del *examen de los autos* que se permite al defensor (StPO, § 147). El defensor sólo tiene derecho a examinar el expediente después de finalizada la instrucción previa o, habiendo faltado la etapa instructoria, después de presentada la acusación. Hasta ese momento, el material de cargo se junta en secreto, sin conocimiento del defensor o del acusado. El defensor no tiene la posibilidad de prevenir un error judicial presentando. a tiempo pedidos de prueba. Las excepciones que establece el apart. III del § 147 son casi irrelevantes. Lo que interesa en primer lugar es la interrogación de los testigos. Durante la etapa instructoria o antes de formulada la acusación, sólo se permite al defensor el acceso a los autos, en cuanto esto pueda hacerse sin peligro para la labor de instrucción. Esta disposición es extremadamente interesante. La ley sospecha que el defensor, al tener acceso al expediente, pueda poner en peligro la finalidad de la instrucción. La expresión «finalidad de la instrucción» resulta especialmente interesante, ya que caracteriza claramente la orientación del proceso acusatorio hacia la prueba de la culpabilidad, o sea, como compilación exclusiva de elementos de cargo.

Los hechos son esclarecidos en el procedimiento de pesquisa, que es tarea del Ministerio Público y de la policía, no así del defensor, a quien se excluye en esa etapa de colaborar en el descubrimiento de la verdad. Las funestas consecuencias de una reglamentación tan anticuada saltan a la vista. Cerrada la etapa instructoria o presentado el escrito de acusación, es generalmente demasiado tarde para encauzar por la correcta vía del examen objetivo a la instrucción, que ha venido avanzando por un sendero equivocado. El testigo estará comprometido por su deposición y difícilmente podrá ser lleva-

9 La exclusión del defensor de la instrucción previa ha sido reconocida también como fuente de error por el XXXV Congreso de Jurisconsultos Alemanes y por las Jornadas N° XVI de la Asociación Internacional de Criminología. En igual sentido. ANRATH (Índice bibliográfico, N° 7).

do a desdecirse. Por el tiempo transcurrido, se habrán perdido valiosas pruebas en contrario. Las mismas objeciones pueden hacerse a la exclusión del defensor de los interrogatorios practicados en el procedimiento de pesquisa o en la instrucción previa. Aunque el § 193 de la StPO lo autoriza a presenciar inspecciones judiciales o interrogatorios de testigos o peritos practicados por funcionarios comisionados, y el § 115 *d* le permite asistir a las sesiones en que se examina la validez de la prisión preventiva, todas las restantes declaraciones se toman sin participación del defensor. Este ignora, por lo tanto, qué es lo que los testigos o peritos han declarado, no puede formularles preguntas para corregir sus deposiciones, no puede procurar a tiempo la producción de pruebas contrarias. Resulta incomprensible que los defensores alemanes no arremetan con toda energía en contra de estas humillantes disposiciones.

4. Estas fuentes de error son multiplicadas por las disposiciones sobre *recepción de prueba en el plenario.* Según el § 245 I de la StPO, en el plenario debe interrogarse a todos los testigos y peritos que hayan sido citados, salvo que la evacuación de la prueba se haya solicitado con el único fin de dilatar el proceso. El pedido puede desestimarse, pues, si a juicio del tribunal el hacerle lugar sólo puede conducir a un retardo. (Un precepto semejante es desconocido en el derecho anglo-estadounidense. En éste, ambas partes citan a sus testigos y todos los testigos citados son interrogados). La obligación de respetar los pedidos de prueba tiene además importantes excepciones que ponen en grave peligro el descubrimiento de la verdad. Nada hay que objetar al § 245 I 3 de la StPO, ya que si tanto el fiscal como el defensor desisten de la presentación de un testigo puede prescindiese de su interrogatorio. Mas ese acto de desistimiento exige suma prudencia. Nunca puede saberse si un testigo no revelará tal vez novedades sorprendentes que sirvan para determinar la culpabilidad o inocencia del acusado.

Crea, en cambio, peligros gravísimos para el descubrimiento de la verdad si se desestiman pedidos de prueba dando como razón que los hechos a probarse son de dominio público, o irrelevantes, o que están probados, o que el medio probatorio es totalmente inidóneo, que el tribunal mismo cuenta con la suficiente pericia en la materia o que el hecho se admite como cierto. Muchas sentencias erróneas han sido consecuencia de esos estrangulamientos de los pedidos de prueba.

a) La *desestimación por dominio público* del hecho a probarse se dicta generalmente si el tribunal, o él público en general, conoce el hecho en cuestión[10]. Esto sólo ya es susceptible de reparos. En los tribunales mixtos con asistencia de escabinos, el hecho debe ser conocido no sólo para los jueces profesionales sino también para los jueces legos. Ocurre allí que el presidente pregunta a los jueces legos —si es que se toma esa molestia— si el hecho en cuestión le es conocido, a lo que ellos contestan naturalmente que sí, para no pasar por ignorantes. Un examen detenido revelaría con frecuencia que ni todos los

[10] Sobre los conocimientos del Tribunal, ver RGSt 16 pág. 327; EGHSt 6 pág. 292.

magistrados ni todos los jueces legos están verdaderamente bien enterados del asunto. Es igualmente objetable que se desestime un pedido de prueba por ser un hecho de conocimiento general. Ese concepto es tan vago que debería emplearselo con máxima cautela.

b) Más grave aún es si un pedido de prueba.se desestima por *pericia propia del tribunal en la materia.* En el proceso por traición a la patria contra Félix Fechenbach, que estudiaremos más adelante (caso N° 45), el presidente declaró que el tribunal se consideraba dotado de suficientes conocimientos especializados como para entender todas las cuestiones políticas allí debatidas. Pero se trataba de cuestiones sumamente complicadas referentes a la celebración del tratado de paz entre Alemania y las potencias aliadas al finalizar la Primera Guerra Mundial, al deber de mantener el secreto de documentos políticos, a las ilegales organizaciones fascistas, al rearme secreto de Alemania y muchos otros problemas difíciles. Era totalmente imposible que los magistrados, y más aún los jueces legos, pudieran haber adquirido conocimientos verdaderamente especializados y técnicos sobre estos puntos por la lectura de los diarios. Y efectivamente, ese mismo presidente dio en el plenario prueba de tal ignorancia en cuestiones políticas que el perito al que se terminó por consultar, doctor Thimme, coeditor de la gran publicación de las actas del Ministerio de Relaciones Exteriores, lo criticó después de la sentencia públicamente y con gran severidad.

Aun cuando el tribunal haya recibido el informe de un perito, resulta sumamente objetable que se deniegue la presentación de otro. Un ejemplo de ellos nos lo da el caso N° 25 (Pfeuffer). El tribunal había consultado a su médico forense, quien presentó un dictamen equivocado sobre la causa del deceso. Con ello, el tribunal creyó estar lo suficientemente bien informado. Al solicitar la defensa en el juicio de revisión que se requiriera el dictamen de otros peritos, ese pedido fue desestimado. La única manera de comprobar la inexactitud del dictamen oficial fue hacerlos comparecer directamente. En la sentencia revocatoria de la anterior, el tribunal se adhirió sin reservas a las conclusiones del nuevo dictamen, llegando a una convicción opuesta a la primeramente formulada. La opinión que merece la «pericia» de los jueces ha sido puesta bien en evidencia en el caso Otto Götz (caso N° 26).

c) Es especialmente peligroso desestimar un pedido de prueba testifical con el argumento de que el testigo solicitado es *inidóneo.* Al rechazarse ese pedido se prejuzga indebidamente sobre el resultado de la deposición. El tribunal no puede saber de antemano si ese testigo, pese a su parentesco con el acusado o a sus antecedentes penales, no puede causar una impresión que merezca crédito o revelar puntos importantes[11]. Esa jurisprudencia del Tribunal Supremo permite también que se desestime el interrogatorio de testigos

---

[11] El Tribunal Supremo ha autorizado la recusación por falta de idoneidad del marido en DR 6, pág. 48 6 o de una persona afín en JW 41 N° 946 y 56 N° 2576. En igual sentido, el Tribunal Supremo en DRZ 20, pág. 419 y R 4, pág. 633; ver también RGSt 46, pág. 385.

que antes del plenario hicieron uso de su derecho de negarse a declarar; si ahora ese testigo deseara declarar se le quita así la posibilidad de hacerlo[12]. Es frecuente que el acusado sólo pueda probar su coartada mediante el testimonio de su esposa o de parientes cercanos. Recuerdo el caso de Majczek, quien en el momento del crimen había estado ayudando a su suegro a descargar carbón y había tomado café que le sirvió su mujer. Es equivocado no tomar declaración a esos testigos por reputárselos inidóneos. Y también lo es no tomar declaración a un testigo que ha sido condenado alguna vez por el mismo delito que se imputa al acusado[13]. No cabe duda de que la declaración le será tomada si está dispuesto a actuar como testigo de cargo. Desestimarla si eventualmente pudiera declarar algo en descargo del acusado, por ejemplo, que éste no tuvo participación en el hecho, constituye un peligro para el descubrimiento de la verdad.

Mientras que en esos casos el rechazo de testigos por causa de inidoneidad dio lugar a graves abusos, en otros el Tribunal Supremo sostuvo la doctrina, obligatoria para los tribunales inferiores, de que sí era idóneo como medio de prueba un testigo alienado. Aquí, a diferencia de los fallos citados, se parte de repente de la base de que el derecho procedimental vigente se funda en los principios de verdad material, de inmediación y de libre apreciación de las pruebas y que, por consiguiente, no conoce testigos absolutamente inidóneos[14]. En otro fallo[15], el Tribunal Supremo dijo textualmente: «Aun quien debido a una alienación mental no es capaz de seguir una audiencia contra él dirigida o de conducir su defensa en ella de una manera coherente, siendo por ende incapaz en tal sentido de actuar (RGSt 1, 149; 29, 324), puede, sin embargo, estar en condiciones de proporcionar un dato de interés para el esclarecimiento del asunto y ser, por consiguiente, interrogado como testigo». Tenemos entonces que un testigo que no puede actuar en causa propia debido a su alienación y que no puede ser penado conforme al § 51 del StGB, es testigo idóneo para declarar contra otro acusado. Se olvida evidentemente que ese testigo puede afirmar, incluso bajo juramento, cualquier mentira consciente y cualquier deposición inventada, ya que está a salvo de ser perseguido por falso testimonio. Y el acusado no puede hacer que se tome declaración como testigo a su esposa, por ser ésta inidónea. Pero debe tolerar que un alienado le haga cargos, pues éste no está afectado de inidoneidad. ¿Es de extrañar que semejante jurisprudencia de conceptos conduzca a sentencias erróneas?[16]

d) También se abusa del rechazamiento de pedidos de prueba con el fundamento de que se trata de *pedidos de aportación de prueba,* los cuales serían inadmisibles. Así, el Tribunal Supremo ha autorizado rechazamiento por esa

---

12 RGSt 38, pág. 256.
13 RGSt 31, pág. 138.
14 RGSt 52. pág. 139.
15 RGSt 54, pág. 108; también RGSt 33, pág. 393.
16 Esta jurisprudencia sobre el testigo alienado ha sido también objeto de grave censura por parte de Von Hentig en *Wiederaufnahmerecht* (Índice bibliográfico, N° 82, pág. 72).

razón en los siguientes casos: Exigir a una testigo que diera el nombre de sus anteriores empleadores para que éstos pudieran dar fe del crédito que ella merecía[17]; requerir cuerpos de escritura de testigos para presentarlos al examen de un perito calígrafo[18]; presentar el álbum de delincuentes para descubrir a la persona con la cual el acusado podría haber sido confundido[19]. Todos estos pedidos son de suma importancia para establecer la verdad. El fiscal está autorizado para examinar el álbum, no así el defensor. Si éste solicita su presentación para buscar eventuales personas parecidas al acusado, el pedido es desestimado. De una jurisprudencia semejante depende el destino de un hombre que ha sido víctima de un error de identificación.

e) También se abusa peligrosamente del rechazamiento de pedidos de prueba, con el pretexto de que los *hechos se admiten como ciertos*. Luego, en la sentencia, esos hechos con frecuencia no se tratan como tales y no se deducen las consecuencias que resultarían necesariamente si fueran efectivamente ciertos. Ese pretexto, que se da por comodidad, debería ser abolido de una vez por todas. Un caso reproducido en BGHSt 1 pág. 137 nos muestra cómo se maneja en la práctica esa admisión de hechos como ciertos. La acusada había solicitado que se tomara declaración a un testigo para demostrar que X la había instigado a cometer un hurto. El tribunal rechazó el pedido, fundándose en que la afirmación se admitía como cierta. En su sentencia, la Cámara Penal sostuvo que el instigador seguramente no habría tenido que vencer una resistencia seria de parte de la acusada. ¿Cómo podía el tribunal saberlo, no habiendo tomado declaración al testigo? Son muy suaves los términos que emplea Peters[20] al decir que la «admisión era sólo aparente» (ver también BGHSt 1, pág. 208, 1, pág. 37,1, pág. 51).

De mi propia experiencia profesional puedo referir el siguiente caso de admisión de un hecho como cierto:

Caso N° 31 (cirujano): Una vez me tocó defender a un cirujano notable, acus: do de homicidio culposo. Un ginecólogo había realizado, sin asistencia de otro colega, un curetaje con anestesia a una muchacha que se había hecho practicar un aborto. Al hacerlo había perforado el útero. La paciente fue trasladada, tras haber perdido ya mucha sangre y peligrando su vida, a la clínica del cirujano. Era necesario operar inmediatamente para extirpar el útero. El ginecólogo sirvió de asistente al cirujano. Más tarde se comprobó que, a consecuencia de la perforación, partes del feto habían pasado a la cavidad abdominal, pero en la operación, que era de suma urgencia, no se las descubrió. Esto produjo una septicemia que causó la muerte de la paciente. El ginecólogo afirmó, en su carácter de coacusado, que él había advertido al cirujano antes, durante y después de la operación que en la cavidad abdominal habían que-

---

17 II Sen. D 830. 08.

18 *Seuff. Archiv,* tomo 73, pág. 3 66. EGHSt 6, 128 incluye hasta un pedido de exhibición de actas entre los pedidos de averiguación de prueba.

19 *Recht 1911,* N° 2692.

20 Índice bibliográfico, N° 144, pág. 246.

dado restos del feto, especialmente la cabeza. El cirujano negó decididamente que le hubiera advertido tal cosa. Invocó la opinión de facultativos eminentes que sostenían que era un error palpar la cavidad abdominal para detectar eventuales restos del feto que podrían estar ocultos bajo los Intestinos, puesto que luego de una perforación ya se habría producido de cualquier manera una infección de la cavidad abdominal y por el hecho de palparla en busca de cuerpos extraños la infección se extendería por toda la cavidad, aumentando así el peligro de un desenlace fatal. El médico forense fue de opinión distinta, aunque sobre este punto sus conocimientos eran sin duda inferiores a los de las eminencias invocadas.

Se trataba pues de comparar la credibilidad que merecían el cirujano y el ginecólogo. Presenté un escrito pidiendo que se comprobara que el ginecólogo tenía pendientes ya siete procesos por aborto. Indiqué los números de los expedientes, solicitando que fueran presentados. Pedí además que se comprobara que en dos de esos casos el ginecólogo había opuesto excepción de inimputabilidad, fundándose en el dictamen de un psiquiatra. En consecuencia, se había dictado sobreseimiento con arreglo al § 51 del StGB. El tribunal desestimó todo el pedido fundándose en que los hechos afirmados se admitían como ciertos.

En la sentencia, el tribunal declaró que la afirmación del ginecólogo era digna de crédito, aunque no estaba apoyada por testigos. No merecía fe, en cambio, a su juicio, la declaración del cirujano. Se declaraba pues digno de crédito a un ginecólogo alienado, siete veces sospechoso de aborto, no así a un prestigioso cirujano, libre de antecedentes. Se pasaba por alto que esas manifestaciones estaban en abierta pugna con los hechos que se admitían como ciertos. El tribunal ni siquiera investigó si no habría sido el mismo ginecólogo quien practicó el aborto, y no un simple curetaje tras un aborto llevado a cabo por otra persona; había suficientes motivos de sospecha para creerlo así.

Interpuse un recurso de casación ante el Tribunal Supremo, señalando que la imputación como cierta no había sido respetada en la sentencia. Agregué que violaba abiertamente las reglas de la lógica tener por digno de crédito a un ginecólogo alienado, que podía prestar falso testimonio sin riesgo alguno, y no acordar crédito al cirujano. El Tribunal Supremo rechazó el recurso sosteniendo que no había tal contradicción entre los hechos admitidos como ciertos y las conclusiones de la sentencia.

La resolución del Tribunal Supremo es consecuencia de la absurda jurisprudencia consignada más arriba, que considera testigo idóneo a un alienado. En vista de esa sentencia, sólo puede recomendarse encarecidamente a todo cirujano reunir testigos para sus conversaciones con un ginecólogo que les trae una paciente.

Resumiendo, podemos decir que toda restricción de la recepción de prueba trae aparejados los más graves peligros para el establecimiento de la verdad, lo cual puede conducir al pronunciamiento de sentencias erróneas.

El caso siguiente es también revelador[21]:

Caso N° 32 (maestro sastre); En la noche del 3 de octubre de 1902, K., un sastre sin antecedentes penales, había ido de cervecería en cervecería. En aquella ocasión conoció a una prostituta llamada T., en cuya compañía continuó bebiendo. Finalmente, fue a parar junto con ella, en estado de embriaguez, a una casa en la calle N. Más tarde se le acusó de haber penetrado, el día 4 de octubre, a las 6:30 horas, vestido solamente con camisa y un par de pantalones, en el dormitorio de la joven Agnes Laura M., hija de la locadora, de trece años y medio de edad. La muchacha lo habría instado a abandonar inmediatamente la habitación. Pero él no le habría hecho caso, sino que por el contrario la habría abrazado, besado y finalmente tocado libidinosamente. Le habría prometido un marco de recompensa si se quedaba quieta.

K. negó el relato de la muchacha, pero el juez le dio crédito. Quedaba por establecer si el acusado había tenido conciencia de que la joven era menor de catorce años. El tribunal declaró que, aunque la muchacha tenía el desarrollo físico correspondiente a su edad, sus facciones eran las de una niña. «Como lo atestiguan la viuda de M. y la viuda de A., la habitación en que la joven dormía está tan iluminada, aun de mañana, que permite reconocer perfectamente a una persona; además, todo el comportamiento del acusado para con ella, el hecho de haberla tuteado, obligan a concluir que tenía conciencia de que ella no había alcanzado aún la edad de catorce años».

K. fue condenado a seis meses de cárcel por abuso deshonesto de una menor de catorce años. No se practicó inspección judicial.

Después de haber pasado la sentencia en autoridad de cosa juzgada, se realizó una inspección particular de la pieza en la que se había desarrollado el acto. En el ínterin, la madre de la muchacha se había mudado. Se comprobó que la habitación era un ambiente bastante oscuro. El consejero de justicia Drucker interpuso un recurso de revisión, que se basaba, entre otros argumentos, en que la habitación debía de haber estado demasiado oscura el 4 de octubre a las 6.30 horas como para que pudieran distinguirse las facciones de una persona adulta de las de una niña. Se solicitó una inspección judicial, pedido que fue rechazado con un fundamento tan significativo para caracterizar la psicología del procedimiento de revisión y el desafecto contra la prueba real:

«Para llegar a esa comprobación, sería necesario por de pronto practicar la inspección algún día en el que la posición del sol sea presumiblemente la misma que el 4 de octubre de 1902. Aparte de que una postergación semejante no sería procedente, la inspección no ofrecería, de todas maneras, un resultado seguro; puesto que concomitan otras circunstancias, como pueden ser si las condiciones de tiempo, nublado o despejado, son las reinantes el 4 de octubre de 1902. Por lo demás, el tribunal ha comprobado mediante pruebas

---

21 El consejero de justicia doctor DRUCKER, conocido defensor alemán, refiere este caso en el libro de MAX ALSBERG, *Juitizirrtum und Wiederaufnahme* (Índice bibliográfico, N° 4).

testificales que la habitación estuvo en aquel momento tan iluminada que una persona podía ser reconocida fácilmente. Quedó así establecido lo contrario de lo que se pretende que pruebe la inspección judicial y como, por consiguiente, esa inspección ya no tendría valor para el esclarecimiento del asunto, ella ya no es necesaria».

El defensor consiguió convencer al informante de que esa resolución era ilegal, puesto que la finalidad del procedimiento de revisión consistiría precisamente en comprobar la Inexactitud de lo establecido en la sentencia. Señaló asimismo que una «información recabada del observatorio astronómico permitiría establecer sin dificultades en cuál de los días próximos se darían las mismas condiciones de luminosidad que el 4 de octubre a las 6,30 horas. Se practicó entonces la inspección judicial. El tiempo, según el acta, era luminoso. Las ventanas estaban abiertas y carecían de cortinas. «Pese a la luminosidad y a los demás factores dados, resultaba difícil reconocer en el interior de la habitación las facciones de una persona, aun acercándosele mucho. En especial, puede decirse que unas facciones juveniles apenas podían distinguirse de las de una persona adulta».

Quedaba pues establecida la prueba real de que las declaraciones de las testigos referentes a la luminosidad eran inexactas y que el acusado no pudo haber distinguido si la joven tenía trece años y medio o catorce. En el procedimiento de revisión fue absuelto.

5. Otra falla grave de la ley, que favorece y perpetúa las sentencias erróneas, es la *falta de una segunda instancia para las cuestiones de hecho.* La casación, que sólo puede apoyarse en la violación de una norma jurídica, no alcanza a suplir esta deficiencia. El hecho de que un criminalista que ha luchado durante décadas contra las sentencias erróneas, deba solicitar la apelación y la repetición de la recepción de la prueba por parte de un tribunal superior, es sencillamente una consecuencia lógica del hecho de que son muchas las sentencias erróneas que se dictan.

Aunque parezca paradójico, el derecho procesal penal vigente en Alemania sólo admite la apelación para los delitos más leves. Para los más graves, en los cuales la sentencia decide sobre la vida y la existencia del acusado, sólo se cuenta con la casación. En el juicio de apelación vuelven a ponerse sobre el tapete todos los hechos, junto con todos los medios de prueba[22]. La casación sólo admite el nuevo examen de las cuestiones de derecho. Las constataciones de hecho del primer juez son obligatorias para el tribunal de casación (StPO, § 337). El debate no requiere la presencia del defensor o del acusado. El acusado detenido no puede comparecer en el juicio (StPO, § 350). Un recurso de casación improcedente o evidentemente infundado puede incluso rechazarse por un simple auto sin mediar debate alguno (StPO, § 349).

[22] §§ 323, 324 StPO: y RGSt 62, págs. 130 y 402.

Como consecuencia de esta legislación, las sentencias de los jueces unipersonales admiten la apelación ante la Pequeña Cámara Penal; las de los tribunales de escabinos, la apelación ante la Gran Cámara del Crimen (GVG, § 76 II), y las de la Cámara Penal, además, el recurso de casación, de modo que el acusado dispone de tres instancias. Pero contra las sentencias de los tribunales por jurados, que resuelven sobre los delitos más graves, cabe únicamente el recurso de casación (StPO, § 333); otro tanto ocurre con las sentencias de la Cámara Penal en primera instancia.

En los casos en los cuales la Corte Federal de Justicia conoce en primera y única instancia de delitos políticos, no proceden ni la apelación ni la casación, sino únicamente la revisión del procedimiento. Lo mismo vale para las resoluciones dictadas por los Superiores Tribunales Regionales en causas por delitos políticos remitidas por el Superior Procurador Federal (GVG, § 74 a II, y GVG §§ 120 I, 134, 134 a).

Las consecuencias de esta extraña legislación han de ser mostradas ahora en un caso práctico que nos refiere Sello[23], acotando que fue el más trágico que le ocurriera en toda su carrera:

Caso Nº 33 (perjurio); Se trataba de un procesado sospechoso de perjurio. Cumplida la instrucción previa, el fiscal pide el sobreseimiento definitivo. La cámara, que descarta en absoluto la posibilidad de perjurio, supone sin embargo que podría haber habido un falso testimonio culposo e inicia el plenario por ese delito. En el debate, la Cámara llega a la conclusión de que tampoco hubo falso testimonio culposo, pero que la absolución por perjurio corresponde al tribunal por jurados. Pero remitido el caso a ese tribunal, éste dicta sentencia condenatoria por perjurio. Al enterarse de esto, el Presidente de la Cámara estalla diciendo: «¿Han enloquecido estos sujetos?». El recurso de casación es rechazado por el Tribunal Supremo, cuyo ponente refiere después que todos los miembros de la Sala Penal habían estado convencidos de la inocencia del acusado, pero que la sentencia había escapado a sus facultades. El defensor presenta entonces un pedido de revisión. Tras una amplia recepción de prueba, la Cámara Penal declara fundado el pedido y ordena la reapertura del plenario. Pero ahora el mismo Ministerio Fiscal que antes había pedido el sobreseimiento, interpone recurso contra esa resolución. El Tribunal Cameral rechaza el pedido de revisión. El acusado se suicida.

El carácter obligatorio que tienen para el Tribunal de Casación las constataciones de hecho de la sentencia impugnada es manifiestamente absurdo. Imaginemos que en los antedichos casos Gawenda y Bratuscha (casos Nros. 3 y 4), la supuesta víctima hubiera sido presentada con vida al tribunal de casación. A falta de una violación del texto legal, el recurso habría sido rechazado.

No resultando admisible la apelación, debería crearse al menos el remedio de una «casación extraordinaria», sistema que ha sido adoptado ya en

---

23 Índice bibliográfico, Nº 165. pág. 272.

otros países. También von Hentig[24] sostiene la exigencia de que la verdad material debe contar con el auxilio de esa casación extraordinaria en aquellos casos en que no están dados «casualmente, ni los presupuestos legales, ni las condiciones formales» para la casación común. Cita al respecto el artículo 486 de la StPO de Wurtemberg, sancionada el 17 de abril de 1868: «Si elevados a la Corte de Casación un recurso de nulidad o un pedido de revisión, surgieren serias dudas acerca de la veracidad de los hechos en cuya aceptación se funda la sentencia condenatoria, y el examen de las actas y las eventuales pesquisas que se dispongan no alcancen a eliminar esas dudas, la Corte dispondrá, por vía extraordinaria, sin obligación de ajustarse a las condiciones establecidas en el artículo 471, la revisión del proceso en beneficio del condenado».

También el § 362 de la *StPO austríaca* concede a la Corte Suprema de Justicia el derecho de revisión extraordinaria, en interés exclusivo del condenado, en caso de surgir dudas sobre la veracidad de los hechos que fundan la sentencia.

Del mismo modo, el antiguo *Codice di procedura penale italiano* daba a la Corte Suprema de Justicia la facultad de absolver inmediatamente al condenado mediante un procedimiento sumario, en caso de haber contradicción entre las constataciones de la sentencia y los hechos que luego se establecieran.

En *Inglaterra,* la revisión extraordinaria, que autoriza a revocar cualquier veredicto pronunciado por jurados, fue introducida por la *Criminal Appeal Act,* a la que ya aludiéramos al estudiar el caso Beck. El entonces Lord Chief Justice lanzó una advertencia contra esa innovación, que, según él, quebrantaría totalmente el sentido de responsabilidad de los jurados. Advertencias semejantes no deben inducirnos a renunciar al progreso de la legislación. Hubo un Lord Magistrado, como refiere Liepmann en su informe sobre la pena de muerte, que vaticinó «con gran dolor», poco antes de eliminarse la pena de muerte por hurtos superiores al valor de quince chelines cometidos en comercios, que a consecuencia de esa innovación en Inglaterra ya no se sabría si se andaba con los pies o con la cabeza. Pero Inglaterra no sucumbió por la abolición de esa vieja práctica bestial.

En muchos de sus fallos, cuando consideraba que la sentencia era errada en cuanto a los hechos, el Tribunal Supremo se resistió a ese chaleco de fuerza que es el carácter obligatorio de las constataciones de hecho. Según tuviera por correcta o por errada la sentencia sometida, declaró fundados o infundados los mismos motivos de casación.

Pocos son los defensores que dominan la casuística de estos fallos. Sólo pocos de ellos son «ingenieros de casación», como llama el consejero de justicia Drucker a esos maestros de la fundamentación del recurso. Y es que en la casación, el destino del acusado depende sobre todo de la fuerza de los argumentos presentados por su defensor. Recuerdo el caso N° 6 (Ziethen), en el

---

[24] Índice bibliográfico. N° 82.

cual el defensor, al interponer el recurso, no había impugnado el hecho de que al tomarse declaración a la moribunda señora de Ziethen, se la había juramentado sin señalársele su derecho de negarse a declarar.

A fin de eludir la obligatoriedad de las constataciones de hecho, el Tribunal Supremo declaró sujeta a casación, no solamente la violación de normas jurídicas, sino también la infracción a reglas universales de experiencia, de lógica y de interpretación, abriendo así un camino para revocar sentencias manifiestamente erróneas.

En un caso citado por Beling[25], el Tribunal Supremo sostuvo, para poder eliminar una constatación errada, que había violación de las reglas universales de la experiencia. Se había establecido que un día 10 de abril, el acusado, habiendo estado a las diez horas en Augsburgo, había tomado el tren expreso a Múnich y cometido en esa ciudad un delito a las 10,30. La experiencia general, verificable por cualquier guía de ferrocarriles, nos dice que el expreso de Augsburgo a Múnich tarda una hora. La constatación era pues manifiestamente errada. Mas el Tribunal Supremo no habría podido atacar esa sentencia alegando violación de normas jurídicas[26].

Por la misma razón el Tribunal mantuvo flúido el límite entre cuestiones de hecho y cuestiones de derecho. En cierta ocasión declaró[27] que el carácter injurioso de una expresión era una cuestión de hecho. En la segunda parte de este libro, encontraremos fallos del mismo tribunal en que la determinación de la existencia del delito de ofensa a la República fue tratada como cuestión de derecho.

No es necesario destacar que esta jurisprudencia puede ser útil para eliminar sentencias erróneas, siendo por consiguiente laudable. Pero el hecho de que el Tribunal Supremo se haya visto forzado a violar el respeto a las constataciones de hecho para revocar sentencias erróneas, da prueba de la necesidad de que exista recurso de apelación en todos los casos de delitos graves, especialmente contra las sentencias de los tribunales por jurados.

5. Y veamos finalmente la *reglamentación del juicio de revisión* en el derecho vigente. Si alguna vez la legislación tuvo un engendro monstruoso, lo fue con los 359 y siguientes de la StPO. El legislador partió de la ficción del carácter sagrado de la cosa juzgada. Una sentencia con autoridad de cosa juzgada debía estar protegida y salvaguardada a cualquier precio, aunque éste fuera el aniquilamiento de una persona inocente. Ya en 1930 intenté analizar la psicología del procedimiento de revisión[28]. Elegí como lema un pasaje de *El profesor*

---

[25] *Deuttches Reichutrafprozettrecht*, pág. 413, N° 5.

[26] La violación de las leyes de la lógica ha sido declarada progresivamente como susceptible de casación a partir del RGSt 41, pág. 78 y 45, pág. 138; de fundamental importancia son RGSt 61, pág. 153 y RG en JW 1932, pág. 3070, N° 18, como también BGHSt 1, pág. 67; 1, pág. 117; 7, pág. 291; 6, pág. 70.

[27] RGSt 67, pág. 374.

[28] Índice bibliográfica. N° 84.

Bergeret de Anatole France: «no quería admitir su error. Una confesión de esa índole sólo puede hacerla una persona de espíritu elevado». El legislador ha puesto en manos del tribunal, que suele agotar los recursos para no confesar el error de un fallo, todos los resortes para frustrar un pedido de revisión. Partió de la falsa concepción de que admitir que se ha condenado a un inocente menoscaba la autoridad moral del Estado. Ocurre precisamente lo contrario. Nada acrecienta más la confianza del pueblo en la justicia que saber que un condenado inocente puede lograr la revocación de la sentencia errónea. Cada vez que pude lograr la revocación de una de esas sentencias, observé la felicidad y el alivio que embargaban al tribunal y al auditorio al saber eliminado el fallo injusto que condenaba al inocente. Cada cual pensaba: si a mí me ocurriera lo mismo, no tendría que desesperarme. Y para el defensor no hay momento de mayor satisfacción y de triunfo que aquel en que se siente liberado al ser revocada la sentencia errónea en el juicio de revisión. La última firma que puse en un escrito alemán fue en el pedido de revocación de la sentencia de muerte y de absolución del acusado por inocencia probada sin reapertura del plenario en el caso Rettenbeck (*supra,* caso 27). Fue uno de los momentos más felices de mi vida cuando el Tribunal Regional de Landshut hizo lugar a ese pedido, observando que, gracias a la labor de seis años del defensor, la anterior prueba aparente había quedado enteramente desvirtuada.

En los casos que expusimos, especialmente los de Pfeuffer (N° 25) y Rettenbeck (N° 27), se vio con qué tenacidad los tribunales defendieron las sentencias por ellos dictadas. Si el mismo tribunal que ha dictado la sentencia errónea es el que tiene que resolver sobre la procedencia de la revisión, su resistencia es comprensible desde el punto de vista psicológico. Los jueces se sienten en esos casos como jueces en causa propia. Defienden a todo trance su error contra el importuno condenado que se niega a aceptar su condena ya firme, con el ademán airado de un sepulturero que ve al enterrado alzarse en su tumba.

Señalaremos sucintamente los defectos del procedimiento de revisión vigente[29]:

a) La competencia para resolver sobre el ped'do de revisión corresponde al mismo tribunal que ha dictado la sentencia (StPO, § 367 1). La excepción establecida en la cláusula siguiente (§ 367 I [2]) es irrelevante para nuestro estudio. He aquí la primera razón del fracaso de la mayoría de los pedidos de revisión. Hay un interés por parte del tribunal, sin que ello sea causal de recusación. El pedido de revisión ataca su infalibilidad. Se entiende perfectamente, desde el punto de vista psicológico que defienda denodadamente su sentencia. Cierto es que hay jueces que colocan a la justicia por encima de esas consideraciones más o menos conscientes. Pero son la excepción.

b) Según el § 359 N° 2 de la StPO, hay lugar a la revisión si un testigo o perito ha faltado, dolosa o culposamente, a su deber de juramento. Pero el §

[29] Para los detalles y la evolución histórica, remitimos a Von Hentig, *Wiederaufnahmerecht* (Índice bibliográfico, N° 82).

364 dispone que esa causal sólo funcionará si el testigo perito ha sido condenado por ese delito mediante sentencia pasada en autoridad de cosa juzgada. Si un testigo ha cometido delito de perjurio, que ha sido inequívocamente demostrado, la revisión no procederá si no media condena con fuerza de cosa juzgada por ese delito. Pero es al fiscal, que es el enemigo del pedido de revisión, a quien toca decidir si ha de perseguir o no al perjuro. Es evidente que no se sentirá muy inclinado a acusar por perjurio a uno de sus propios testigos de cargo y ayudar así a que el pedido prospere. El juez y el fiscal, tal como están conceptuados por la ley, son tipos ideales, mientras que tratándose del abogado, la ley toma en cuenta el tipo excepcional del defensor que pone en peligro el objeto de la investigación.

c) El pedido de revisión debe apoyarse en nuevos hechos o medios de prueba, que puedan por sí solos o en combinación con probanzas presentadas anteriormente fundar la absolución del acusado o una atenuación de la pena conforme a una ley más benigna. Un nuevo dictamen pericial no sería, sin embargo según algunos fallos aislados y muy discutidos, un nuevo medio de prueba, porque la aceptación de un nuevo perito entra en las facultades discrecionales del juez. Felizmente, el Tribunal Supremo ha puesto vallas a esa discrecionalidad. Admitió que el hecho de no haber recurrido a un perito cuando la intervención de éste habría sido necesaria, constituía motivo de casación [30]. La *Höchstrichterliche Rechtsprechung 1938 N. 1152* registra un caso en que se declaró motivo de casación la omisión de una inspección judicial que habría sido necesaria. Mas en la cuestión de la admisión de nuevos medios probatorios en el juicio de revisión no interviene el Tribunal Supremo, ya que el recurso inmediato se dirige al Superior Tribunal Regional. Así, el Tribunal Cameral ha resuelto que la inspección de un lugar no constituye un nuevo medio de prueba[31].

d) El colmo de esta legislación hostil a la reparabilidad es sin embargo el § 369 III de la StPO. Admitido un pedido de revisión, el tribunal encomienda a un juez, en cuanto ello sea necesario, la evacuación de las pruebas ofrecidas. Este no tiene obligación de tomar juramento a los testigos (StPO, § 369 II). Pero lo que es inaudito es que el defensor no tenga derecho a asistir al acto de toma de declaración de los nuevos testigos que él mismo ha nombrado (StPO, § 369 III). ¡Hay que imaginarse lo que esto significa! En seis años de labor yo había reunido, en el caso Rettenbeck (caso N° 27) una plétora de nuevos testigos y probanzas. En el juicio de revisión, no pude asistir a su toma de declaración previa al plenario. No podía controlar las deposiciones de mis propios testigos, ni refutar falsedades, ni solicitar la juramentación, ni hacerles preguntas. Verdaderamente, aquí puede decirse:

> «la razón más fuerte,
> en sinrazón se convierte».
> (Goethe, *Fausto,* 1ª Parte)

---

30 RGSt 61, pág. 273.

31 JW 1928. pág. 1950. N° 11.

En vano intenté que el Superior Tribunal Regional de Baviera modificara este inadmisible agravio que se inflige a los defensores[32]. ¿Por qué los abogados alemanes no hacen oposición contra esa legislación degradante?

e) Como lo enseñan los casos Ziethen (caso N° 6), Götz (caso N° 26) y Rettenbeck (caso N° 27), el Ministerio Público no debe tener derecho a impugnar resoluciones por las cuales el tribunal declara procedente o fundada la revisión. Si en vista de nuevos hechos o probanzas, el tribunal tiene dudas sobre la corrección de la sentencia, el Ministerio no debe impedirle resolverlas mediante un juicio de revisión.

Teniendo en cuenta las mencionadas disposiciones sobre la revisión del procedimiento, puede deducirse con plena seguridad que los casos de revisión que se ven coronados por el éxito sólo alcanzan una pequeña parte de las sentencias erróneas. La mayoría de los inocentes condenados no halla salvación.

Nada puede subrayar mejor el acierto de lo que acabamos de sostener sobre los defectos de la ley y de la jurisprudencia que conducen a sentencias erróneas que una breve alusión a las enmiendas al StGB y a la StPO en el período hitleriano. En este libro abogamos por los principios que exige un moderno Estado de derecho. Estos principios fueron combatidos consecuentemente por la legislación nacionalsocialista, que convirtió en ley justamente los principios opuestos. En nuestro artículo *Die Verschtechterung der Strafrechtspflege durch Notverordnungen*[33], publicado a fines de 1932, ya señalamos que, en el ámbito judicial penal, el desmantelamiento de los principios del Estado de derecho ya fue iniciado en la República de Weimar y continuado hasta la toma del poder por Hitler. La República de Weimar socavó ella misma las bases del Estado de derecho democrático en que se apoyaba.

La ley de reformas al StGB, sancionada el 28 de junio de 1935, introdujo la anarquía jurídica al permitir la analogía en el campo penal. La aplicación analógica de la ley penal, prohibida en el derecho anterior, fue elevada a categoría de ley en el artículo 1. Desde ese momento, un acusado podía ser condenado por un hecho que la ley no contemplaba como punible, por la simple aplicación de una norma análoga. Es interesante observar que tampoco este invento era nuevo. Tuvo un precedente en el código penal ruso del 15 de agosto de 1927, cuyo art. 16 establecía: «Si algún acto que fuere peligroso desde el punto de vista social no estuviere expresamente previsto en este código, sus bases y límites se determinarán analógicamente por aquel artículo del código que según la naturaleza del delito le sea más similar». Los métodos de las dictaduras son semejantes en todos los países.

La ley del 28 de junio de 1935, en su art. 2, estableció la «prevención de absoluciones injustificadas, mediante la autorización de la declaración fa-

[32] Fallo desestimatorio del Superior Tribunal Regional cíe Baviera, Beschw. Reg. II 459/27 y II 251/27 con referencia a Gold. Archiv 37, pág. 513 y OLG, Dresde. en *Sachs. Ann.* 12, pág. 193.

[33] Índice bibliográfico, N° 85.

cultativa de hechos probados». No es necesario explicar que esas declaraciones alternativas encierran la imposibilidad de una constatación segura y con ello el peligro de una sentencia errónea.

El art. 13 coartó la prescripción breve en los delitos de prensa; fue una *lex Fechenbach* póstuma[34]. En esa misma fecha se promulgó la ley modificatoria de preceptos del procedimiento penal y de la Ley de organización de tribunales (RGB1. I pág. 844). El art. I de esa nueva ley autorizaba a los jueces a crear el derecho libremente mediante la aplicación analógica de las leyes penales y les permitía las declaraciones facultativas de hechos probados con el objeto de evitar absoluciones injustificadas. El art. I n. 3 la caracterizaba especialmente al introducir la libre discrecionalidad del tribunal en la evacuación de las pruebas. Establecía ese artículo que el tribunal debía hacer de oficio todo lo posible para descubrir la verdad, pero que en los debates desarrollados ante el juez de primera instancia, el tribunal de escabinos y el tribunal regional, se podía rechazar todo pedido de pruebas si discrecionalmente se estimaba que éstas no eran necesarias para descubrir esa verdad. Lo mismo se disponía para la denegación de peritaciones y de inspecciones judiciales en todos los debates. De ese modo, el derecho del acusado de aportar pruebas quedaba radicalmente suprimido. Cesó igualmente la prohibición de la *reformatio in peius* en todos los recursos, incluso el de revisión (art. I n. 4). Todo remedio jurídico se convertía así en un grave peligro para el acusado. El art. 4 aumentó las facultades del Ministerio Público; el Art. 5 autorizaba a prolongar casi indefinidamente la prisión preventiva, especialmente por «alteración del orden público». Cuadra en lo reseñado el hecho de que sectores autorizados propugnaran la pena retributiva, la pena de muerte, y su ejecución con el hacha, y elogiaran el sistema de revisión existente hasta entonces.

Fue para Alemania un episodio de anarquía jurídica, breve, pero funesto para sus incontables víctimas.

La restauración del Estado de derecho en Alemania no puede sino ser causa de alborozo para alguien que ha luchado toda su vida por los principios del Estado democrático. Las leyes hitlerianas han sido derogadas y el derecho anterior restablecido.

Resumiendo, podemos decir, respecto de los defectos legales apuntados, que el procedimiento penal alemán está aún enteramente dominado por el proceso acusatorio, que convierte al acusado en objeto y no en sujeto del proceso. Sólo el proceso de partes, del que contamos con el modelo angloestadounidense, donde el acusador y el acusado son partes en igualdad de condiciones y derechos, llena los requisitos que exige un moderno Estado de derecho democrático*.

---

[34] Este caso (45) es estudiado en la segunda parte de este libro.

* Cabe señalar que. con posterioridad a la publicación de este libro en su idioma original, la legislación alemana ha seguido, en buena medida, la tendencia propugnada por el autor, adoptando varias de las reformas que aquí sugiere. En el Apéndice pueden verse, por ejemplo, los parágrafos 147, 148, 369, etc.

CAPÍTULO IV

PSICOLOGÍA DE LA FORMACIÓN DE LA SENTENCIA EN LA JUSTICIA PENAL

En su obra *La Giustizia Penale. Sua evoluzione - suoi difetti - suo avvenire*[1], aparecida en 1905, el criminalista italiano Enrico Ferri distingue cinco etapas históricas en la evolución del derecho probatorio: la época primitiva, la época religiosa, la época de las pruebas legales, la época de la *«conviction intime»*, en la que es guía el sentimiento, y la época científico-crítica del futuro. En la época actual, el juez forma su juicio mediante la *«conviction intime»* la «libre convicción judicial».

Es de extrema importancia para nuestro análisis, distinguir en estas etapas la época actual de la libre convicción, en la que el juicio se funda en una mezcla de factores de razón y de sentimiento, de la esperada evolución futura, en la que se resolverá con criterio científico-crítico, sobre la base de comprobaciones criminalísticas precisas.

Ferri ha precisado correctamente la etapa evolucional actual. Todavía hoy, el juez penal resuelve sobre la base de un cuadro de conjunto que le da la prueba recibida, de una manera no totalmente racional, porque su juicio sufre aun la influencia de los sentimientos. Antes de dictar su fallo no hace una confrontación rigurosa de las probanzas que hablan a favor de la inocencia o de la culpabilidad del acusado, ni las compara con espíritu crítico. Sobre la base del plenario se forma una convicción, sin rendirse a sí mismo cuenta severa por cada uno de los fundamentos que esa convicción pueda tener. El apunte por escrito y la confrontación de los distintos elementos probatorios existentes a favor y en contra de la culpabilidad del acusado, expedientes que ya recomendaron Hans Gross y Henry Wigmore[2] no son practicados por regla general. Esto vale especialmente para los tribunales por jurados. Los jurados se guían en mucho mayor medida por sus sentimientos que por la razón. La impresión personal que les causa el acusado y los testigos, la expresión de sus caras, sus movimientos, su actitud vacilante o segura al prestar deposición, la fuerza persuasiva de los alegatos del acusador y del defensor, y las directivas

---

1 Índice bibliográfico, N° 40.
2 Índice bibliográfico, N° 57, 58 y 192.

dadas por el presidente, son colocadas en la balanza, en una pugna más o menos vaga de los sentimientos, sin que los distintos elementos probatorios sean analizados severa y críticamente. El resultado es la *«conviction intime»*. Si los mal llamados veredictos de tribunales por jurados que hemos estudiado hasta ahora no hubieran bastado para demostrarlo, lo evidenciaremos a base de los dos casos siguientes:

Caso Nº 34 (Olson)[3]: En la noche del 6 de septiembre de 1927 Floyd Stotler, propietario de la Hart Oil Station en Rockford, Illinois, y su padre, Orville Stotler, fueron asaltados por dos bandidos enmascarados. Floyd Stotler se abalanzó sobre uno de ellos, que lo abatió de un tiro. Poco después, expiró en un hospital. Los bandidos huyeron, abandonando en el lugar del hecho el coche Chrysler robado con que habían venido.

El sheriff y la policía de Rockford, presentaron al padre del occiso una serie de individuos sospechosos. De algunos de ellos, afirmó tener la seguridad de que no eran los autores. En otros, se mostró inseguro. Pero al ser confrontado con Henry Olson, manifestó en seguida tener la certeza de que éste era uno de los malhechores que habían matado a su hijo, aunque éstos habían tenido cubiertas sus caras con pañuelos con sólo dos orificios para los ojos. Olson citó a toda una serie de testigos que podían dar fe de que él había estado en su casa esperando a su esposa, yendo a buscarla a la parada del ómnibus en el momento exacto del hecho. Todos los testigos corroboraron bajo juramento esa coartada, indicando datos precisos.

El 7 de octubre de 1927, Olson fue acusado de homicidio. Los diarios publicaron noticias sensacionalistas, que fueron ávidamente leídas por los indignados habitantes de Rockford. La población creía culpable a Olson, lo que influyó fuertemente en el ánimo de los jurados.

En el debate, el único elemento de prueba de la acusación consistió en la declaración del padre de Stotler, de que podía reconocerlo con certeza como uno de los malevos. Los testigos de descargo confirmaron del mismo modo que el acusado había estado en su casa. El jurado no pudo llegar a un acuerdo. Seis de sus integrantes se pronunciaron por la condena y otros seis por la absolución. El presidente despidió al cuerpo, fijándose fecha para otra vista.

Esta tuvo lugar el 13 de febrero de 1928. Las declaraciones testificales fueron las mismas que en la primera. Esta vez el jurado consideró culpable a Olson, condenándolo a prisión perpetua. Por orden del presidente del tribunal, se lo excarceló contra una fianza provisoria de 10.000 dólares para el procedimiento de revisión, lo que prueba que el magistrado dudaba de su culpabilidad.

Una vez libre, Olson desapareció de Rockford junto con su esposa. Todas las pesquisas resultaron infructuosas. Su fuga hizo que, la población quedara ahora firmemente convencida de su culpabilidad. Cundió el rumor de que el otro asaltante había sido su mujer.

---

3 Según E. Borchard, Índice bibliográfico, Nº 19, págs. 172 y sigts.

El defensor, convencido de la inocencia de su cliente, continuó sus averiguaciones. Un comerciante de Rockford reveló que su doméstica le había dicho que Olson era inocente y que ella conocía al verdadero culpable. Aunque al principio negó haber dicho tal cosa, la doméstica terminó confesando que su amante Maurice Mahan, joven de 18 años, se había jactado en su presencia de haber cometido el asalto y el homicidio, juntamente con un amigo suyo, de la misma edad, llamado George Bliss. Detenidos, estos dos confesaron el hecho tan circunstanciadamente que no quedaron dudas sobre la exactitud de sus declaraciones. Bliss fue condenado a 35 y Mahan a 14 años de prisión.

La noticia de la aprehensión y condena de los verdaderos culpables fue difundida en todo el país por la prensa y por la radio. Al cabo de algunas semanas, Olson comunicó telegráficamente a su defensor que se encontraba en Nueva Orleans y que se había enterado del acontecimiento por los diarios. Cuando se le hubo asegurado que los verdaderos culpables habían sido condenados, regresó, siendo absuelto en una tercera vista.

El caso pone de manifiesto la ligereza con que habían votado los jurados en la segunda vista, pronunciando su veredicto de culpabilidad sobre la base de una «convicción» que era sumamente vaga. Un examen crítico de las probanzas jamás habría podido conducir a ese veredicto. Era totalmente imposible que el padre de Stotler hubiera reconocido a uno de los asaltantes con certeza, habiendo tenido éstos cubiertas sus caras con pañuelos. La poca confianza que su disposición merecía podía deducirse del solo hecho de que al serle confrontadas otras personas había vacilado en afirmar si eran o no culpables. Los jurados pasaron enteramente por alto la bien contundente coartada. No dieron crédito a la deposición jurada de doce testigos y sólo creyeron la del padre de la víctima, carente de toda fuerza probatoria. Querían declarar culpable a Olson y para ello se mostraron sordos a todas las pruebas contrarias. Huelga señalar que la huida de Olson después de su condena no probaba nada en su contra.

Aun en nuestros días ocurre que se dicten condenas a muerte o a prisión perpetua por homicidio, resultando luego que la supuesta víctima está viva.

Caso N° 35 (Butler y Yeider)[4]: En 1928, vivía en Alabama, Estados Unidos de América, una negra llamada Louise Butler. Había tenido varios amoríos, pero no estaba casada. Vivían con ella su hija Julia May Dickson, de 12 años de edad, y dos sobrinas, Topsy Warren y Anne-Mary Smith, de 14 y 9 años, respectivamente. Aquel año Louise Butler tenía relaciones amorosas con un negro llamado George Yelder, que vivía en la vecindad con su mujer y sus dos hijas, ya adultas. Cierto día, Louise Butler viajó a Montgomery. Al regresar, se enteró de que durante su ausencia había venido su amante, hallando sola en la casa a Topsy, a la que dio 50 centavos. Louise Butler dedujo de esto que Yelder había tenido trato deshonesto con su sobrina. Presa de celos furiosos,

[4] Según BORCHARD. Índice bibliográfico. N° 19. págs. 39 y sigtes.

golpeó a la niña, amenazando matarla. Después de este incidente, Topsy desapareció sin dejar rastros. Cundió el rumor de que Louise Butler, sola o ayudada por su amante, la había matado.

El subsheriff Meadows inició una investigación, yendo a la casa de la sospechosa estando ella ausente. Encontró a su hija Julia y a su sobrina Mary. A sus preguntas, las niñas contestaron que Louise Butler y George Yelder habían matado a Topsy y arrojado el cadáver al río. Ambas hicieron el siguiente relato truculento: movida por los celos, Louise Butler había golpeado terriblemente a Topsy. Llegó entonces George Yelder. Tras una riña, los dos amantes se reconciliaron. Louise mandó a su hija Julia al recodo del camino para que avisara si veía venir a alguien. Estando afuera, oyó gritar fuertemente a Topsy. Luego su madre la llamó. Topsy yacía muerta sobre una pila de leña y junto a ella estaban Louise y George Yelder. La madre le ordenó entonces que cortara los brazos del cadáver con el hacha usada por el crimen. Obedeció movida por el temor. Luego Louise y George metieron el cadáver en una bolsa, le agregaron los brazos cortados y cargaron la bolsa hasta el río, donde la hundieron. De regreso, George retiró el hacha de la pila de leña y procedió a lavarla. Anne-Mary corroboró esta declaración en todos sus detalles.

Hasta al sheriff le parecieron inverosímiles los relatos de las dos niñas, pero quedó impresionado por la firmeza con que persistían en todos los detalles. Al regresar Louise a su casa, procedió a detenerla. Ella admitió que había golpeado a Topsy, pero negó haberla matado. Dijo que Topsy había huido inmediatamente después de la paliza y que ella ignoraba su actual paradero. En la cárcel, sin embargo, confesó al cabo de algunos días que ella y George Yelder la habían matado y sumergido el cadáver en el río. Confesó el hecho circunstanciadamente y hasta señaló el lugar donde habrían arrojado el cuerpo al agua. Tras esto, se arrestó también a George Yelder.

Las dos niñas repitieron bajo juramento (lo que el derecho estadounidense permitía, a pesar de su corta edad) sus declaraciones anteriores con todos los detalles. Louise y George fueron acusados de asesinato, enjuiciándoselos en sesiones separadas, a ella el 24 de abril de 1928 y a él al día siguiente. La sala del tribunal estaba colmada de negros, partidarios, en su mayoría, de que se condenara a los acusados. Louise se retractó en esa ocasión y negó el hecho, pero el jurado la declaró culpable. George ofreció probar que en el momento del supuesto crimen él había estado en su casa con su mujer. El fiscal puso en duda que esa coartada fuera cierta. También él fue declarado culpable.

El día 26 se condenó a ambos a presidio perpetuo. Una semana más tarde, se corrió la voz de que Topsy se hallaba sana y salva en casa de unos parientes domiciliados a unas veinte millas. La investigación confirmó esta noticia, verificándose con certeza la identidad de la niña. El 28 de junio, el Gobernador indultó a los dos condenados. George manifestó a su defensor que nadie podía imaginarse, sin haberlo experimentado personalmente, lo que significa para un hombre inocente tener que defender su vida ante un tribunal.

Más tarde se descubrió que un joven que odiaba a Yelder había instruido diariamente a las niñas, durante toda una semana, para que dijeran esas patrañas libremente inventadas, exhortándolas a mantenerse firmes en esas declaraciones. Según la opinión del sheriff, la confesión de Louise había tenido probablemente por objeto ganarse la benevolencia del tribunal.

Este fallo no sólo pone en evidencia la ligereza con la que los tribunales de jurados aceptan incluso las historias más descabelladas. Era bien evidente que el relato era inventado. ¿Para qué habrían ordenado los homicidas a las dos niñas cortar los brazos del cadáver, en lugar de hacerlo ellos mismos? ¿Y con qué fin habría llamado la madre a su hija para que volviera de la carretera antes de haber quitado de en medio el cadáver? ¿Para tener testigos del crimeN° Se desprende también de este caso que serían muchas las sentencias erróneas que se podrían evitar si los tribunales y defensores de los Estados Unidos tuvieran aunque sólo fuere una noción de los descubrimientos de la criminalística europea (y viceversa). Si el defensor o el presidente del tribunal hubieran conocido los casos N° 3 (Gawenda) y N° 4 (Bratuscha), que viéramos en el capítulo I de este libro, y los hubieran expuesto, a título de advertencia, al cuerpo de jurados, ni siquiera éstos se habrían atrevido a condenar a presidio perpetuo a dos inocentes sobre la base de las declaraciones de dos niñas.

Debido al imperio de la «libre convicción judicial», basada no tanto en hechos como en vagas impresiones emocionales, los tribunales corren siempre el riesgo de dejarse convencer por las pruebas aparentes, cuando un análisis exacto sacaría a relucir la verdadera naturaleza de esas pruebas. Doy cuenta a continuación de un caso tomado de mi propia experiencia, en el que el carácter aparente de la prueba fue descubierto por la oportuna intervención de la defensa, pudiéndose así establecer la verdad y evitar a tiempo una sentencia errónea inminente.

Caso N° 36 (un extraño caso de perjurio)[5]; Un médico acaudalado, el doctor J., era propietario de una finca cuya administración confió a la señorita X., que había sido por muchos años su amante. En otoño de 1925, el doctor contrató para trabajar en esa finca a F, un joven de a la sazón 24 años de edad. Tanto el doctor J. como la señorita X. mantenían con F. relaciones amistosas, aun fuera de las horas de servicio, invitándolo constantemente a pláticas íntimas, a cenar, y a jugar a los naipes.

El doctor J. falleció en el otoño de 1929, instituyendo por testamento como única heredera a la señorita X. Había desheredado a sus parientes, asignando legados a un hijo extramatrimonial y a otra amante, la señora Y.

---

5 Lets pormenores de este caso pueden leerse en mi informe *Eine meckwätdige Meineidssache* (Índice bibliográfico, N° 86), basado en las actas del proceso.

Esta última entabló una demanda contra la X. para obtener su legado y nombró a F. como testigo de una conversación, importante para la causa, que habían tenido el doctor J. y la señorita X. El abogado de la señora Y. preguntó a F. si había mantenido relaciones íntimas con la señorita X., lo que F. negó bajo juramento, declarando que esas relaciones habían sido solamente amistosas.

La señora Y. denunció entonces a F. por perjurio, alegando que había negado relaciones íntimas con la señorita X. cuando en realidad habrían tenido relaciones sexuales. Se tomó declaración a los demás empleados de la finca, quienes coincidieron todos en que la amistad íntima entre F. y la señorita X. había dado que hablar, pero ninguno de ellos pudo hacer indicaciones precisas. El Ministerio Público sobreseyó la causa, pero la señora Y. recurrió de esta medida, solicitando un registro domiciliario. Se hizo lugar a ese pedido y la perquisición arrojó un resultado sorprendente. En el escritorio de F. se halló una serle de ardientes cartas de amor, dirigidas evidentemente a la señorita X. Esas cartas contenían detalles que excluían toda duda sobre la intimidad de las relaciones. Se detuvo a F., acusándoselo de perjurio.

Fui a ver a F„ que se hallaba en prisión preventiva. Le advertí enfáticamente que su destino dependía de un diálogo franco sobre sus relaciones con la señorita X., pero él se opuso obstinadamente a hacer declaración alguna.

Interrogada, la señorita X. negó categóricamente haber tenido trato íntimo con F., agregando que éste ni siquiera había intentado lograrlo. Negó además haber recibido ninguna de las cartas en cuestión. F., por su parte, declaró que había escrito esas cartas, pero sin despacharlas. Según él, serían productos de su fantasía, pero no vivencias reales.

Para el Ministerio Público, éstas no eran más que pobres excusas. Llamaba la atención, sin embargo, que las cartas habían sido halladas en la habitación de F. y no en la de la señorita X. Cabía la posibilidad, por cierto, de que él hubiera solicitado la devolución de las mismas al iniciársele el juicio por perjurio. Pero en tal caso no podía haber sido tan tonto como para guardarlas en su escritorio en vez de destruirlas. El misterio fue develado por un examen de las mismas cartas. Una de ellas rezaba:

«Mi querida: Soy feliz de poseerla. Esta noche, cuando yacía en sus brazos y pude reposar mi cabeza contra su pecho, arrimé estrechamente mi cuerpo al suyo. Fue la primera noche tan largamente soñada. Entonces la vi frente a mí, con su bella silueta desnuda. Jamás osé confesarle mi ardiente amor, pero esta noche pude poseerla por entero. Ah, si pudiera ser realidad. Ahora que Ud. no está cerca de mí, encuentro el valor para confesarle mi amor y pedírselo. Espero poder volver a vivir con Ud. una hora como ésta.

Mil besos de su sufriente Theo».

Otra carta del mismo mes comenzaba con el encabezamiento: «Tesoro de mis sueños», y contenía las siguientes expresiones: «Siempre veo frente a mí tu figura, claramente veo tu cuerpo y tu pecho. Si alguna vez llegares a leer esta carta, piensa en mí y en cuánto te quiero». La firma rezaba: «Suyo, Theo».

Ante todo, llamaba la atención que luego de una noche de amor, F. había escrito a su amada tratándola de Vd. En otras cartas había alternado el «Vd.» con el «tú». Pero la clave la daban las dos locuciones: «si pudiera ser realidad» y «si alguna vez llegares a leer esta carta». Con ello llegué al convencimiento de que se trataba de fantasías de un onanista y que las cartas jamás habían sido despachadas.

Sólo tras haberse descubierto estas cartas, F. se avino a confesarme: En la primavera del año 1925 había sido jardinero de una dama que lo doblaba en edad y que había sido en otro tiempo una famosa actriz. Aunque presa de una fuerte pasión por ella, nunca se había atrevido a confesarle su amor. Había llegado a sus manos un cuadro en el que ella aparecía en sus años mozos. Teniendo ese cuadro a la vista, había escrito ardientes cartas de amor sin despacharlas. Más tarde conoció a otra mujer, veinte años mayor que él, pero con la cual el amor era imposible por ser ella casada y el marido un amigo suyo. También de esta mujer poseía un cuadro, al que hizo colocar un marco dorado y que solía contemplar, escribiendo también cartas de amor que no enviaba. También la señorita X. le llevaba veinte años, ocurriendo con ella lo mismo que en los casos anteriores. Ante mis preguntas, confesó finalmente con hesitación que se masturbaba cuando escribía esas cartas contemplando los cuadros de sus amadas. Las cartas a esas otras mujeres también fueron halladas.

El caso quedó así elucidado. El Dr. von Gulat-Wellenberg, perito por mí nombrado, dictaminó que las cartas encontradas eran documentos típicos emanados de un onanista psíquico. El acusado había reprimido un deseo sexual que había sentido por su madre, siendo esa la razón por la cual se enamoraba siempre de mujeres mucho mayores que él, de tipo maternal. Solamente escribía a mujeres de las cuales tenía la seguridad de que no habría de afrontar la prueba de desempeñarse como marido.

Tras larga deliberación, el jurado rechazó la demanda de perjurio, pero echando mano de una solución da compromiso tan propia de los tribunales de jurados, condenó a F. por falso testimonio culposo. No obstante, le concedió inmediatamente la libertad condicional por el remanente de la pena no cumplido aún con la prisión preventiva. El falso testimonio culposo habría consistido en que sólo había admitido relaciones amistosas,

¿Qué habría sido de él, sin embargo, de no haberle tocado un defensor experto en psicología criminal? ¿Cómo pudo ser que el Fiscal no viera claramente los hechos? ¿Por qué inició el tribunal el plenario por perjurio cuando ya estaba categóricamente demostrado que no había tal delito? ¿No habían entendido el Ministerio Público y la Cámara Penal el motivo por el cual las cartas fueron encontradas en el escritorio de F. y no en lo de la señorita X?».

Estos casos demuestran el peligro de la *«conviction intime»*, más emocional que racional, que domina aun hoy la justicia penal. Un progreso que evitaría muchas sentencias erróneas consistiría en que, previamente a la sentencia, los jueces no sólo discutieran el caso en la sala de deliberaciones, sino que anotaran, examinaran críticamente y sopesaran cada uno de los elementos de prueba, que son a menudo sumamente complicados. Si así se hiciera, en el último caso una de las cuestiones presentadas habría sido: «¿por qué se hallaron las cartas en el escritorio de F. y no en lo de la señorita X.?». La respuesta habría sido: «F. se las hizo devolver al iniciársele proceso por perjurio». Pero a esta explicación se habría replicado: 1. ¿Por qué guardó esas cartas en vez de destruirlas, teniendo que contar con la posibilidad de un registro domiciliario? 2. Si no se las hizo devolver, quiere decir que nunca las despachó. ¿Y por qué esto?, etc.». Un análisis tan exacto del resultado de la aprobación es sin embargo imposible si la sentencia debe ser dictada inmediatamente y hay otros casos esperando turno para ser resueltos. Alsberg[6] ha señalado que son demasiado pocas las veces en que los tribunales se valen de la facultad que les acuerda el § 268 I de la StPO al permitirles postergar el pronunciamiento de la sentencia hasta una semana después del cierre del plenario. Por el apremio de tiempo, las sentencias son dictadas a menudo sin el examen y el asesoramiento suficiente. También esto nos muestra que el exceso de trabajo de los jueces penales es una de las principales causas de las sentencias erróneas. En los Estados Unidos, los jurados deliberan generalmente muchas horas, incluso días, hasta llegar a un acuerdo. Si no lo logran, el jury es despedido por estar *«deadlocked»* (llegado a un punto muerto), fijándose entonces una nueva vista con otro cuerpo de jurados, a menos que se desista de la acusación. Es también muy útil la norma legal estadounidense que autoriza al presidente del tribunal, cuando está convencido de la inocencia del acusado a dar directivas al jurado para que lo absuelva *(directed verdict of acquittal)*. Esto permite evitar muchas sentencias erróneas.

En el capítulo III hemos demostrado que en Alemania el derecho procesal penal sigue aun totalmente el sistema del proceso acusatorio, caracterizado por un grave cercenamiento de los derechos del defensor y por la limitación de la recepción de la prueba, lo que no responde a los presupuestos de un moderno Estado de derecho. Acabamos de mostrar en este capítulo que en todos los países la justicia penal se encuentra aún en la etapa de la convicción íntima y no ha avanzado todavía a la apreciación científico-exacta de las probanzas, que se vislumbra para el futuro. Damos por último la prueba de que tampoco la psicología criminal, y especialmente la psicología de la formación de la sentencia, han conseguido familiarizarse hasta ahora con los descubrimientos de la ciencia moderna y que un adelanto para evitar sentencias erróneas consistiría en su adaptación al estado de la psicología científica de nuestros días.

---

6 Índice bibliográfico. N° 5.

Las investigaciones de Sigmund Freud, que marcan un jalón en la historia de la ciencia y sin las cuales no podría concebirse la moderna psicología criminal como tampoco una justicia penal bien fundada desde el punto de vista psicológico, han colocado a la antigua psicología experimental y empírica sobre una base totalmente nueva. Freud ha demostrado que el acontecer psíquico se desarrolla principalmente en el subconsciente, y que ese subconsciente es una caldera de instintos atávicos, bajos y criminales, de donde nacen por sublimación las realizaciones éticas y espirituales, las cuales se encuentran sin embargo al mismo tiempo en constante peligro. Por su análisis de los sueños y del fracaso, ha introducido una cuña en el subconsciente.

La ley fundamental de la biogenética establecida por Ernst Hackel nos dice que la biogénesis resume a la ontogénesis. El embrión repite en el seno materno, en forma sumaria, toda la historia de la especie, desde el individuo unicelular, pasando por los anfibios, hasta llegar a los vertebrados y por último al hombre. Tan persistente ha sido la herencia animal a través de millones de años. Lo mismo ocurre con el acontecer psíquico. En virtud de esa herencia, el subconsciente encierra instintos primitivos, asociales, animales. Y es sobre todo el ambiente el que determina si esos instintos asociales habrán de manifestarse bajo la forma de actos criminales o solamente en sueños.

Esos descubrimientos son resistidos por muchos de nuestros contemporáneos con la misma porfía con la que la Curia mandó a la hoguera a Giordano Bruno, por haber enseñado éste, siguiendo a sus precursores Galileo y Kepler, que la tierra giraba alrededor del sol y que nuestro diminuto planeta no era el centro del universo. Igual es la indignación de quienes protestan hoy contra el descubrimiento de que todo ser humano es un delincuente potencial y no la imagen de Dios.

El análisis de los sueños y la teoría de la sublimación de Freud ya fueron intuidos en su germen por los más grandes psicólogos de la literatura universal, los maestros rusos del siglo XIX. Ya en la obra de Puskin se encuentran atisbos del análisis freudiano de los sueños. En *Boris Godunov,* el novicio Grigorij, que luego se haría pasar por el zar, narra su *sueño diabólico* al piadoso padre Pimen. En ese sueño se había visto subir corriendo sin aliento las escaleras de una torre (que en el análisis de los sueños freudiano es un símbolo sexual) y al llegar a la cúspide ve que la gente congregada abajo tiene la vista clavada en él. —Sentí terrible vergüenza— dice y agrega que su impulso fue tirarse desde lo alto para poner fin a sus penurias. ¿Y qué le contesta el sabio Pimen? —No te atribules, la sangre joven bulle, hallarás la paz en la oración y en el ayuno— En *El joven* de Dostoevskij, el héroe ama a una dama de posición social superior a la suya y no osa confesarle su pasión. Sueña entonces cómo ella se inclina sobre él para besarlo. Al despertar está consternado por ese sueño «impúdico» y se pregunta cómo ha podido ocurrirle. La respuesta que él mismo se da es que, evidentemente, él había deseado que esto ocurriera y solamente no se había atrevido a confesarse ese deseo estando despierto. La novela *Los hermanos Karamazov* del mismo autor está prácticamente estructurada sobre la base de la teoría de la sublimación. De la simiente del libertino Fedor Pavlovic Karamazov nacen tres hermanos, Dmitrij, ardiente como una antorcha por su sed de vivir, Iván, frío, escéptico, y de pensamientos criminales, y el santo Alësa. Raskolnikov mata a la vieja viuda de un prestamista con el motivo, sólo aparente, de robarle; en realidad, obra por motivos semiconscientes o inconscientes. Y su rival, el libertino Svidrigajlov, que sueña con estuprar niñas, le dice estas palabras aparentemente misteriosas: «¿No tengo razón si digo que somos frutos de un mismo árbol?» y «Todo el tiempo vengo teniendo la sensación de que en usted hay algo que se parece mucho a mí». Aquí ya está contenido en su germen todo el psicoanálisis de Freud.

La psicología criminal puede y debe ser fecundada con los descubrimientos del psicoanálisis moderno. Con ello caerá la ficción de la contraposición existente entre individuos criminales y no criminales y por supuesto que también el anticuado concepto de la pena retributiva. Ello abrirá el camino a un tratamiento más razonable de los infractores a la ley que el de la condena mecánica a penas privativas de libertad. Esos descubrimientos permitirán comprender más hondamente la personalidad del acusado. Ante todo no se castigará tan sólo el acto delictuoso, sino al autor, al que también se podrá educar o hacer inocuo. Se procederá asimismo a reunir informaciones, antes del plenario, sobre la persona, educación, vida familiar, situación económica del autor, así como del ambiente en que vive, labor que deberá estar a cargo de funcionarios especializados, como los *«probation officers»* que ya actúan en gran escala en los Estados Unidos. Reflexiónese sobre el significado de las siguientes estadísticas que nos refiere Marbe[7]: la criminalística oficial nos dice que de los condenados en los años de 1894 a 1896 reincidieron: un 16 % de las personas sin antecedentes previos; el 39 % de las que registraban una condena; el 55 % de las que registraban de dos a cuatro; el 73 % de las que registraban cinco. ¿No proclaman estas cifras el fracaso de todos los métodos que se han seguido hasta ahora, basados en la pena retributiva? En el capítulo III vimos que este absurdo sistema ya había sido atenuado por la limitación del deber de acusar por delitos menores, por la sustitución de penas privativas de libertad por multas y por el indulto condicional. Este es el camino que la moderna criminalística debe continuar. La aplicación de los descubrimientos del psicoanálisis en el campo de la psicología criminal también permitirá reconocer por fin que todo delito está determinado por múltiples factores y que el establecimiento del móvil es por consiguiente mucho más complicado de lo que se ha supuesto hasta ahora. Además del motivo evidente, coadyuvan en la determinación muchos otros que están latentes, nacidos en el subconsciente. De esa manera comprenderemos en forma más cabal y más científica la culpabilidad del autor. Pero ante todo, esos conocimientos colocarán sobre una base nueva a la psicología del juez, o mejor dicho, harán posible una psicología científica de la formación de la sentencia.

---

7 Índice bibliográfico, Nº 122, pág. 20.

Corresponde al criminalista Erik Wulffen[8] el mérito de haber abierto una brecha en las antiguas concepciones que sostuvieron aún Mönkemöller, Marbe[9] y otros, permitiendo así esta transformación de la psicología criminal. Sin hacer referencia al psicoanálisis freudiano, dicho autor establece el concepto de la *criminalidad latente.* Su convicción es que la psique de cada ser humano alberga una capa baja de instintos inmorales y criminales. Trae la siguiente cita de Schopenhauer *(Über die Grundlage der Moral):* «En toda persona, así sea la mejor, pueden surgir, por una motivación externa, por un afecto excitado o por mala disposición interior, pensamientos y deseos impuros, bajos y maliciosos». Muestra que toda la obra dramática de Schiller consiste en la descripción, a veces hasta en la glorificación, del crimen (Wallenstein, Fiesco, Verrina, el Presidente von Walther, el secretario Wurm, Don Carlos) y que, desde *Los bandidos,* como lo dijera Goethe, el poeta revela una predilección por la crueldad. En 1787, Schiller escribía a Körner que Reinhold nunca podría ser su amigo por su incapacidad para actos audaces, ya fuera en la virtud o en el crimen.

Estas citas de las obras de los más grandes poetas podrían continuarse con innumerables referencias a Shakespeare. Las obras de los grandes escritores son, como dijera Goethe aludiendo a sí mismo, una confesión. Describen las pasiones y los crímenes de los que ellos mismos serían capaces. El amor homosexual no fue desconocido ni a Goethe *(Notizbuch von der Schlesischen Reise)* ni a Shakespeare (Sonetos XVII y sigtes.). Dostoevskij tenía una pasión perversa por niñas impúberes, como lo demuestran la pesadilla de Svidrigajlov antes de su suicidio, en *Crimen y castigo,* y el diario de Stavrogin en *Los demonios,* obra cuya publicación estuvo prohibida en vida del autor. Felizmente para la humanidad, estos genios no desfogaron sus instintos criminales, sino qué los sublimaron en obras inmortales.

Al comprobarse que todo ser humano es un delincuente en potencia, queda desvirtuada definitivamente la falsa teoría lombrosiana del delincuente nato. Beethoven descendía de degenerados y alcohólicos, y mostraba todos los síntomas de degeneración que Lombroso y sus discípulos habían considerado características de ese tipo de delincuente. Se atribuye a Johannes Brahms haber dicho: «Beethoven habría podido ser igualmente un gran criminal».

Hace ya mucho tiempo que el psicoanálisis viene enriqueciendo la psicología criminal, aunque hasta ahora la justicia penal apenas le ha dispensado atención[10] .

No se tema que, a consecuencia de ello, las investigaciones anteriores pierdan todo valor. Si se vuelve a leer hoy la primera edición de la obra de

---

8 Índice bibliográfico. N° 194.

9 Índice bibliográfico. Nos. 126 y 122.

10 Remito a los trabajos de Alexander-Staub (Índice bibliográfico. N° 2). Eliasberg (Índice bibliográfico, Nos. 33/34). Bohne (Índice bibliográfico, N° 16), Glueck (Índice bibliográfico, N° 50), Prinzhorn (Índice bibliográfico, N° 149), Bühler (Índice bibliográfico, N° 24), Mezger (Índice bibliográfico, N° 124). Pueden verse amplios datos bibliográficos en la obra de Eliasberg, *Rechtipflegt und Psychologie* (Índice bibliográfico, N° 33).

Hans Gross *Criminalpsychologie*[11], que cumple justamente sesenta años, sorprende siempre la amplitud y profundidad de los conocimientos, la riqueza de saber y de lecturas. Esta obra da el mentís, si se me permite hablar *pro domo,* al viejo prejuicio de que un libro debe ser tedioso para ser científico. Conservan asimismo su actualidad las investigaciones hechas sobre la psicología de la formación de la sentencia, como por ejemplo la obra de Bozi[12] *Die Weltanschauung der Jurisprudent* aparecida en 1907 y las obras anteriormente citadas. Pero la investigación psicológica criminal debe continuarse para llegar a los nuevos descubrimientos. He aquí una importante tarea para la nueva generación de criminalistas[13]. Pero la base de esas nuevas investigaciones deben constituirla las obras de Sigmund Freud, especialmente el tomo X de sus obras completas, titulado *Psychoanalyse und Tatbestandsdiagnostik.* Siempre será preciso echar mano de las obras originales de Freud, ya que sus descubrimientos fueron en parte adulterados por sus continuadores.

Esta nueva revolución en el campo de la psicología criminal será de incalculable importancia para poner coto a las sentencias erróneas. Por de pronto, hará que la persona del acusado se convierta en mayor medida que hasta ahora en objeto de la formación de la sentencia. Hasta el presente se ha tenido más en cuenta al hecho que al autor. Debido al ritmo apresurado que el exceso de trabajo impone a los tribunales, no queda tiempo para ocuparse de la persona del autor. Por regla general solamente se averigua si cuenta con antecedentes. Antes del plenario el juez no ha visto al acusado ni sabe nada de él ni de su vida anterior, no puede tener idea de si es capaz de haber cometido el hecho del que se le acusa, ni establecer con la debida precisión las circunstancias que han de ser determinantes para fijar el monto de la pena. Pero lo más importante es que no puede averiguar los móviles que lo han llevado a cometer ese hecho, porque el móvil aparente que figura en las actas del juez pesquisidor, no es en la mayoría de los casos el verdadero. Puede ocurrir que no lo conozca ni el mismo autor, por haber sido producto de su subconsciente. Remito al caso N° 23 (carterista) y otros casos apuntados. En los delitos pasionales es evidentemente imposible un juicio justo sin una investigación de la personalidad del autor. Esto es palmario en los delitos sexuales cometidos por pervertidos, como homosexuales y exhibicionistas. Pero también en los hechos de violencia, como la violación o la lesión corporal, no basta con comprobar si el acusado tenía antecedentes o estaba ebrio. La justi-

---

11 Índice bibliográfico, N° 5 8.

12 Índice bibliográfico, N° 21.

13 Para ello podrá valerse de los trabajos de ALEXANDER y STAUB (Índice bibliográfico, N° 2), ADLER (Índice bibliográfico, N° 1), BIRNBAUM (Índice bibliográfico. N° 14). BOHNE (Índice bibliográfico, N° 16), ELIASBERG (Índice bibliográfico. Nos. 33 y 34, con amplias referencias bibliográficas). GÖRING (Índice bibliográfico, N° 52, con amplias referencias bibliográficas), HELLWIG (Índice bibliográfico, N° 75), JAENSCH (Índice bibliográfico, N° 96), JASPERS (Índice bibliográfico, N° 97), KLAGES (Índice bibliográfico, N° 99). KRETSCHMER (Índice bibliográfico. N° 104). LLPMANN (Índice bibliográfico. N° 113). LOWENSTEIN (Índice bibliográfico. N° 117). MEZGER (Índice bibliográfico, N° 124), WERTHEIMER y KLEIN (Índice bibliográfico, N° 191).

cia penal del futuro deberá estudiar los móviles que tienen su origen en lo más hondo de la psique y usará métodos más razonables que las penas privativas de libertad de breve plazo. Condenar a un exhibicionista a cuatro semanas de encierro en vez de someterlo al tratamiento de un psicoanalista, constituye el colmo de la insensatez. El desaliento que esto le infundirá contribuirá a que reincida, porque sólo agravará su complejo de inferioridad.

También se profundizará la psicología de los testigos. Se desconfiará más del testigo vanidoso, porfiado en sus afirmaciones y caprichoso, deseoso de darse importancia, por poder apreciarse mejor su personalidad. Recordemos que en el caso N° 12 (Hilsner), el principal testigo de cargo añadía en cada deposición nuevos datos, porque sentía ser el principal personaje en un proceso sensacional y era mencionado diariamente por los periódicos.

Sólo a base de esos descubrimientos podrá pasarse a elaborar una psicología del fiscal, del defensor y del perito, tarea sumamente seductora e importante, que hasta el presente no emprendiera nadie fuera de Altavilla[14]. Se comprenderá entonces el efecto desmoralizante que tiene el ejercicio profesional del cargo de acusador, que lleva la formación de tipos tales como el descrito por Jakob Wassermann en su novela *El caso Maurizius* en el personaje del «sanguinario Andergast», tipo que todo defensor conoce.

Pero las conclusiones más importantes serán las referentes a la psicología del juez penal y de la formación de la sentencia. El juez deberá comprender que las razones que motivaron su sentencia, tienen en parte su origen en el subconsciente. Antes de formar la sentencia, deberá tomar conciencia de esos móviles a fin de evitar que lo lleven a dictar una condena siendo insuficiente la prueba de la culpabilidad. Deberá comprender los peligros psíquicos que encierra el largo ejercicio profesional del cargo de juez. Los instintos sádicos inconscientes pueden crear esas terribles figuras de jueces que el criminalista estadounidense Wellmann[15] ha llamado *«hanging judges» y «convicting judges»*, que sólo alcanzan a ver el hecho y no el destino de un ser humano llevado por un enredo al delito. Ya no sienten que la espada de la justicia, al ejecutar la pena retributiva, hiere y destruye no solamente al acusado, sino también a su mujer, a sus padres y a sus hijos. Cierta vez me tocó defender a un simple obrero por un robo callejero. Estaba sin trabajo y su situación era angustiosa. Iba cavilando por una concurrida plaza pública de Múnich, cuando de repente, sin meditarlo, arrancó la cartera a una dama. Esto lo hizo a plena luz del día y en medio de los transeúntes. Quiso huir, pero fue detenido en el acto. Estudié detenidamente los datos relativos a su persona y a su ambiente, pero no pude encontrar al principio otras circunstancias atenuantes que su situación económica. El negaba haber padecido alguna vez de trastornos psíquicos. Al cabo de unos días me hizo llegar una nota que decía: «Accidente ferroviario». Durante nuestra conversación no había recordado que en cierta

[14] Índice bibliográfico, N° 6,
[15] Índice bibliográfico, N° 189.

ocasión, en un accidente ferroviario, había sufrido una lesión en la cabeza. Lo hice revisar por un perito. El examen radiológico del cráneo reveló la existencia de un punto calcificado en el cerebro, proveniente de esa lesión. ¿Qué juez se habría tomado el trabajo de descubrir esos importantes detalles? Pero ¿era posible dictar una sentencia justa sin conocerlos?

Una sentencia penal no se basa solamente en los motivos expuestos en los considerandos. Es ésta una verdad que se va abriendo camino paulatinamente y que es de suprema importancia para combatir el error judicial. A los demás motivos Bendix los ha llamado motivaciones irracionales de la actividad jurisdiccional. La expresión no es feliz. Es mejor llamarlas motivaciones inconscientes de la formación de la sentencia. Esos impulsos inconscientes gravitan decisivamente en el veredicto de condena y el monto de la pena.

Llegamos así a la conclusión de que los fundamentos de la sentencia consignados por escrito no son los únicos motivos de esa sentencia, y a veces ni siquiera los verdaderos. No solamente el resultado de la recepción de la prueba, sino la persona del juez, globalmente considerada, decide si habrá condena o absolución. Un autor francés ha dicho que la sentencia son los hechos vistos desde el ángulo de la persona del juez. Por ello, es a menudo de importancia decisiva para el acusado el tipo de juez que resuelve sobre su suerte. Esos tipos son múltiples[16]. Van desde el juez compasivo y humanitario, que en un caso en que intervine, al condenar a un abogado por desfalco de sumas de dinero que le habían sido confiadas por su mandante, lo hizo sollozando y con lágrimas en los ojos, hasta el magistrado sanguinario que aplasta sin misericordia existencias humanas.

Aun el estado de salud de un juez, su estado de ánimo y su cansancio pueden influir en el fallo. En *Resurrección,* Tolstoj describe cómo tres magistrados profesionales deliberan si han de proceder a la casación del fallo erróneo dictado contra la Maslova, para presentarla a otro tribunal de jurados. El presidente y uno de los vocales, benevolente, están dispuestos a hacerlo. Pero el tercero, enfadado y de mal humor a consecuencia de su catarro estomacal, niega su asentimiento. El destino de la Maslova queda así sellado.

Todo defensor sabe que en una sesión larga y cansadora, los jueces, y especialmente los jurados, pueden llegar a dormirse. Si esto sucede, el tribunal ya no estará debidamente integrado, por estar ausente uno de sus miembros. Sería de suponer que, probado ese hecho, cabría un motivo absoluto de casación, conforme al § 338 I de la StPO. Mas no es así. El Tribunal Supremo[17] rechazó un pedido de casación fundado en el hecho de que uno de los

---

[16] Principios para la elaboración de una tipología de los jueces se encuentran en las obras de ELLASBERG (Índice bibliográfico. N° 33). KRETSCHMER (Índice bibliográfico, N° 104), JAENSCH (Índice bibliográfico, N° 96), PFAHLER (Índice bibliográfico, N° 145), SELZ (Índice bibliográfico, N° 166). Sería menester crearla. Se trata de una tarea difícil, pero importante, que la criminalística hasta ahora ha eludido.

[17] RGSt 22. pág. 106.

jurados había estado durmiendo cierto rato durante el plenario. Aplicando al caso una típica jurisprudencia de conceptos, el Tribunal sostiene que la cuestión de si un juez había cumplido su misión a conciencia, no podía ser objeto de un pedido de casación. El Superior Tribunal Regional de Brunswick[18] dijo en un fallo que era difícil distinguir entre el sueño y las meras manifestaciones de cansancio. En otro fallo se decía que un «ronquido» no bastaba para demostrar que un juez hubiera estado durmiendo. Siempre fue terrible para mí tener que perorar ante jueces que mostraban abiertamente su total apatía, mientras yo luchaba denodadamente por la absolución. Pero negar a un acusado la tutela del tribunal de casación cuando un juez ha estado durmiendo durante el juicio, es señal de una idea exagerada de la infalibilidad judicial. ¿Cómo ha de tener un acusado confianza en la justicia penal si el tribunal de casación le hace llegar una resolución semejante? Posiblemente se sentirá como aquel autor francés, que en el siglo XVI escribiera con sorna: «si me acusan en juicio de haber robado el edificio del tribunal, sólo tengo el deseo de salir corriendo».

El juez sólo podrá controlar sus impulsos inconscientes y evitar que influyan en su decisión sobre el fondo, tomando conciencia de ellos. No cabe duda de que los jueces se opondrán enérgicamente al hecho científico comprobado de que en la confección de sus sentencias concomitan impulsos inconscientes y que toda persona, aun ellos mismos, es un delincuente en potencia. Corresponde al psicólogo criminalista dar a entender al juez que esos impulsos influyen en sus fallos, especialmente en la fijación del monto de la pena, y que hacen peligrar la objetividad de la apreciación de la prueba, creando así el peligro de sentencias erróneas. En los antiguos tribunales de jurados, tanto el fiscal como el defensor tenían el derecho de recusar sin causa a los integrantes del cuerpo. Todo defensor sabía que en las causas de incendio había que recusar a los aldeanos, en las de violación, a las mujeres, en las de perjurio, a católicos piadosos, para los cuales invocar el nombre de Dios en una deposición falsa era pecado mortal. Esa práctica ya reconocía tácitamente que la formación objetiva de la sentencia es amenazada por impulsos inconscientes extraños a la causa.

Además de la comprobación de que las decisiones humanas son determinadas por factores múltiples y de que junto a los motivos supuestamente racionales operan numerosos impulsos inconscientes, que sólo pueden controlarse tomando conciencia de ellos, es necesario también, para poner coto a las sentencias erróneas, percatarse de la tremenda significación que tiene la sugestión en todas las relaciones humanas y por ende también en la justicia penal. En el capítulo I, ya nos hemos ocupado de la sugestión que ejercen entre sí los testigos en los errores de identificación. Recuérdense los casos N° 9 (Lesurques) y N° 10 (Beck). Si el primero de los testigos confrontados con el

[18] NJW 1947/48, pág. 150. N° 1.2, BGH 4, pág. 191, y 5, pág. 354, admiten incluso la colaboración de un juez ciego.

imputado hubiera vacilado en reconocerlo, es probable que los demás testigos habrían hecho otro tanto. Mas como declaró en seguida con toda firmeza que aquél era el autor, su seguridad sugestionó a los otros.

Originariamente, la ciencia sólo aplicó el término sugestión a fenómenos hipnóticos y posthipnóticos. Mas pronto se comprendió que esa definición era demasiado estrecha. Bechterew[19] señala que los principales investigadores de estos problemas, como Lefevre, Löwenfeld, Binet, Forel, Moll y Schrenck-Notzing han demostrado que la sugestión es un fenómeno normal, que ocurre continuamente en la vida cotidiana. Sugestión es todo contacto psíquico contagioso en el que el emisor de la sugestión impone su voluntad al receptor. Consecuencia de ello es que el receptor, inconsciente o semiconscientemente, hace suyas opiniones o emociones del emisor, sin oponerles crítica ni resistencia. La sugestión no puede distinguirse nítidamente de otros medios de influencia psíquica, tales como la orden y el mando en el ámbito castrense, la asistencia dada por el confesor, los consejos y las admoniciones intensas. Todos estos tipos de influencia ejercen sobre el receptor un efecto similar. El peligro de sugestión aumenta si el receptor está emocionalmente predispuesto para ello. El grado de sugestibilidad difiere según el individuo, pero no está nunca ausente. Son especialmente sugestionables las mujeres histéricas, los psicópatas y los niños. En éstos, las impresiones sugeridas confluyen con las propias para formar un cuadro borroso y peligroso para la correcta determinación de lo que es justo. Además de la sugestión por otras personas, existe en estos casos el peligro de la autosugestión.

El juez debe conocer y comprender estos peligros. Debe saber que toda pregunta sugestiva pone en peligro la determinación de la verdad, y que especialmente él mismo, por su autoridad, puede sugestionar a un testigo. Pero aun los jueces mismos caen víctimas de la sugestión y de la autosugestión, bien que los magistrados profesionales en menor grado que los jurados. El defensor o acusador tiene posibilidades ilimitadas de sugestionar a estos últimos con sus dotes oratorias y su fogosidad. Es especialmente poderosa la fuerza de sugestión de la prensa. En el proceso estadounidense, el presidente del tribunal exhorta a los jurados a no leer noticias o comentarios periodísticos sobre el caso, ni comentarlo, antes de pasar a deliberar, ni entre ellos ni con otras personas. Mas esto es pura ficción. Generalmente los jurados, antes de ocupar su sitial, ya han leído en el diario la descripción del delito, ilustrada quizá con detalles truculentos. Y si los periódicos ya han emitido opiniones sobre la culpabilidad del acusado, como suelen hacerlo periodistas inescrupulosos, su influencia sobre los jurados será inevitable y la sentencia errónea tendrá abiertas las puertas. Prueba suficiente de ello ofrecen los casos expuestos.

El poder de los influjos sugestivos alcanza su grado máximo en los procesos sensacionales. Las emociones son siempre peligrosas para el pensar

[19] Índice bibliográfico, N° 12.

racional. En los procesos sensacionales, las emociones de los testigos, de la prensa y del público se desenfrenan. Es inevitable entonces que se extiendan al juez, y especialmente a los jurados, surgiendo así el peligro del error judicial. Es aquí donde las informaciones inescrupulosas publicadas por los diarios antes de la sentencia tienen consecuencias especialmente trágicas. Wulffen[20] nos refiere que en el caso Johann Berchtold, que conmovió enormemente a la opinión pública de Múnich en el año 1896, el diario *Münchner Neueste Nachrichten* declaró, aun antes de concluidas las pesquisas del Ministerio Público, que ya no podía haber dudas de que Berchtold era el autor del hecho. Estaba acusado de haberse procurado el acceso a la casa de tres mujeres, con el pretexto de revisar la calefacción, que poco antes había arreglado. Las tres fueron muertas con fines de robo. En aquel entonces yo era alumno del colegio secundario, pero la excitación popular fue tan grande que recuerdo el caso aún hoy. No cabe duda de que la influencia ejercida por la prensa contribuyó al veredicto de culpabilidad dictado por los jurados. Los indicios no eran de manera alguna concluyentes. Se habían presentado varias mujeres, que declararon que un hombre, que tenía parecido con Berchtold, había tratado de obtener acceso a sus casas. A lo largo del plenario, que duró catorce días, se presentaron no menos de siete personas confesándose autoras del hecho. El perito Schrenck-Notzing comprobó que por lo menos dieciocho de los testigos estaban sugestionados por los artículos periodísticos. A Berchtold se le conmutó la pena por la de presidio perpetuo, lo que parecería indicar que el Ministerio de Justicia no consideraba del todo concluyente la prueba. Hace algunos años me enteré por el diario que Berchtold estaba agonizando tras un ataque de apoplejía. Había suplicado que se lo indultara a fin de poder morir en libertad. Su pedido fue rechazado. Había pasado pues más de cincuenta años en el presidio. Hasta el último momento aseveró no ser culpable de los hechos que se le imputaron. Es indudable que su culpabilidad no estaba totalmente probada. ¿Y si hubiera sido inocente?

La psique humana no es algo tan sencillo como la imaginó la justicia penal hasta ahora. El psicoanálisis ha puesto en descubierto su complicado carácter. Pero esa ciencia nos indica al mismo tiempo la salida, al demostrar que los impulsos inconscientes pueden tornarse inocuos tomando conciencia de ellos. El período hitleriano nos hizo testigos de la erupción de instintos atávicos que duermen en el subconsciente de todo individuo a la espera de ser despertados. Himmler, hijo de un probo catedrático de colegio secundario, se convirtió en uno de los más grandes criminales y exterminadores de todos los tiempos. Pero como el psicoanálisis nos muestra que la ponzoña de esos impulsos puede ser quitada tomando conciencia de los mismos, esa nueva ciencia ha llegado a ser una de las más grandes esperanzas de esta humanidad corroída por los odios nacionales, raciales y religiosos y por el autoodio.

El autoexamen, que el psicoanálisis impone, pero también permite, a los jueces, colocará una valla considerable al error judicial. Por esa razón es de

[20] Índice bibliográfica, N° 194.

importancia decisiva que la psicología criminal adopte y elabore científicamente esos nuevos descubrimientos.

Pese a los grandiosos trabajos de la psicología criminal europea, especialmente de la alemana, sus conclusiones son anticuadas por no haber hecho suyas las conquistas de la psicología moderna.

Ese entumecimiento conservativo de la psicología criminal la mantiene aislada de las revolucionarias transformaciones que han sufrido y siguen sufriendo en nuestra época otras ciencias. La teoría de la relatividad, la física atómica y la teoría de los cuantos han obligado a las ciencias naturales a abandonar el axioma de la validez incondicional de las leyes clásicas. No hay ya leyes naturales de validez universal, sino únicamente probabilidades. Incluso los axiomas de las matemáticas, que se creían inconmovibles, han perdido esa validez universal. Bolyai, Lobacevskij y Riemann han creado las geometrías no euclideanas, en las cuales ya no rigen los postulados de Euclides, según los cuales las paralelas se encuentran solamente en el infinito y la suma de los ángulos de un triángulo es siempre igual a 180 grados. En esas nuevas geometrías la suma de esos ángulos es mayor o menor. Y esas geometrías son más adecuadas para explicar el universo en expansión que la geometría euclideana. Los triunfales adelantos de La medicina han conducido al abandono de concepciones anticuadas. En las últimas décadas, la astronomía ha hecho más descubrimientos que anteriormente en siglos, y ha abandonado la idea del universo estable. Una transformación tan revolucionaria de la ciencia no la ha habido desde el Renacimiento.

Frente a estos gigantescos progresos que registran las demás ciencias, resulta sin duda moderada la exigencia de que la psicología criminal y la justicia penal enriquezcan y remocen sus anticuadas concepciones, incorporando a su acervo las conquistas de la psicología moderna.

PARTE SEGUNDA

SENTENCIAS ERRÓNEAS EN PROCESOS POR DELITOS POLÍTICOS

CAPÍTULO I

FUENTES DE ERROR EN EL PROCESO POR DELITOS POLÍTICOS. GENERALIDADES

1. Hasta el presente no se ha hecho una exposición sucinta ni un análisis científico de las sentencias erróneas en procesos por delitos políticos en la literatura criminalística de ningún país. Por eso tampoco se ha comprendido que la formación de la sentencia en esos procesos se produce de una manera totalmente distinta que en los procesos por delitos comunes y que los muchos errores judiciales que en ellos ocurren tienen causas enteramente distintas que las hasta aquí analizadas. Los comentarios y tratados de derecho penal estudian los delitos políticos siguiendo exactamente el mismo método que aplican a los delitos comunes, cerrándose así ellos mismos el camino para analizar científicamente la justicia penal en estos procesos. Sin embargo, un estudio separado de la justicia política sería de la más alta importancia. La justicia penal es uno de los pilares del Estado de derecho democrático. Los procesos políticos tienen como última finalidad la protección de la existencia del Estado y de la democracia.

Un análisis de la justicia política no puede emprenderse con un criterio puramente teórico. Quien desee acometer esa difícil tarea, debe haber acumulado personalmente la necesaria experiencia en la sala del tribunal. Por mi parte creo estar autorizado para realizar un estudio de esa índole por haber luchado en primera fila en defensa del Estado de derecho democrático durante la época de la República de Weimar, de 1919 a 1933. De 1919 a 1932 intervine constantemente como defensor en procesos por delitos políticos. Al preparar esos procesos, obtuve conocimiento de muchos datos sobre los métodos del homicidio político y del homicidio cometido por conjurados (*Fememord*), sobre los cuales nada informaron los diarios ni los libros de historia. Puedo dispensarme, por lo tanto —utilizando una frase del Wallenstein de Schiller—, de «citar del periódico mi propia escalofriante experiencia».

2. Antes de proceder al análisis científico, corresponde demarcar con toda precisión el problema. Hay proceso político cuando el objeto del procedimiento penal es un delito político, como la alta traición y la traición a la patria (a los que había que agregar, en la Alemania de aquel entonces, los delitos violatorios de la ley de protección a la República), o cuando el autor ha obrado

por móviles políticos. Los delitos políticos se diferencian de los comunes por la gravedad de sus consecuencias. La alta traición y la traición a la patria no amenazan a individuos, sino a todo el Estado.

En la justicia política, el juez tiene dos deberes que cumplir, que someten a la más dura prueba su imparcialidad y su fidelidad a la Constitución. Por un lado, debe mostrarse ecuánime para con los acusados con cuyas ideas simpatiza y para con aquellos cuyas ideas políticas le son odiosas, y por el otro debe conceder la tutela que preceptúa la ley a un sistema estatal que tal vez repudie en su fuero íntimo.

En estos procesos, las sentencias erróneas tienen por eso generalmente una causa enteramente distinta que en el proceso por delitos comunes. De cualquier manera, no podemos explicar el problema del error judicial en los procesos políticos mediante la psicología de la formación de la sentencia que ensayáramos en el Capítulo IV de la Parte Primera de este libro. Hay que tener en cuenta, además, que tratándose de delitos que amenazan al Estado, la relevancia de las sentencias erróneas —que en estos casos consisten frecuentemente en absoluciones— es mucho más grave que la de un fallo erróneo en un proceso por un delito común, en el que sólo está en juego el destino de la persona del acusado.

CAPÍTULO II

SENTENCIAS ERRÓNEAS EN PROCESOS POR DELITOS POLÍTICOS. LA ÉPOCA DE LA REPÚBLICA DE WEIMAR

Siguiendo el método indicado en la Introducción, pasaremos a exponer y analizar las sentencias erróneas dictadas en Alemania por delitos políticos, no desde el punto de vista teórico, sino sobre la base de casos prácticos, fundándonos en las actas procesales.

Ya hemos señalado que la justicia política debe ser analizada según métodos totalmente distintos que la justicia penal en los casos comunes. Esto resulta también del hecho de que en la República de Weimar los delitos políticos más graves habían sido sacados de la competencia común. Según el § 134 de la GVG, los delitos de alta traición, traición a la patria, traición en guerra y los que infringían los §§ 1 y 3 de la ley sobre revelación de secretos militares, eran de competencia única y exclusiva del Tribunal Supremo. Ese tribunal estaba facultado para encomendar asuntos penales de menor importancia a los Tribunales Superiores Regionales. Análogamente, en la República Federal, la Corte Federal de Justicia conoce en instancia única y exclusiva de los delitos políticos consignados en el § 134 de la GVG y los que son de competencia de las Cámaras Penales según el § 74 a. No caben recursos contra los fallos que se dicten, salvo el de revisión, que el Tribunal Supremo admitió una sola vez, en el caso Bullerjahn. Esa competencia especial para delitos políticos, que, por lo demás, es desconocida en otros países, como por ejemplo los Estados Unidos, obliga al Tribunal Supremo a establecer también los hechos, tarea para la cual le falta la necesaria experiencia criminalística.

En la República de Weimar existió, además, la Corte de Justicia Estatal, cuyo papel fue en todos los aspectos muy modesto. Su función de despedida fue su deplorable sentencia sobre el golpe de Estado llevado a cabo abiertamente por von Papen en julio de 1932. Aunque declaró inconstitucional la ejecución, conforme al art. 48 I de la Constitución, no sacó de esa conclusión consecuencia alguna. Consideró dados los presupuestos del art. 48 II, por haber habido una grave perturbación del orden público. Con esa fundamentación sancionaba el golpe de Estado. En consecuencia, también

Hitler podía desquiciar la Constitución, precisamente porque de ese modo alteraba gravemente el orden público.

¿Qué cuadro puede trazarse del juez en la República de Weimar, que en los procesos por delitos políticos tenía una responsabilidad tan grave frente al nuevo Estado democrático? No se ha escrito una sociología de la judicatura alemana, ni puede tampoco escribírsela por falta de material estadístico. Sería necesario contar con documentos sobre la ascendencia, formación, situación económica y social y opinión política de cada uno de los jueces.

Pero aun sin investigar esto, puede afirmarse con toda certeza que la mayoría de los jueces penales de la República de Weimar eran hostiles al Estado a cuyo sueldo estaban. Los más, sobre todo los de los tribunales superiores, eran por su ascendencia y posición social de los partidos de derecha que rechazaban la República. La República de Weimar procedió con la justicia penal igual que con las fuerzas armadas, poniendo su destino en las manos de hombres que sentían hacia ella animosidad o al menos la miraban con malos ojos.

Una mentalidad semejante tenía que manifestarse en consecuencias desdichadas en los procesos por delitos políticos, ya que las autoridades encargadas de la acción pública fracasaron igualmente y los Ministerios de Justicia dejaron ir las cosas a la deriva.

1. Injurias

La causa sustanciada ante el Tribunal Regional de Magdeburgo contra el redactor Rothardt por injurias proferidas contra el Presidente Ebert causó grave daño a la reputación de la justicia alemana, tanto en el país como en el extranjero.

Caso Nº 37 (injurias contra el Presidente de la República). Cuando en junio de 1922 el Presidente Ebert se encontraba de visita en Múnich, un tal doctor Emil Gansser, partidario de Adolfo Hitler, le gritó «traidor a la patria», ante lo cual Ebert le inició querella criminal. A pedido del acusado, el tribunal de primera instancia de Múnich resolvió interrogar a una serle de testigos sobre la participación tenida por Ebert en la huelga de la industria de municiones en el año 1918. Aunque el Presidente ya había prestado su correspondiente declaración bajo juramento, se lo citó a Múnich para un nuevo Interrogatorio, medida que según el § 49 de la StPO era ilegal. Entendiendo que de un tribunal de Múnich, donde el poder policial estaba en manos de hombres como Pöhner y Frick, no podía esperar una tutela de su honor, sino solamente una premeditada violación de su dignidad, Ebert decidió retirar su demanda. Gansser redactó entonces una carta abierta, que el redactor populista Rothardt publicó en su periódico *Mitteldeutsche Presse*. En ella sostenía que Ebert había tenido que tragarse el reproche de traidor a la patria, y preguntaba al Presidente cuándo pensaba renunciar. Rothardt añadió a esa carta las siguientes palabras: «¿Tragará Ebert esta píldora o considerará por fin compatible con su carácter de Presidente comparecer ante el Tribunal de Múnich? Pruebe usted, señor Ebert, que no es traidor. ¡No tiene usted por qué temer al pantalón de baño colorado que se usa para recibirlo en esa ciudad!»*.

El Presidente inició entonces querella contra Rothardt. En vista de las testificaciones totalmente negativas prestadas en el proceso de Múnich, Rothardt manifestó que no podía mantener el reproche de traición a la patria contra Ebert, mas como no pidió disculpas, el proceso continuó. A pesar de esa declaración, la Cámara Penal del Tribunal Regional de Magdeburgo, bajo la presidencia de su director Bewersdorff, creyó necesario permitir a Rothardt la prueba de la supuesta traición cometida por el Presidente y procedió a recoger declaraciones testificales en gran escala. Entre los testigos nombrados por Rothardt y sus inspiradores, se encontraba un sujeto apellidado Gobert, quien resultó tener ocho condenas por estafa y haber intentado arrancar dinero al Presidente con maniobras fraudulentas. El tribunal tuvo que declarar indigno de crédito a ese testigo, mas reconoció al acusado el derecho de aportar probanzas sobre toda la conducta de Ebert, sin limitación alguna de tiempo, aunque ni Gansser ni Rothardt habían afirmado en la publicación algún hecho concreto, y aunque el segundo ya había declarado que no podía mantener en pie el reproche.

El 23 de diciembre de 1924, la Cámara Penal, presidida por Bewersdorff, procedió a dictar sentencia. Condenó a Rothardt a sólo tres meses de prisión por injuria formal con arreglo al § 185 del StGB, pero lo absolvió de la acusación de difamación prevista en el § 186, fundándose en que Ebert, en opinión del Tribunal, había incurrido efectivamente en traición a la patria por su intervención en la huelga de las fábricas de municiones, por lo cual estaría probado que el hecho imputado era cierto.

En los considerandos se dice: «las injurias, que están configuradas por el empleo de la forma «Fritze» en el acápite «una píldora amarga para Fritze Ebert» y la insinuación dei pantalón de baño, no habrían justificado una pena especialmente severa; la otra ofensa, por la cual el acusado considera al acusador particular como capaz de incurrir en traición a la patria, sí la exigiría. Ese reproche es el más grave que puede imputarse a un alemán: el haber traicionado a su país durante la guerra. Y si, para colmo, ese reproche está dirigido contra el Presidente de la Nación Alemana, que debe representar al país en el orden internacional, el acusador particular ha menester de una tutela muy especial por parte del tribunal. Resulta especialmente reprobable que el acusado haya formulado ese reproche bajo la forma de una Injuria formal en un momento en el cual, según él mismo admite, no cuenta con material probatorio alguno para corroborar la exactitud y fundamentación de ese ataque. Es asimismo reprobable que el acusado eche en cara ese delito al acusador particular, cuando éste no estuvo movido por una innoble finalidad

* Los enemigos políticos del Presidente Ebert solían agitar en público on pantalón de baño colorado con el fin de escarnecerlo.

de lucro o por un propósito manifiestamente animoso contra su país. Correspondía establecer, por el contrario, que ese doble propósito que acabamos de señalar y que el acusador particular persiguió al participar en la conducción de la huelga era, desde su punto de vista subjetivo, beneficioso para su patria, y que por lo tanto intentó realizar sus fines participando en esa conducción».

Esta sentencia no tiene parangón en la historia jurídica de ningún país. Aunque el tribunal declaraba especialmente reprobable el reproche de traición a la patria sobre todo por habérselo dirigido contra el Presidente de la Nación, y dejaba sentado, además, que Ebert había intervenido en la dirección de la huelga por un motivo patriótico que era el de ponerle fin, declaró fundado ese reproche y desestimó una condena a base del § 186 del StGB, pero al mismo tiempo condenó al acusado a base del § 185 por haberlo formulado. ¿Cómo explicar ese contrasentido? En su informe, el defensor constató que, antes del debate, Bewersdorff había manifestado en presencia de varios testigos que lo principal era que se fuera «ese oficial de talabartero», con lo que aludía al Presidente; un gobierno, sostenía ese magistrado, debía seguir una línea rigurosamente derechista y el único candidato aceptable para la presidencia sería Ludendorff. Interpelado por el Ministerio de Justicia, Bewersdorff no se atrevió a negar esas afirmaciones. Sólo dijo que no podía recordar haber dicho tal cosa.

De esto se desprende con toda claridad que la tutela del honor del Presidente de la Nación estuvo confiada en este caso a un hombre que odiaba con furor a la República de Weimar y que abusaba de su cargo para forzar al Presidente a dimitir.

Tan herido se sintió Ebert por esa sentencia, que sus amigos sólo pudieron disuadirlo con gran esfuerzo de presentar su dimisión. Su muerte en 1925 fue debida en buena parte al disgusto experimentado.

Caso N° 38 (injurias contra el Ministro Grzesinski): Pese a lo ocurrido. Grzesinski, ministro del Estado federal de Prusia, intentó una querella por injurias contra un nacionalsocialista que había dicho de él: «El Jefe de policía Grzesinski es un bastardo judío, hijo ilegítimo de una sirvienta. Los antecedentes de toda persona están reflejados en su cara». En primera instancia, el acusado fue condenado a un mes de cárcel por difamación. Pero el 1 de setiembre de 1932, el Tribunal Regional de Neuruppin revocó esa sentencia y absolvió al acusado[1]. El fallo dio las siguientes explicaciones: «Aunque debe admitirse que la forma en que el acusado aludió al Jefe de Policía raya el límite de lo 'tolerable en la lucha política, la afirmación de que una persona es de ascendencia extramatrimonial judía no puede considerarse como una manifestación de desdén personal. El acusado ha vertido esas expresiones en un mitin de propaganda del partido nacionalsocialista, al que asistían personas que en su mayoría eran partidarios de esa agrupación. No se ha salido, con-

1 *Justiz*, tomo VIII. págs. 118 y sigtes.

forme a su orden de ideas, de los enunciados del programa partidario, que es de público dominio, y que proclama la lucha contra la corrupción y la dominación económica y política del pueblo alemán por personas de raza extraña. Es así como debe entenderse la manifestación hecha sobre el ex jefe de policía Grzesinski por el acusado, a quien no puede negársele la falta de *animus iniuriandi*... de todo esto se desprende que usó de la expresión «bastardo» simplemente para designar a una persona de progenitores de raza distinta, a la cual no pudo dársele otra interpretación. Por tal razón, no hay tampoco injuria formal...».

Cuando un acusado de filiación derechista radical que había incurrido en el delito de injurias previsto por la ley de protección a la República o injuriado a los hombres públicos, era juzgado por un juez que confraternizaba con él, la pena se reducía generalmente a una multa tan pequeña, con el pretexto de que el «reo había obrado por convicción», que era prácticamente un aliciente para reincidir. Tal ocurrió, por ejemplo, en una sentencia dictada el 3 de marzo de 1925 por un tribunal de escabinos contra el teniente 1° retirado von R., por cantar la Canción de Erhardt, que contenía el improperio: «Puaf, república de judíos» (delito contra la ley de protección a la República). El fallo lo condenó al pago de una multa de 100 marcos[2] en lugar de los correspondientes 10 días de arresto, explicando la exigüidad de la pena con la juventud y falta de antecedentes del acusado, que había estado ligeramente ebrio al cometer el hecho y había manifestado su arrepentimiento. Por un hecho igual, el 20 de marzo de 1926 el tribunal de escabinos de Hindenburg condenó a un pasante de abogado a una multa de 50 marcos[3]. El acusado manifestó no recordar el hecho, pero aclaró que si había empleado tal expresión, lo habría hecho por razones de convicción política, porque era antisemita y afiliado al Partido Popular Alemán de la Libertad.

Estos casos bastarán seguramente para demostrar que una gran parte de los jueces penales, por su animosidad política hacia la República de Weimar, denegó a sus hombres públicos la tutela del honor que las leyes les reconocían.

2. Homicidio político

En la República de Weimar, los radicales de derecha admitieron y pusieron en práctica, por primera vez en la historia de Alemania, el homicidio como arma política; por regla general, se les reconoció la honorabilidad de sus convicciones políticas. De ese modo quedó sancionado el homicidio de adversarios políticos, bien que no desde el punto de vista jurídico, sí desde el punto de vista moral. Como la muerte de esos hombres, sobre todo la de los hombres públicos más conspicuos, era consentida y aun recibida con júbilo por una gran parte de la población, los casos aislados pasaron a ser casi una institución permanente. Nadie habría pensado antes que en Alemania fuera posible tal grado de avillanamiento.

---

[2] Cfr. FÖRDER, Índice bibliográfico, N° 43, pág. 524.

[3] *Obr cit.*, pág. 527.

Caso N° 39 (Karl Liebknecht y Rosa Luxemburg): El 15 de enero de 1919 fueron detenidos en BerlínWil mersdorf los líderes de la «Liga de Espartaco», Karl Liebknecht y Rosa Luxemburg, disponiéndose su traslado al hotel Edén, donde tenían su cuartel general los guardias fusileros de caballería. En el camino hacia allí ambos fueron muertos[4]. El cadáver de Rosa Luxemburg fue hallado en el canal de Landwehr. Los homicidas sostuvieron que Liebknecht había sido ultimado a tiros al intentar huir, excusa muy usada más adelante en los homicidios políticos, y que Rosa Luxemburg había sido linchada por una muchedumbre enardecida.

El debate ante el tribunal de guerra tuvo lugar del 8 al 14 de mayo de 1919, comprobándose que el húsar Runge había golpeado dos veces a Rosa Luxemburg y una vez a Liebknecht. Sin embargo, sólo se lo condenó a dos años de cárcel por tentativa de homicidio. El teniente 1° Vogel, autor del disparo que hirió de muerte a Liebknecht, fue declarado no convicto. Se lo condenó a dos años y cuatro meses de cárcel por encubrimiento, pero tampoco cumplió esa pena. Sus compañeros de armas lo liberaron y pudo huir al extranjero. Todos los demás acusados fueron absueltos.

Este proceso tuvo aún una secuela significativa. La investigación había estado a cargo del consejero judicial militar Jörns, más tarde Fiscal del Tribunal Supremo. La revista *Das Tagebuch* publicó un artículo bajo el título de El colega Jörns, en la cual se hacían a éste severos cargos por la forma en que habían llevado a cabo la instrucción. Iniciada querella por injurias, el Tribunal de escabinos de Berlín-Centro absolvió el 27 de abril de 1929 al redactor responsable del Tagebuch (Gesch. Nr. 205 1 J 542/28), fundándose en que la verdad de los hechos imputados había sido probada en todos sus puntos esenciales[5]. Tras hacer una apreciación detenida de los hechos comprobados, la sentencia declara probado que el acusador particular, al efectuar esa tarea, había cometido las siguientes irregularidades: 1. No registrar rastros que podrían haber servido para esclarecer los hechos; 2. No perseguir pistas cuya relevancia había advertido; 3. Borrar pistas anotando en las actas lo contrario de lo determinado por las pesquisas; 4. Tolerar situaciones que sabía apropiadas para oscurecer los hechos y poner en peligro el resultado de la investigación. La sentencia llega a la conclusión de que Jörns había ayudado a los autores de aquel homicidio y que por lo tanto era inidóneo para ocupar el cargo de Fiscal del Tribunal Supremo. Interpuesta apelación, también el Tribunal Regional declaró probados esos hechos. Pese a ello, ningún gobierno de la República de Weimar osó privar a Jörns de su cargo.

Caso N° 40 (Kurt Eisner): El 21 de febrero de 1919, al dirigirse el primer ministro bávaro Kurt Eisner a abrir las sesiones del Parlamento estadual, fue muerto a tiros en el camino, a plena luz del día, por el conde de Arco Valley,

---

4 Cfr. EYCK. Índice bibliográfico, págs. 71 y sígtes. y STAMPFER. Índice bibliográfica, N° 173, págs. 87 y sigtes.

5 El texto de la sentencia puede leerse en *Justiz*, tomo IV, págs. 567 y sigtes.

un joven estudiante de veintidós años[6]. El secretario y partidario de Eisner, Félix Fechenbach, junto con otras personas, abatieron a golpes al homicida que fue llevado, gravemente herido, a la cárcel. Un carnicero apellidado Lindner, partidario de Eisner, corrió hasta el Parlamento, donde disparó dos veces contra el líder de la mayoría socialdemócrata, Erhard Auer, hiriéndolo de gravedad, y continuó haciendo fuego como enloquecido matando al diputado Osel, del partido Popular Bávaro, y al mayor von Jareis.

El conde de Arco-Valley, cuya premeditación al cometer el acto no podía ser negada, fue condenado a muerte por el Tribunal Popular N° 1 de Múnich. Pero el Ministerio de Justicia le conmutó de inmediato esa pena, no por la de presidio perpetuo, como ocurre sin excepción en los casos de asesinato, sino por la de cárcel. En la sentencia se había elogiado tanto su honorable intención, que esa forma de conmutación se daba casi por sí sola. De tal manera el homicida alcanzó categoría de héroe y patriota, y los fanáticos jóvenes de las organizaciones secretas populistas tenían un estímulo para continuar los hechos de sangre. El conde pasó en esa prisión algunos años con toda comodidad. Durante el día trabajaba de pasante en una finca contigua a la fortaleza. Al cabo de cierto tiempo fue indultado, recibiendo como premio un puesto bien remunerado en la industria aeronáutica de Baviera. Lindner, que había obrado irreflexivamente, no tuvo jueces tan benignos, siendo condenado a una larga pena de presidio. Por ser radical de izquierda, no se consideró que hubiera obrado por idealismo.

Caso N° 41 (Matthias Erzberger): El 26 de agosto de 1921, el diputado del Partido del Centro y ex ministro de Finanzas Matthias Erzberger fue alevosamente muerto a tiros al dar un paseo en Kniebis (Griesbach/Bade)[7]. Su acompañante fue herido de gravedad. Erzberger ya había sido herido una vez en el hombro en un atentado que realizó contra él el ex alférez Oltweg von Hirschfeld, que fue condenado a un año y medio de prisión, habiendo el tribunal ponderado su «idealismo», que se tuvo como atenuante de la pena. Los homicidas eran el comerciante Heinrich Schulz, de veintiocho años, y el estudiante Heinrich Tillesen, de veintisiete, que habían participado en el golpe de Kapp y hallado refugio entre los golpistas de Baviera, al igual que Ehrhardt, Papst y Bauer, culpables de alta traición con captura recomendada. Ambos huyeron después del hecho a Múnich, desde donde sus correligionarios les llevaron a Hungría, provistos de pasaportes falsos librados por el Departamento de Policía de Poehner. Al principio se sospechó del alférez von Hirschfeld, que en realidad debía haber estado en prisión cumpliendo su condena, pero que estaba en ese momento, en goce de una «licencia por enfermedad», cerca del lugar del crimen. Su libertad había sido mantenida en secreto. Uno de los dirigentes del golpe de Kapp, Manfred von Kilinger, fue acusado

6 Índice bibliográfico N° 173, págs. 97 y N° 38, pág. 108.

7 Mayores detalles pueden verse en EYCK, *ob. cit.*, págs. 25 5 y sigtes. y STAMPFER, *ob. cit.*, págs. 223 y sigtes.

de haber planeado el homicidio junto con los autores y de haber encubierto a estos, pero fue absuelto.

Caso N° 42 (Walther Rathenau): El 24 de junio de 1922, al dirigirse en coche a su despacho, el Ministro de Relaciones Exteriores Walter Rathenau fue muerto a tiros por miembros de la «Organisation Consul», capitaneada por el teniente de navio Ehrhardt. El crimen había sido precedido por una campaña en la que las organizaciones populistas habían instigado públicamente al asesinato del ministro. Los homicidas Fischer y Kern fueron acorralados por la policía en la fortaleza de Saaleck. Kern fue muerto por las balas de los policías que entraban en el recinto y Fischer se suicidó. El estudiante Techow fue condenado a quince años de presidio por complicidad, pero puesto en libertad a los siete años en virtud de amnistía. El estudiante Günther, que había sido secretario privado de Ludendorff, fue condenado a ocho años de presidio, pero fue igualmente amnistiado tras cumplir una parte de esa pena. Otros partícipes sufrieron penas menores. El fabricante Küchenmeister, que había puesto su automóvil a disposición de los asesinos, fue juzgado sólo en 1925, siendo absuelto.

Varios otros homicidios y atentados cometidos por la derecha contra la izquierda no pueden entrar en este estudio, porque los autores a menudo consiguieron huir —muchas veces debido a la negligencia de la policía—, no pudiendo por ende ser procesados.

3. Ejecuciones realizadas por agrupaciones políticas (Fememord)*

A causa de las ejecuciones realizadas por las agrupaciones políticas, la justicia penal alemana tuvo la misión de aplicar las leyes contra los homicidas pertenecientes al radicalismo de derecha en los casos en los cuales los homicidios cometidos por la *Schwarze Reichswehr* (Fuerza Armada Negra) estaban probados. En lo que sigue habremos de mostrar sucintamente, a base de las actas procesales, cómo cumplió esa misión.

Ese tipo de homicidios era hasta entonces desconocido en Alemania. La base para ello fue creada sólo por los cuerpos ilegales de voluntarios y la Schwarze Reichswehr.

Los «cuerpos de voluntarios» se formaron en Alemania después del desastre de 1918. Consistían en restos del disuelto ejército y estaban compuestos muchas veces por gente joven que no podía o no quería hallar retorno a lá vida civil. Esas formaciones ilegales constituían un grave peligro para la aún no consolidada República, tanto desde el punto de vista interno como del externo. Los débiles intentos que el gobierno nacional hizo para disolverlos fracasaron.

---

* La Feme era un tribunal secreto que alcanzó su apotra en la turbulenta época de las postrimerías de la Edad Media, en la Baja Alemania y especialmente en Westfalia. De su nombre deriva la expresión técnica *Fememord*, que ha sido necesario traducir por una paráfrasis.

Una de esas formaciones ilegales eran los «Bálticos»[8]. Se componía de restos del Octavo Ejército que al finalizar la guerra se encontraban en la región del Báltico. El gobierno nacional intentó hacerlos retornar, pero el gobierno letón, que quería utilizarlos en la lucha contra los bolcheviques, les prometió tierras de colonización. Cuando el gobierno alemán de entonces la orden de retorno, se produjo una abierta sedición. Por último, el mismo gobierno letón pidió que se los retirara porque cometían en su país muchos actos de violencia. Los aliados se unieron a esa exigencia, amenazando con restablecer el bloqueo en caso de negativa. El gobierno letón declaró la guerra a Alemania. Finalmente, se retiró a los «Bálticos» de Letonia. Pero, contrariamente a lo querido por el gobierno nacional, permanecieron unidos, formando la brigada Ehrhardt, que llevó a cabo el golpe de Kapp e hizo su entrada en Berlín el 13 de marzo de 1920.

Un refugio especial para esas organizaciones ilegales era el Estado de Baviera, donde el gobierno legítimo había sido forzado a renunciar durante el golpe de Kapp, estableciéndose un gobierno populista. Allí se formó también una milicia popular de defensa contra el comunismo. Bajo la presión de los Aliados, el gobierno nacional ordenó la disolución de esas organizaciones, pero el gobierno bávaro rehusó obedecer. Las organizaciones subsistieron, manteniendo ocultas sus armas. Las más importantes de esas agrupaciones existentes en Baviera eran la «*Orgesch*», dirigida por el consejero de silvicultura Escherich, la «*Orka*», mandada por un tal Kanzler, y el cuerpo de voluntarios Rossbach. Estas se propusieron impedir toda revelación de sus actividades o arsenales conforme al lema «los traidores son ajusticiados por la Feme».

Los cuerpos de voluntarios tenían estrechas relaciones con las fuerzas armadas, que los consideraban como un cuadro de reserva para el rearme secreto y los proveían de armas. Durante la lucha en la región del Ruhr surgió de esos cuadros la «*Schwarze Reichswehr*». Según las indicaciones de su líder político, esa fuerza sumaba 180.000 hombres. Ella adoptó el ya citado lema «los traidores son ajusticiados por la Feme». Los miembros de la organización que incurrían en sospecha de estar traicionando sus actividades, eran muertos y enterrados secretamente sin audiencia ni proceso. El jefe de la *Schwarze Reichswehr*, teniente 19 Schulz, constituyó un «Comando de uso especial», que tenía por misión ejecutar los homicidios. Estaba compuesto por los sargentos Klapproth, Fahlbusch y Büsching. Los crímenes judicialmente comprobados que cometió ese Comando fueron penados en algunos casos con la muerte, como lo fueron los homicidios del soldado Pannier y del suboficial Wilms (Tribunal de jurados Nº III de Berlín), pero en otros casos no menos graves las penas sólo fueron de privación de libertad (homicidio del soldado Gröschke: quince, y tres años de presidio, que impuso el tribunal de jurados de Landsberg; homicidio del suboficial Brauer: seis años de presidio; homicidio del sargento Legner: tres años de presidio; homicidio del teniente Janke, del sargento mayor

[8] Al respecto ver Kilian, Índice bibliográfico, Nº 100, págs. 33 y sigtes.

de artillería Balke y del sargento Gädicke: un año de cárcel para uno de los autores, y absolución para los demás).

En algunos casos aislados, como vemos, los tribunales condenaron efectivamente a muerte a los homicidas. Contra esas sentencias los radicales de derecha levantaron vivas protestas para salvar a los culpables de la pena que legalmente les correspondía. Los defensores, el abogado Lütgebrune y el profesor Grimm, publicaron una serie de notas en las cuales trataron de probar, mediante argumentos pseudojurídicos, que esas sentencias eran erróneas. El propósito de los acusados habría sido, según ellos, evitarle daños al Estado y por lo tanto deberían quedar impunes[9]. En la «*Deutsche Zeitung*», el profesor Krückmann, catedrático de derecho en la Universidad de Münster, intercedió en favor de los homicidas. Al analizar la sentencia dictada en el caso Wilms, reclamó, en su carácter de jurisconsulto, que se los pusiera inmediatamente en libertad. En el peor de los casos, según él, habría podido condenárselos por homicidio culposo. Estableció la peligrosa teoría de que el ordenamiento jurídico sería siempre doble: consistiría en la ley y en el ordenamiento de la posesión de derechos, que a la larga resultaría más poderoso que la primera. El Ministro de Defensa Gröner expresó también, como representante del gobierno nacional, sus dudas sobre la corrección de las sentencias dictadas. En una carta dirigida al Ministro de Justicia prusiano, manifestaba que la sentencia «había errado al juzgar las circunstancias militares».

El resto lo hicieron los partidos de derecha, solicitando amnistías a favor de los condenados[10]. Las anteriores leyes de amnistía de la República de Weimar, siempre habían excluido de la gracia colectiva a los delitos contra la vida. La ley del 14 de julio de 1928 rompió con ese principio. Conmutó todas las penas de muerte y de presidio perpetuo por homicidios políticos por siete años y medio de cárcel. Entretanto, los defensores de los homicidas conjurados habían salido en ayuda de éstos con argumentos nuevos, sumamente peligrosos para el Estado de derecho. Esos argumentos fueron debatidos ante el tribunal de jurados de Schwerin con ocasión del sensacional caso Eckermann. La sentencia dictada por ese tribunal con fecha 27 de setiembre de 1929 constituye un error judicial que merece un estudio más detenido.

Caso N° 43 (Eckermann): El teniente de marina retirado Eckermann se había plegado después de la guerra a diversos cuerpos de voluntarios. En 1923 ofreció al teniente 1' Schulz sus servicios para la *Schwarze Reichswehr*. El mayor Buchrucker organizaba en aquel entonces «comandos de trabajo» para preparar un golpe contra el gobierno constitucional. Eckermann dirigía en Spandau uno de esos comandos. El 12 de diciembre de 1923, se le apersonó en su oficina un tal Fritz Beyer, quien mantuvo con él una conversación de la cual Eckermann sacó la impresión de que su Interlocutor era un espía. Uno de los motivos que dio para fundamentar su sospecha fue que Beyer lo había

[9] Cfr. LÜTGEBRUNE. Índice bibliográfico, N° 120.
[10] Cfr. STAMPFER. Índice bibliográfico, N° 173. págs. 261 y sigtes.

tratado de «teniente 1°, aunque él no revestía ese grado. Beyer le había dejado el número de teléfono de su padre, de modo que podrían haberse recabado Informes sobre él. Mas eso no se hizo. Por orden de Eckermann, Beyer fue inmediatamente apresado y colocado bajo severa custodia. Al día siguiente los oficiales del comando deliberaron sobre el caso. Eckermann rechazó la propuesta de poner en libertad al prisionero y también la de entregarlo a las autoridades, alegando que éstas ya habían soltado a otros sospechosos. Se discutió entonces sobre un medio para matarlo, desechándose por inconvenientes el envenenamiento y la Inmersión. El 14 de diciembre, Eckermann, sin haber realizado ningún género de investigación, dio orden al sargento Bolt para que llevara a Beyer a una aldea y lo matara en el camino. Bolt se resistió al principio a cumplir esa orden, pero cedió finalmente por temor a ser muerto él mismo. Se hizo entregar por Eckermann la suma de 100 marcos, y llevó consigo a Beyer, matándolo de un tiro en la cabeza. Con ayuda de dos de sus compañeros, enterró el cadáver y comunicó a Eckermann que la orden estaba cumplida. Cuando más tarde el cadáver fue descubierto, Eckermann se encontraba en España, huyendo a América al enterarse de la detención de Bolt. Durante años, su captura estuvo recomendada. En 1928 fue arrestado en Guatemala y entregado a las autoridades alemanas, con la condición de que no se ejecutara una eventual sentencia de muerte. Como correspondía, Bolt fue condenado a muerte por homicidio por el tribunal de jurados de Schwerin, con fecha 1° de diciembre de 1925, conmutándosele luego esa pena por la de presidio perpetuo. La mencionada amnistía redujo la pena a siete años y medio de cárcel, y el 15 de julio de 1929 fue indultado y puesto en libertad. Contra Eckermann sin embargo ese mismo tribunal dictó una sentencia fundamentalmente errónea. Como Bolt había sido condenado por homicidio mediante sentencia pasada en autoridad de cosa juzgada, Eckermann, conforme a los hechos establecidos, sólo podía ser juzgado como coautor o instigador. El tribunal buscó una salida para evitar esa consecuencia legal forzosa. En los escritos de los abogados von Lütgebrune y Grimm, titulados *Grundsätzliches zu den Femeprozessen*, se habían propuesto diversos efugios: a) Presunción de la conformidad del Estado (argumento sumamente peligroso, ya que no podía confesarse la existencia de la *Schwarze Reichswehr*); b) Obsesiones nacidas del amor a la patria (o sea aplicación del § 51 de la StGB); c) Legítima defensa real o putativa. A través de varios de sus fallos[11] el Tribunal Supremo elaboró el concepto del «estado de necesidad supralegal». Sugería que en situaciones extraordinariamente difíciles, como por ejemplo la defensa de la alta Silesia contra los polacos, el homicidio por amor a la patria podía llegar a ser único medio para superar el estado de necesidad y defender los intereses de la Nación. Con este criterio, quedaban puestos en duda los principios del Estado de derecho. Esos fallos permitían a jóvenes homicidas, siempre que obraran por amor a la patria, decidir sobre la vida o la muerte de sus congéneres. Podían matar, sin valerse de ninguna clase de investigación, sobre la base de meras

[11] RGSt 61. pág. 254, 62, pág. 46, 63, pág. 224 y 64, págs. 101 y sigtes.

sospechas. Ellos mismos podían decidir si estaba dado ese estado de necesidad que los ponía a cubierto de toda condena penal.

En la causa seguida contra Eckermann, el Tribunal de jurados de Schwerin, admitió efectivamente, en su sentencia del 27 de setiembre de 1929, el concepto de legítima defensa del Estado, concepto totalmente vago e insostenible desde el punto de vista jurídico, como se desprende de los considerandos de ese fallo: los actos de legítima defensa de un particular, estando en peligro los intereses vitales del Estado, estarían exentos de pena. Sin ningún género de prueba ni de averiguación, la sentencia partía del supuesto de que Beyer había sido un espía que quería delatar la organización de la *Schwarze Reichswehr* a la *Entente*. Este y otros fallos similares sentaron la base para el siguiente y horrendo principio: el culpable no es el homicida, sino el occiso. El tribunal dio crédito a la afirmación del acusado de que su acto había tenido por objeto impedir esa traición. La amenaza de Beyer habría sido también inminente. Pese a hallarse cautivo, le habría sido aun posible traicionarlos, bien que las condiciones para ello eran sumamente difíciles. Quería decir que un pobre diablo, apresado por una mera sospecha y vigilado día y noche, podía cometer un acto de traición suministrando datos a la Entente, aunque las condiciones para ello fueran muy difíciles. La sentencia estableció por cierto, que el homicidio no había sido la única alternativa para defenderse de ese ataque inminente. Eckermann habría podido solicitar informes del padre de Beyer o de la brigada Ehrhardt, donde Beyer había prestado servicios. Además, habría podido consultar la decisión con sus superiores. Pero por error habría creído obrar en legítima defensa y esa creencia configuraba culpa. Por tal razón, según el tribunal, correspondía condenarlo por homicidio culposo, pero como éste se había cometido por motivos políticos, estaba comprendido en la ley de amnistía del 14 de julio de 1928, debiendo por ende dictarse sobreseimiento. El fallo agregaba que adoptando el concepto del estado de necesidad supralegal desarrollado por el Tribunal Supremo, se llegaba a las mismas conclusiones.

Eckermann fue puesto en libertad Inmediatamente. No es necesario explicar que el fallo era erróneo. Basta para demostrarlo lo absurdo de la construcción de un homicidio culposo por motivos políticos. Resulta palmario, asimismo, que es absurda la hipótesis de que un prisionero que es constantemente vigilado pueda significar una amenaza inminente. Además, si todo ello fuera así, también debería haberse absuelto a Bolt en virtud de esos mismos argumentos; pero ese mismo tribunal lo había condenado a muerte.

4. Alta traición

La falta de ecuanimidad de la justicia penal en el trato de los delincuentes políticos, según fueran éstos de izquierda o de derecha, quedó claramente de manifiesto en los fallos dictados por alta traición. La excitación popular producida en Baviera por el asesinato de Eisner terminó el 8 de abril de 1919 con la proclamación de una república soviética. Se seguía el ejemplo de Hungría que había adoptado ese tipo de república pocos días antes (el 21 de marzo). En Baviera, con su gran mayoría católica, ese intento resultaba vano e insensato. Se trataba de un delito consumado de alta traición (StGB, §§ 81 y sigtes.). La república soviética fue de corta duración. Apenas llegó a gobernar más allá de Múnich y sus aledaños y el 1 de mayo de 1919, la ciudad fue conquistada, tras sangrientos combates, por fuerzas regulares y cuerpos de voluntarios.

Una empresa igualmente vana e insensata fue el golpe de Kapp, que tuvo lugar el 13 de marzo de 1920. También éste fue un caso de alta traición, consumada esta vez por radicales de derecha. El general Lüttwitz había ordenado que la brigada Ehrhardt marchara sobre Berlín. Aunque esa fuerza sumaba sólo cinco mil hombres, el gobierno nacional no contaba con tropas para enfrentarla. Las fuerzas armadas se negaron a luchar contra radicales de derecha. Pero la huelga general que se proclamó y la negativa del Banco de la Nación de reconocer las firmas de los traidores, hicieron fracasar el golpe al cabo de cinco días. En ambos casos, el nuevo sistema estatal, apenas consolidado, fue conmovido hasta sus cimientos. Al proclamarse la república soviética, el gobierno constitucional de Hoffmann huyó a Bamberg. Y en ocasión del golpe de Kapp, el gobierno constitucional de la Nación se refugió primero en Dresde y luego en Stuttgart.

El derrocamiento de la república soviética había sido precedido por un hecho de sangre de graves consecuencias: el apresamiento y fusilamiento de diez rehenes por los guardias rojos. Al ser conquistada Múnich, centenares de personas, varias de las cuales no habían tenido ninguna intervención en la república soviética, fueron fusiladas por aplicación de la ley marcial sin ningún género de procedimiento.

La represión judicial de que fueron objeto estos dos casos de alta traición fue como sigue:

Contra los participantes de la república soviética se dictaron las siguientes penas: una condena a muerte, que fue también ejecutada (contra Leviné); 68 personas fueron condenadas a presidio, 1.737 a prisión y 407 a penas de cárcel[12]. Además, fueron condenados a muerte y ejecutados los autores del fusilamiento de los rehenes. Las penas privativas de libertad sumaban en total unos 6080 años, de los cuales se cumplieron alrededor de 4400, o sea el 72 %[13]. Las penas fueron muy desiguales[14]. El presidente del comité central revolucionario fue condenado a dos años de cárcel; el comunista ruso Axelrod, que había sido ministro de finanzas por sólo algunos días, a quince años de presidio. Los pequeños simpatizantes fueron condenados, según la sección del tribunal popular de Múnich que les tocara en suerte, a cortas penas de prisión por asociación ilícita, o a penas de cárcel o presidio por alta traición.

---

12 Informe oficial de Von Nüsslein, Apoderado Bávaro en el Consejo Nacional, al Parlamento Nacional.

13 Cfr. Gumbel, Índice bibliográfico, N° 66.

14 Cfr. Löwenfeld, Índice bibliográfico, N° 116.

En el caso Kapp, la represión fue en cambio la siguiente: según el informe oficial elevado al Parlamento por el Ministerio de Justicia, con fecha 2 de mayo de 1921, se iniciaron 705 causas contra los participantes del golpe. En 412 casos, los procesados fueron amnistiados por la ley del 4 de agosto de 1920. Otros 108 casos quedaron concluidos por muerte del imputado o por otras razones; en otros 174 se dictó sobreseimiento. Al presentarse el citado informe, quedaban por resolver aún 11 causas, sin que se hubiera condenado a nadie. Y de esos 11 casos, sólo uno, el de von Jagow, terminó con la condena del acusado, a quien se impusieron cinco años de cárcel. Kapp falleció antes de la terminación de su proceso. En cuanto al general Ludendorff, el tribunal dio crédito a su defensa de que su presencia había sido sólo casual, sobreseyéndose la causa. Del mismo modo se procedió con él con ocasión de su participación en el golpe perpetrado por Hitler en noviembre de 1923. El general von Lüttwitz fue amnistiado, aunque había sido el jefe militar de la intentona. Este demandó también a la Nación por el pago atrasado de su retiro, inclusive por el tiempo en que había realizado su actividad subversiva. Por sentencias del Tribunal Regional N° 1 de Berlín, del 20 de octubre de 1926, y del Tribunal Nacional de Previsión del 23 de noviembre del mismo año, se le reconoció el derecho al pago de su retiro completo. La ley nacional de previsión del 31 de mayo de 1906 sólo establecía la pérdida del retiro por alta traición, si el culpable había sido condenado por ese delito a pena de presidio, y al dictarse el 12 de mayo de 1920 la nueva ley, no se modificó esta disposición, aunque en el ínterin había tenido lugar la asonada.

Para hacer un análisis más exacto de este campo de la jurisprudencia es de especial significación estudiar el procedimiento seguido contra Adolfo Hitler y sus secuaces a raíz del fracasado golpe del 8 y 9 de noviembre de 1923.

Caso N° 44 (el golpe de Hitler de noviembre de 1923): Este golpe tuvo consecuencias mucho más graves para la existencia del Estado que los anteriormente citados. La estructura de la Nación sufría una grave conmoción a causa de la incontrolada inflación, la ocupación del Ruhr y las ambiciones separatistas. Hitler había formado en el verano de 1920 una «tropa de orden» que se había acreditado en numerosas «batallas de salón». Fue ésta el germen de la futura SA. Debido a los actos de violencia cometidos por sus miembros, el Partido Nacionalsocialista estaba proscrito en la mayoría de los estados federales, pero en Baviera gozaba del favor y de la tutela del comisarlo de Estado von Kahr, del gobierno bávaro y de la policía. A principios de marzo de 1923, la tropa lanzó un ataque contra el edificio del periódico social demócrata *Münchner Post*. El jefe del cuerpo de voluntarios Rossbach anunció para el 31 de marzo un ataque general contra la República. Y el 1° de mayo, Hitler marchó con sus partidarios armados, que disponían hasta de ametralladoras y cañones, para impedir que los obreros celebraran la fiesta del trabajo. Nadie sufrió castigo por alguno de esos hechos.

Envalentonado, el 8 de noviembre Hitler consumó un delito de alta traición al irrumpir en una reunión que celebraban en Múnich von Kahr y sus partidarios, al grito de: «¡Ha estallado la revolución nacional!» Von Kahr, el ministro nacional de Defensa von Lossow y el coronel de policía Selsser fueron conducidos a una habitación contigua, donde Hitler los forzó a prestar su adhesión. Entretanto, se llamó a Ludendorff. Al día siguiente, von Kahr revocó su declaración haciendo fijar afiches que explicaban que había sido víctima del «engaño y de la falta de palabra empeñada de sujetos ambiciosos». Vista esa situación desesperada, Hitler y Ludendorff marcharon, a la cabeza de sus partidarios armados, hasta la Feldherrnhalle de la plaza Odeon. Consiguieron desarmar a un destacamento de la policía esta dual, pero otro destacamento rompió el fuego, matando a catorce nacionalsocialistas, entre ellos al consejero del Tribunal Regional von der Pfordten. Hitler huyó, siendo prendido dos días más tarde. En el ínterin, Rudolf Hess había apresado al primer ministro de Baviera, von Knilling, al ministro del Interior y a otros dos ministros.

El gobierno bávaro se había comprometido por un pacto con el gobierno nacional a abolir los inconstitucionales tribunales populares, pero sólo para el 1» de abril de 1924. Antes quería liquidar el proceso de Hitler, haciendo uso de sus plenos poderes por medio del Tribunal Popular Nº 1 de Múnich. Al respecto escribe el historiador Erich Eyck[15]: «De ese modo pudo demostrar al mundo, en la gran función de despedida que fue el proceso de Hitler, cómo la justicia de Baviera empleaba la espada que ostentaba para proteger el orden y para bien de la patria».

Los acusados eran Hitler, Poehner, Frick, varios otros jefes de la intentona y el general Ludendorff[16]. Pese a la gravedad del hecho, Hitler fue condenado sólo a cinco años de cárcel. Y aun esa sentencia sólo se logró, debido a la resistencia de los vocales legos, por haberles asegurado el presidente del tribunal que se concedería al reo la libertad condicional al cabo de sólo seis meses[17]. Y efectivamente, el tribunal se la concedió inmediatamente después de ese lapso, aunque él había afirmado reiteradamente en el debate que proseguiría su actividad subversiva. La pena de destierro, imperativa en ese caso, fue desechada. El fiscal interpuso recurso contra la concesión de la libertad condicional, pero el ministro de Justicia de Baviera, Dr. Gürtner, que más tarde asumiera la cartera nacional de Justicia bajo el gobierno de Hitler, le ordenó retirarlo, lo que constituía una intromisión en la administración de justicia violatoria del 5 69 de la Constitución de Baviera. De ese modo, Hitler salió en libertad el 6 de diciembre de 1924, tras haber sido objeto de todo respeto y honores durante los meses de cárcel. Röhm y otros cabecillas de la asonada, sólo fueron convictos de complicidad y condenados a un año y tres meses de cárcel, concediéndoseles de inmediato la libertad condicional. Entre los así favorecidos se contaba Poehner, quien había manifestado durante el debate: «Si esto es alta traición, éste es un delito que yo cometo todos los días».

---

15 Índice bibliográfico, Nº 38, pág. 395,

16 Cfr. BREUER, Índice bibliográfico, Nº 22, como también Índice bibliográfico, Nº 92.

17 Índice bibliográfico, Nº 38, pág. 395.

Ludendorff fue absuelto. Según sus declaraciones, no había creído que se planeaba un golpe de Estado. El presidente del tribunal le había presentado su cuestionario por escrito y con anticipación, y el jurisconsulto profesor Kohlrausch, de Berlín, había intercedido por él con un «dictamen jurídico» que fue presentado al tribunal. Ese dictamen decía que Ludendorff no había tenido conciencia de que se estaba llevando a cabo un golpe de Estado, adhiriéndose el tribunal a esas conclusiones.

Las condenas impuestas a los pequeños simpatizantes son tan significativas para nuestro problema que merecen ser reseñadas. Gottfried Feder, que había publicado sus confusas ideas sobre la «terminación del avasallamiento por el interés», había proclamado después del golpe un edicto bancario. Se lo condenó a 50 marcos de multa por usurpación de funciones. Esa misma infracción se imputó al gerente Amman, que había hecho ocupar varios ambientes, multándoselo en 100 marcos. Uno de los acusados que al frente de 40 hombres había confiscado bajo amenazas 8000 marcos oro de una imprenta que trabajaba para el Estado, fue puesto en libertad condicional por sus «honorables intenciones». A von Kahr, von Lessow y Seisser, que habían cometido abierta sedición contra la Nación, no se les inició proceso[18].

Todo el proceso, que duró del 27 de febrero al 1º de abril bajo la presidencia de Neidhardt, Consejero del Superior Tribunal Regional, fue llevado en tal forma que constituyó un triunfo para los acusados y un escarnio para la República. Fue una claudicación total de la justicia ante la subversión derechista. Para ilustrarlo, véanse los siguientes datos registrados por la Comisión de Investigación del Parlamento bávaro[19]: Uno de los acusados aludía persistentemente al águila nacional llamándolo «buitre de bancarrota»[*]; ante la protesta del fiscal, el Presidente lo amonestó de la siguiente y suave manera: «No creo que sea un término técnico». La traidora «solución ideal» de Hitler, que preveía el establecimiento de una dictadura triunviral que habría de gobernar sin parlamento, siguiendo una línea rigurosamente derechista y que debería contar contra el gobierno nacional con el apoyo de las tres divisiones bávaras para quebrar toda resistencia, fue calificada por el presidente como «realmente práctica, como la solución más sencilla y apropiada». La comisión de investigación descubrió asimismo que el Ministro de Justicia Dr. Gürtner se había inmiscuido reiteradas veces en el curso de la administración de justicia para favorecer a Hitler y sus partidarios. Durante la sedición, el hijo de ese ministro había apresado como rehenes a 24 judíos, entre ellos un anciano de 74 años, trasladándolos a una cervecería. La Cámara Penal rehusó iniciarle juicio «porque el imputado no tuvo conciencia de estar cometiendo un acto desautorizado o ilegal».

---

18 El profesor ROTHENBÜCHER, catedrático de derecho político ha hecho una apreciación jurídica de su conducta en su trabajo *Der Fall Kahr* (Índice bibliográfico, Nº 160).

19 Cfr. HÖGNER, Índice bibliográfico, Nº 92.

* Trátase de un juego de palabras. Hemos traducido la voz *Pleitegeles* por su significado literal en alemán: «buitre de bancarrota». En su idioma de origen, el idisch, sirve para designar al quebrado fraudulento.

Los graves síntomas de decadencia que mostró la justicia penal en los procesos políticos en la época de la República de Weimar, pueden ser analizados con especial claridad a base del proceso contra Hitler y las causas seguidas contra sus simpatizantes. El tribunal y su presidente ya ni intentaron crear la apariencia de que se proponían defender el gobierno constitucional contra ataques sediciosos. En ningún otro caso un presidente de tribunal osó llegar al extremo de calificar la «solución ideal» propugnada por los golpistas, que consistía en abolir la Constitución de Weimar y establecer una dictadura triunviral sin parlamento, como la solución más práctica, simule y adecuada. Bajo la conducción de von Kahr, el Estado de Baviera había puesto de manifiesto su desdén por la constitución nacional violándola abierta y reiteradamente. El magistrado Neidhardt estimó conveniente hacer otro tanto. Demostró así a los jerarcas y radicales de derecha de Baviera que nada tenían que temer de su tribunal si proseguían sus actividades subversivas.

5. Traición a la patria

En la Alemania imperial existían solamente las fuerzas armadas nacionales. En la República de Weimar coexistieron junto con las fuerzas legales la *Schwarze Reichswehr* y muchas otras organizaciones ilegales de los radicales de derecha. La justicia penal creyó deber suyo impedir toda revelación de la existencia de esas fuerzas y agrupaciones por aplicación de los §§ 87 y sigtes., especialmente del § 92 N° 1, del StGB. Como esos preceptos no eran aptos para ser aplicados a los hechos a juzgarse, se los interpretó análoga y extensivamente, para llegar al resultado deseado. Al hacer esto, olvidó que su misión consiste en la interpretación estricta e imparcial de las leyes penales, pero no en el empleo de la maquinaria judicial para combatir publicaciones que ella, desde el punto de vista radical derechista, estimaba nocivas. Esto contribuyó también a quebrantar la seguridad jurídica y a hacer perder al pueblo la confianza en la justicia. No es casualidad que el primer proceso de esa índole, que podría llamarse un proceso de ensayo, tuviera lugar en Baviera, donde ya imperaba una fuerte tendencia fascista. Ese proceso fue el de Felix Fechenbach, acusado de traición a la patria, en cuya causa intervine como defensor. El juicio causó gran consternación tanto en el país como en el extranjero. La errónea sentencia no pudo ser mantenida. De los once años de presidio que se le impusieron, el condenado sólo tuvo que cumplir dos.

Caso N° 45 (Félix Fechenbach)[20]: Los tribunales populares de Baviera habían sido establecidos el 16 de noviembre de 1918 por una ordenanza del gobierno de Eisner para el juicio sumario de las causas de asesinato, homicidio simple, saqueo y robo con violación de domicilio. Como se trataba de tribunales especiales, eran inconstitucionales. Carecían de todas las garantías que requería una actividad jurisdiccional ordenada. Contra sus sentencias no

[20] Ver al respecto Índice bibliográfico. Nos. 88, 90, 89, 46, 32 y 146.

cabían recursos, ni siquiera el de revisión. En consecuencia, los tribunales podían determinar el alcance de la recepción de prueba a su arbitrio y dictar sentencias por las cuales no tenían que rendir cuentas ante ninguna instancia superior. Después de la muerte de Eisner, su competencia fue extendida por una ley del 12 de julio de 1919 a los casos de alta traición y traición a la patria. Se resolvió explotar esos organismos especiales con fines políticos.

Fue uno de esos tribunales el que juzgó a Félix Fechenbach. Este había sido secretario de Eisner, con quien había actuado en la dirección de la revolución del 8 de noviembre, lo que nunca le fue perdonado en Baviera. La instrucción previa estuvo a cargo del mismo juez que luego presidiera el plenario, lo que constituía una flagrante violación del § 23 II de la StPO. Hasta el apellido de ese juez era ominoso: se llamaba Hass (odio).

Eisner creía que redundaría en beneficio de Alemania, vencida en la gran contienda, si se publicaban documentos sobre la culpa del gobierno imperial y de sus hombres públicos para manifestar así un apartamiento del pasado y de la guerra. Esperaba que de ese modo la Entente acordara condiciones de paz más benignas. Su discípulo Fechenbach creyó, después del asesinato de Eisner, que era su deber continuar esa política. Era socialista, pacifista ferviente y un enemigo declarado del comunismo. Según el dictamen del perito Dr. Thimme, editor de la publicación de las actas oficiales, se trataba de un hombre de excepcionales dotes políticas y de un excelente periodista. Sabía que el gobierno nacional preparaba una publicación titulada *Die Grosse Politik der Europäischen Kabinette* 18711914 (La gran política de los gabinetes europeos de 1871 a 1914), que contendría muchos documentos que acusaban gravemente al gobierno imperial y especialmente a Guillermo II. Fechenbach creía obrar conforme a esa línea.

El presidente del tribunal, Dr. Hass, consejero del Superior Tribunal Regional, había actuado durante la guerra en el servicio alemán de contraespionaje, lo que no dejó de tener influencia sobre la posición que adoptó en esa causa. El Dr. Thimme, un historiador de tendencia conservadora, dejó la siguiente constancia de la impresión que le causó ese magistrado: «Durante todo ese debate, que se prolongó por diez días, me estremecía tener que comprobar una y otra vez en qué grado el consejero Hass estaba dominado por sus prejuicios y por su animosidad hacia el acusado Fechenbach, al punto de mostrarse totalmente ciego y sordo a toda razón, lógica y hasta a los más elementales sentimientos de humanidad».

Fechenbach estaba acusado de traición a la patria por haber entregado los días 16 y 20 de abril de 1919 al periodista suizo Payot, a pedido de éste, dos documentos, uno de los cuales era un memorándum de Erzberger, en el cual éste exponía sus planes de anexión panalemana para el caso de un triunfo alemán, y un telegrama de von Ritter, enviado de Baviera ante el Vaticano, fechado el 24 de julio de 1914 y dirigido al gobierno bávaro, del siguiente tenor:

«Telegrama Nº 26. Roma, 24 de julio de 1914, 18.35 horas. El Papa presta su apoyo a la recia actitud de Austria hacia Servia y no asigna gran valor a los ejércitos ruso y francés para el caso de una guerra con Rusia. El Karsek[21] espera igualmente que Austria se muestre firme esta vez y no sabría en qué otra oportunidad podría lanzarse a la guerra si no está dispuesta a reprimir con las armas una agitación extranjera que ha conducido al asesinato del heredero del trono y que por lo demás pone en peligro, dada la actual constelación, la existencia misma de Austria. Se manifiesta aquí el gran temor que siente la Curia ante el Paneslavismo».

Además de esto, Fechenbach había escrito algunos informes para la oficina de prensa Gargas, que ésta había trasmitido en parte a la prensa extranjera. Gargas, ex abogado vienés, era germanófilo y había trabajado durante la guerra en la Legación Alemana de La Haya. Más tarde había sido asesor sobre asuntos polacos en el Ministerio de Relaciones Exteriores. Fechenbach no tenía pues por qué tener reparos en entregar esos informes sobre la situación alemana a esa persona. Los informes que según la sentencia configuraban traición a la patria se referían casi exclusivamente a las organizaciones ilegales de los radicales de derecha, que en su opinión eran enemigos mortales de la República de Weimar, tales como la Orgesch, la Orka, el Círculo Universitario de la Estirpe Alemana, la Liga Patriótica de Realistas, el Casco de Acero y la Milicia Popular Bávara. Al respecto, Fechenbach dio las siguientes explicaciones: «Tanto en Alemania como en el extranjero, debía llamarse públicamente la atención, por medio de reiteradas publicaciones, sobre el carácter nocivo de las organizaciones reaccionarias que actúan en Baviera, para que el gobierno alemán se viera movido a proceder contra ellas».

El tribunal disponía de un dictamen jurídico de la Fiscalía del Tribunal Supremo, que usó secretamente, sin proporcionárselo a la defensa. Cuando examiné el expediente, no se encontraba allí, ni llegué tampoco a verlo nunca. También este proceder ilegal recuerda al caso Dreyfus, con el cual se comparó a menudo el de Fechenbach. En el juicio de Dreyfus, también se envió a los jueces, a la sala de deliberaciones, un legajo que sirvió de fundamento a la sentencia, pero que no había sido objeto de debate ni había sido mostrado a la defensa.

Por fallo del 20 de octubre de 1922, el Tribunal Popular de Múnich condenó a Fechenbach, por haber trasmitido el telegrama de Ritter, a diez años de presidio. No se lo condenó por la entrega del memorándum de Erzberger, pues éste había sido publicado ya anteriormente por dos diarios de Múnich, no pudiendo por ende considerárselo secreto. En el caso Gargas Fechenbach fue condenado a cinco años de cárcel. Ambas penas fueron resumidas en once años de presidio.

Con respecto al mencionado telegrama, la sentencia declaró que su publicación había causado grave daño a Alemania en las negociaciones de paz

[21] Abreviatura de Cardenal Secretario de Estado.

y sobre todo paralizado los intentos de la Curia de hacer menos gravosas las condiciones. Fechenbach habría sabido estoy por lo tanto traicionado a su patria. Se le inhabilitó por diez años para ejercer los derechos civiles y políticos. Por los informes suministrados a Gargas, declaró el tribunal, se desprendía que Fechenbach perseguía a todos los elementos burgueses con un odio fanático. Resumiría bajo el nombre de «contrarrevolución bávara» todo lo que era contrario a sus opiniones y lo combatiría con un apasionamiento ardiente. En este caso no habría intención honorable.

El debate duró diez días. En la oficina de Gargas se habían confiscado 1800 informes. Este debía de ser un «espía» sumamente extraño, puesto que había guardado todos los informes en carpetas, expuestas abiertamente en su oficina. Como los tribunales populares de Baviera no conocían el escrito de acusación, solicité, en mi calidad de defensor, que el fiscal indicara cuáles eran los informes a los que se refería la acusación. El Presidente se adelantó al fiscal replicando: —Veo que usted quiere comprometer al fiscal, por razones que no alcanzo a entender bien—. Al oír esto, se levantó el viejo consejero de justicia Bernstein, defensor del acusado Lembke, manifestando que el Ministerio Público tenía la obligación de definirse, porque el acusado tenía derecho a saber por cuáles informes se lo acusaba; de lo contrario, el procedimiento no se ajustaría a lo debido. Tras un intervalo en el debate, el Presidente dio directivas al fiscal para que indicara, al hacer la lectura de cada Informe, si lo incluía en la acusación. Cumplido esto, el Presidente comentó en tono de reproche: —Otro fiscal habría declarado punible más de un informe de los que aquí se ha desistido de incluir en la acusación.

Ya antes del debate me había llamado la atención el celo que el Dr. Hass desplegaba justamente en este asunto. Fue el único caso en toda mi carrera en el que sólo pude examinar el expediente con el permiso del juez y bajo la supervisión de éste. Su doble papel de juez de instrucción y presidente del plenario puso de manifiesto prontamente las infaustas consecuencias de esa duplicidad de funciones, que está en pugna con cualquier ordenamiento correcto de la justicia penal. Era ostensible que inició el plenario con el firme propósito de condenar a Fechenbach a una larga pena de presidio. Esto se vio en seguida en la forma en que interrogó al acusado, lo que hizo a la manera de un Torquemada. Los vocales eran mudos figurantes de los cuales no tenía que temer oposición alguna. Los dos escabinos del tribunal no habían sido elegidos por la suerte, sino designados. Los escogidos eran pequeños burgueses «de confianza», dispuestos a colaborar en todo lo que el Presidente recomendara disponer en contra de políticos de tendencia izquierdista. De lo contrario, se habrían opuesto, al menos en este caso, al exorbitante monto de la pena.

Era evidente que el Dr. Hass contemplaba la actividad periodística de Fechenbach como una traición al pueblo alemán, considerando como agravante la participación que éste había tenido en la revolución bá vara del 8 de noviembre de 1918. En toda la causa, obró, según parece, de buena fe, a diferencia de lo que hiciera su colega, el consejero Neidhardt, en el proceso de

Hitler. El Dr. Hass era un típico patriota de mesa de tertulia para el cual la fuente de toda su doctrina política era el editorial de su diario nacional-alemán, que no tenía ni la menor noción de política internacional, de movimientos obreros, o de libertad de prensa. Esto se vio con toda claridad por la manera en que reaccionó a mi pedido de que se recurriera a un perito en asuntos políticos. Manifestó que el tribunal tenía la convicción unánime de contar con los suficientes conocimientos especializados sobre todas esas cuestiones; pero accedió a citar al perito Dr. Thimme. Durante el Interrogatorio del acusado y de los testigos, brotaron de su boca verborragias interminables sobre problemas políticos de los que nada entendía, y que cerraba siempre preguntando con tono indignado: ¿qué importaba esto a los países extranjeros?

Su ignorancia en materia política quedó manifestada claramente en los considerandos de la sentencia. Todo observador imparcial tenía que comprender por el texto del telegrama de Ritter que éste sólo podía comprometer a la Curia, pero nunca a Alemania. Se trataba de un documento sin importancia alguna, que de ningún modo podía influir en las condiciones del tratado de paz, porque éstas ya habían sido establecidas al ser publicado el telegrama por Payot. Los considerandos decían que esa publicación había impedido a la Curia intervenir en las negociaciones a favor de Alemania. Ante la creciente indignación que este proceso provocaba en el país, la Comisión de Relaciones Exteriores del Parlamento Alemán fue encargada, después de la sentencia, de reexaminar ese punto. Se formó una comisión Investigadora especial, que llegó a las siguientes conclusiones:

«1. No está claramente establecido qué Influencia pudo haber tenido la publicación del llamado telegrama de Ritter sobre la situación de Alemania en las negociaciones de paz; ni la delegación en Versalles, ni el Ministerio de Relaciones Exteriores en Berlín le dispensaron atención.

2. Por un convenio celebrado en la primavera de 1915 entre Italia, Inglaterra, Francia y Rusia, la Curia quedaba excluida de participar en las negociaciones de paz. Los considerandos no mencionan este hecho».

El Presidente del Senado, Freymuth, constató que la delegación alemana fue citada a Versalles para el 25 de abril para recibir el texto fijado para las preliminares de paz por un telegrama de la Entente de fecha 18 de abril de 1919. Como Payot recibió el documento de manos de Fechenbach en Múnich entre el 16 y el 20 de abril, publicándoselo en el diario francés Le Journal sólo el día 29 —no por obra de Payot y en una forma no autorizada por éste— queda demostrado que el telegrama no pudo haber tenido influencia alguna sobre las negociaciones. Tales eran los fundamentos de la sentencia por la cual se condenó a Fechenbach a diez años de presidio e inhabilitación civil y política.

El tribunal no se ocupó mucho en determinar en qué medida puede la ley proteger contra denuncias a organizaciones ilegales cuya meta es la subversión del orden constitucional vigente. Se limitó a establecer que esos documentos y noticias tenían que permanecer en secreto para otros gobiernos y que toda publicación de esos secretos violaba el § 92 Nº 1 del StGB. De ese modo el proceso a Fechenbach inició una larga cadena de procesos por traición a la patria, seguidos contra periodistas que denunciaban esas organizaciones ilegales e inconstitucionales y el rearme secreto con el fin de salvaguardar la paz y la República de Weimar. Se cumplió así la finalidad de esos juicios, que era la de hacer callar a los periodistas pacifistas e izquierdistas, y proteger a las organizaciones fascistas cuyo objetivo era provocar la caída del gobierno nacional y la abolición de la Constitución imperante. La justicia política tomó así bajo su amparo a los enemigos mortales del orden democrático vigente.

Ninguno de quienes estuvieron presentes podría olvidar el acto de pronunciamiento de la sentencia. Erguido y con semblante imperturbable, el Presidente hizo su aparición en la sala acompañado de los vocales. Pasó más de cuatro horas leyendo los considerandos, para pronunciar por último la sentencia por la cual condenaba a Fechenbach a once, a Gargas a doce y a Lembke a diez años de presidio. El auditorio permaneció mudo y horrorizado.

La lucha contra esa sentencia comenzó en seguida. Al ser trasladado al presidio, Fechenbach me dijo: Esto durará de dos a tres años. Luego saldré en libertad. Por mi parte, le prometí no descansar hasta lograr la revocación del fallo. En virtud de una antigua ordenanza bávara, el Presidente había impuesto a todos los intervinientes la obligación de mantener en secreto todo el debate y la sentencia; su violación se castigaba con prisión. Esto entorpecía mi tarea. Proclamada la sentencia, solicité que se me expidiera un testimonio de la misma. El Dr. Hass rechazó mi pedido, lo que prueba a qué consecuencias disparatadas puede conducir un procedimiento ilegal. Llamé entonces por teléfono a Neidhardt, Presidente del tribunal de primera instancia, manifestándole que insistía en que se me expidiera ese testimonio. Señalé que el *Münchner Neueste Nachrichten* y otros diarios habían publicado de esa sentencia extractos que les habían sido suministrados por el mismo tribunal. La negativa de expedir un testimonio al abogado defensor sería ilegal. Se me hizo entonces entrega del testimonio solicitado, con el cargo de no entregárselo al condenado.

A la vanguardia en la lucha contra esta sentencia marchó la prensa democrática, que se basó para ello en las publicaciones de Thimme y Freymuth, así como en mis escritos. Tan grande llegó a ser la indignación que suscitó este fallo que amenazaba las bases del Estado y la libertad de prensa, que el gobierno de Baviera creyó necesario defenderlo públicamente en las sesiones del parlamento estadual del 16 y 17 de noviembre de 1922. El Ministro de Justicia manifestó que había sido un justo castigo para un sujeto peligroso que perjudicaba al pueblo alemán. Mas esto no acalló, sino que por el contrario avivó la lucha contra esa sentencia. La Liga de Jueces Republicanos ejerció públicamente una severa crítica contra la misma, acompañándola de detallados fundamentos, lo que el *Deutsche Richterzeituitg* calificó de «hecho insólito». Hasta la prensa extranjera comenzó a ocuparse del caso. El Times publicó el 28 de mayo de 1923, bajo el acápite de «Un Dreyfus alemán», un comentario del folleto de Freymuth. La Liga de los Derechos Humanos organizó reuniones de protesta. Pero el vuelco decisivo fue debido a un artículo del profesor Kitzinger, de Múnich, comentarista de la ley de prensa. Este señaló que la acción contra Fechenbach, en el supuesto caso de que el hecho hubiera sido punible, habría prescrito a los seis meses, conforme a la citada ley. Era ésta una defensa que se le había escapado no sólo al Presidente, al fiscal, al tribunal y al presidente del Senado, sino también a mí. Por paradójico que sea, ese error del defensor fue lo que permitió salvar a Fechenbach. El Tribunal Supremo estableció que la excepción de prescripción estaba fundada en el caso Payot, pero no en el caso Gargas. Si yo hubiera opuesto la excepción, el tribunal habría impuesto a Fechenbach una larga pena de presidio solamente por el caso Gargas, tal como hizo con el mismo Gargas y con Lembke, y el gobierno de Baviera habría sostenido esa sentencia.

Los días 2 y 3 de julio de 1923, el Parlamento Nacional se ocupó del caso Fechenbach. La sentencia fue duramente atacada por el diputado Dittmann, a quien yo había proporcionado los informes correspondientes, y por el profesor Radbruch, del Partido Socialdemócrata; también el Dr. Best, del partido del Centro, criticó el procedimiento y el fallo. Ningún diputado, con excepción de los miembros del Partido Populista Bávaro, se atrevió a defenderlo. En vista de esa reprobación unánime, el gobierno de Baviera creyó prudente hacer una concesión, que resultó ser, sin embargo, una dolosa concesión ficticia. Por intermedio de su representante en el Consejo Nacional, Dr. Preger, hizo saber que si Fechenbach solicitaba un indulto, recabarían un dictamen del Superior Tribunal Regional de Baviera que serviría para fundarlo.

La defensa se vio colocada así, al igual que los defensores de Dreyfus luego de la sentencia dictada en Rennes, ante una grave alternativa: como Fechenbach había sido injustamente condenado en un procedimiento ilegal, tenía derecho a una revocación del fallo, conforme al procedimiento de ley, y no a una mera gracia. Pero como los inconstitucionales tribunales populares de Baviera no admitían recurso alguno, ni siquiera el de revisión, la defensa debió considerar esa vía como un sustituto de la casación o de la revisión, por lo cual procedí a solicitar el indulto. En la solicitud censuré sesenta irregularidades, cada una de las cuales habría bastado por sí sola para fundar la casación. Para fundar la sentencia se habían usado carpetas enteras de documentos que no habían sido objeto del debate ni se habían puesto a disposición de la defensa. Esto también constituye un paralelismo ostensible al «dossier secret» del caso Dreyfus. Se había recibido declaración a siete testigos sin tomarles juramento, sin haber dictado una resolución y sin indicar en las actas algún motivo de esa omisión. De esto se desprende la excitación histérica con que el Dr. Hass había conducido el debate.

El 30 de octubre de 1923, el Superior Tribunal Regional de Baviera presentó su dictamen. Igual que anteriormente la sentencia, no se corrió traslado del mismo a la defensa. Sólo llegó a mis manos varios meses después, el 1' de marzo de 1924. Su redactor era el consejero von der Pfordten, quien el 9 de noviembre de 1923, o sea a poco de confeccionar esa obra de arte jurídica, participaría con su caudillo Adolfo Hitler en la marcha sobre el parque Odeon, perdiendo allí la vida. El dictamen ya no tenía nada que ver con la justicia. Sólo buscaba ser negativo en todos los puntos a fin de facilitar al gobierno de Baviera el rechazo del indulto. Admitía que no se había indicado el motivo por el cual no se había tomado juramento a cuatro de los testigos, pero sostenía que las deposiciones de éstos habían sido irrelevantes a los efectos de la sentencia. La excepción de prescripción en virtud de la ley de prensa se declaraba infundada. Y se restaba importancia al empleo de documentos que no habían sido objeto del debate.

En vista de esa situación desesperada, apelé al socorro de la ciencia penal alemana. Solicité a los penalistas más destacados que se expidieran sobre el procedimiento y la sentencia. Conste, en honor de la ciencia alemana, que todos los eminentes juristas requeridos, con excepción del profesor Kohlrausch, accedieron a prestar su dictamen. Los profesores de derecho penal Graf zu Dohna (Heidelberg), Kantorowicz (Friburgo), Kitzinger (Múnich), Liepmann (Hamburgo), Mendel sohnBartholdy (Hamburgo), Mittermaler (Giessen), Oetker (Wurtzburgo), Radbruch (Kiel) y Wach (Leipzig), varios de los cuales eran de ideas políticas muy derechistas, presentaron sus dictámenes. La crítica que hicieron del procedimiento, de la sentencia y del dictamen presentado por el Superior Tribunal Regional de Baviera fue demoledora. El Dr. Thimme y yo publicamos esos dictámenes, ante lo cual el fallo se desmoronó definitivamente. El Gobierno de Baviera decidió no correr otros riesgos. Indultó a Fechenbach, poniéndolo en libertad en la Navidad de 1924.

Finalmente, el Parlamento Nacional impuso, contra la tenaz resistencia de Baviera, una ley que permitía la revisión de las sentencias dictadas por los tribunales populares bávaros. Sobre la base de esa *Lex Fechenbach*, presenté al Tribunal Supremo un pedido detallado de revisión de ese proceso. El Tribunal declaró fundada la excepción de prescripción en el caso Payot; la sentencia quedaba así revocada y el procedimiento sobreseído, pero el tribunal se dispensaba del examen de todas las demás irregularidades procesales y de fondo. Para el caso Gargas, la sentencia fue confirmada. Con ello se abrió la vía para ulteriores persecuciones de periodistas y políticos pacifistas de izquierda, que buscaban denunciar las organizaciones y rearmes ilegales para conjurar el peligro que éstos implicaban.

Por último, el gobierno de Hitler liquidó el caso Fechenbach con los sanguinarios métodos que le eran propios. Fechenbach fue muerto en mayo de 1933 al ser transportado al campo de concentración de Dachau. Como de costumbre, se pretextó que había intentado fugarse. Cómo una persona puede ser muerta en un intento de fuga por un tiro en la frente, es uno de los muchos secretos que guarda el terrorífico régimen hitleriano[22].

---

[22] FREYMUTH escribió un epílogo para este caso, titulado *Fechenbach Feststellungen für die Geschichte*, en *Justiz*, tomo II, págs. 366 y sigtes. Cfr. HIRSCHBERG, *Der Fall Fechenbach*, en *Justiz*, toma I, pág. 46.

El mentado dictamen de la fiscalía, que no fue dado a conocer a la defensa, está consignado en la sentencia como sigue: «el delito-tipo objetivo previsto en el § 92 I existirá en todo caso en que la publicación por la prensa encierre la acusación, expresa o tácita, de que las autoridades alemanas favorecen la existencia de depósitos de armas, etc., en contravención con el tratado de paz y la legislación interna. En las publicaciones de ese tipo, el centro de gravitación no está en la comunicación de la existencia de un arsenal prohibido o de algo semejante, sino en la afirmación de que las autoridades alemanas contravienen secretamente las obligaciones emergentes del tratado de paz». No es necesario explicar que de ese modo se emprendía una aplicación extensiva del § 92 I del StGB para fines que no eran el objetivo de la ley. Para continuar nuestro análisis de las sentencias erróneas en los procesos por delitos políticos, expondremos finalmente el caso Bullerjahn. Es digno de recordar por haberse visto obligado el Tribunal Supremo a revocar su propia sentencia en el juicio de revisión, lo que nunca había ocurrido antes en ese organismo.

Caso Nº 46 (Bullerjahn): Walter Bullerjahn, administrador de un depósito, ocupaba un puesto de confianza en un importante consorcio industrial. Nunca había participado en política y, sobre todo, no estaba afiliado a ningún partido radical. Carecía de antecedentes, se había hecho merecedor de la Cruz de Hierro durante la guerra y gozaba de excelente reputación.

Se lo acusó ante el Tribunal Supremo de haber revelado secretos militares y traicionado a su patria. El principal testigo de cargo había informado a la policía que sabía, por referencia de otras personas, que Bullerjahn había ofrecido a la sección inglesa de la Comisión Militar Internacional la revelación de secretos militares. Como los ingleses habían rechazado su ofrecimiento, se habría dirigido a la sección francesa, donde un teniente le habría pagado 1200 o 1400 marcos a cambio de esos datos.

El acusado negó categóricamente que esto fuera cierto. El mencionado testigo no fue nombrado ni interrogado durante el debate, de modo que Bullerjahn no pudo comprobar quién lo acusaba, ni hacerle preguntas, ni ofrecer pruebas en contrario. Sólo se tomó declaración como testigos a tres funcionarios de la policía criminal que habían interrogado a ese anónimo confidente. La sentencia decía: «según las declaraciones prestadas bajo juramento de los testigos Krüger y Geyer, de los dos jueces de instrucción y del comisario de policía Göpner, el confidente anónimo está a prueba de toda sospecha en cuanto al crédito que merece y a su imparcialidad personal. Ha suministrado a los tres testigos las siguientes informaciones. Los tres testigos que han interrogado al susodicho confidente tienen instrucciones expresas de sus superiores de no dar a conocer mayores datos sobre el nombre y la persona del mismo al ser interrogados como testigos ante la Sala correspondiente. La autorización para que se tome declaración a un funcionario puede ser restringida a hechos determinados».

Existían también contra Bullerjahn algunos indicios, que no pude sin embargo estudiar por no haber tenido a la vista el expediente. Es seguro que no habrían bastado por sí solos para justificar la condena.

Sobre la base de este resultado de la recepción de prueba, Bullerjahn fue condenado a 15 años de presidio. Se aplicaba así, en una causa de traición a la patria, la pena máxima aplicable a una persona sin antecedentes penales, sin que el acusado pudiera enterarse siquiera del nombre de su acusador, y mucho menos contar con la posibilidad, acordada por la ley, de serle confrontado y de hacerle formular preguntas y oponer objeciones por intermedio de su defensor. No tenía ninguna posibilidad de poner en tela de juicio la credibilidad del denunciante, como tampoco la tenía el Tribunal Supremo de formarse un juicio sobre el crédito que éste merecía. Se contentó con la afirmación de los funcionarios policiales de que estaba a prueba de toda sospecha.

Más tarde se descubrió que el mentado confidente no era de manera alguna digno de crédito, sino por el contrario una fuente en extremo dudosa. En consecuencia de ello, el Tribunal Supremo se vio precisado a revocar su propia sentencia en el juicio de revisión y a absolver al acusado.

Trágico es el espectáculo que acabamos de reseñar, a través de estos casos de la justicia política. Los mismos actos por los cuales comunistas o políticos y periodistas de izquierda fueron castigados con extrema severidad, quedaron impunes merced a toda suerte de argumentos pseudojurídicos cuando los autores eran políticos u homicidas de filiación derechista radical.

La mayoría de los jueces alemanes negó a la República y a sus principales figuras directivas la debida protección contra injurias e incluso contra el homicidio político cometido por hostilidad a la República. Las intenciones de los comunistas fueron siempre vilipendiadas, en tanto que las de los radicales de derecha, incluso cuando habían cometido homicidios políticos, se calificaron siempre de honorables, llegando muchas sentencias al extremo de ensalzarlas como «patrióticas». Contra éstos no se instruyó ni un solo proceso por alta traición, aunque los preparativos estuvieran documentados. Especialmente tratándose de nacionalsocialistas, fueran dirigentes o simpatizantes, las disposiciones penales no se aplicaron en absoluto o usando máxima benignidad en la elección del grado de la pena y del parágrafo por el cual se los condenaba.

Un análisis científico debe por lo tanto llegar a la conclusión de que la justicia penal en causas políticas presentaba en la República de Weimar graves síntomas de decadencia que, con sus fallos erróneos, contribuyeron al socavamiento y definitivo derrumbe del Estado de derecho democrático en Alemania. Las sentencias erróneas expuestas, que por supuesto sólo representan una fracción de esas resoluciones, dado que no incluyen las incontables omisiones de persecuciones criminales contra radicales de derecha, no pueden ser explicadas simplemente desde los puntos de vista psicológico y criminalístico, como las sentencias erróneas en los procesos comunes. Antes bien se trata de fenómenos patológico-sociales.

Ya en 1906 señalaba Liszt:[23] «Desde la primera década de la fundación del Imperio Alemán, la judicatura ha pasado a ser en grado creciente, y especialmente en Prusia, un privilegio de los estratos económicos superiores del pueblo... En consecuencia, el juez penal está dominado, ya por su sola ascendencia, como por la influencia de su ambiente, por rígidas concepciones de clase, las cuales, como no puede ocurrir de otra manera, son con harta frecuencia prejuicios». La parcialidad de clase de muchos jueces sólo tuvo su manifestación funesta durante la República de Weimar. En la Alemania imperial esos jueces eran partidarios de la forma de Estado establecida y de sus instituciones. En la República de Weimar, la mayoría de ellos eran hostiles al nuevo Estado democrático.

Las opiniones políticas que sustentaban los fallos consignados revelan una concepción estrecha en materia de cuestiones políticas, condicionada por un ambiente de ideología homogénea. El carácter complicado de los problemas políticos era desconocido para esos jueces. Su horizonte político generalmente no iba más allá de la lectura de los editoriales de los diarios y de sus conversaciones con correligionarios de su medio social. El intento de convertir a Alemania en un Estado de derecho democrático y de combatir a las organizaciones y políticos del radicalismo de derecha conjurados para subvertir la constitución imperante, les resultaba indeseable y odioso. Como también en la República de Weimar la mayoría del pueblo alemán quiso defender hasta el otoño de 1932 esa constitución y el Estado de derecho, la justicia penal se apartó del pueblo colocándose al lado de aquellos políticos y organizaciones que equivocadamente juzgaba como «patrióticos». De ahí nació una grave crisis de desconfianza hacia la justicia penal.

Entre los guardianes de la constitución y del Estado de derecho figura en primera línea la justicia. La justicia penal de la República de Weimar no comprendió que una sola violación de la ley cometida por un fallo judicial, como ya advirtiera Ihering, invalida la Constitución y el Estado de derecho. De ese modo la justicia contribuyó decisivamente a la caída de la Constitución de ese Estado. Tiene por lo tanto su parte de responsabilidad en la catástrofe que significó el régimen de Hitler.

Mas para ser justos es preciso dejar constancia que no es ella sola la responsable. Comparte esa responsabilidad con los gobiernos que se fueron sucediendo y que tampoco comprendieron o no quisieron comprender que una sola violación de la Constitución y de las leyes abroga la Constitución y el Estado de Derecho.

---

[23] Citado en *Justiz*, tomo II. pág. 149.

CAPÍTULO III

SENTENCIAS ERRÓNEAS EN PROCESOS POR DELITOS POLÍTICOS. OTROS PAÍSES

En otros países, sobre todo en los Estados Unidos, las sentencias erróneas en procesos por delitos políticos no son menos frecuentes ni menos graves que las anteriormente citadas, lo que nada tiene de sorprendente, ya que las causas políticas y psicológicas son similares. Pero lo que sorprende es que la criminalística europea apenas se haya ocupado hasta el presente de estos interesantes problemas. Este material, tan importante desde el punto de vista científico, no está aún aprovechado. Dado su volumen, su análisis exigiría naturalmente un estudio por separado. En este libro, sólo podemos dar, para finalizar, algunas referencias someras.

La misión de combinar la protección del Estado contra ataques delictuosos con la tutela de las libertades democráticas, en la que fracasaron completamente el Tribunal Supremo y la Corte de Justicia del Estado en la República de Weimar, corresponde en los Estados Unidos a la Suprema Corte, con sede en Washington. En las épocas de conmoción política, en las que los tribunales de jurados se hallan expuestos en grado aún mayor al peligro de dictar fallos erróneos en procesos por delitos políticos, especialmente tratándose de violaciones de derecho contra minorías raciales, la Suprema Corte ha probado ser la roca que sirve de basamento seguro a la Constitución. Este organismo vela para que las libertades constitucionales no sean lesionadas. Los jueces que la integran son vitalicios, siendo nombrados por el Presidente de los Estados Unidos con aprobación del Congreso. Resuelven por mayoría, teniendo los que han quedado en minoría el derecho de consignar una «*dissenting opinión*» (disidencia), que a menudo es más interesante que el fallo mismo. Los fallos tienen fuerza de ley hasta ser modificados. Pero hasta este supremo tribunal se ha mostrado fluctuante en las épocas de gran excitación política. La democracia no es estática, sino dinámica. Hasta en una democracia tan antigua y tan firmemente consolidada como la de los Estados Unidos, las libertades constitucionales se encuentran ocasionalmente amenazadas. La libertad debe ser diariamente conquistada de nuevo.

Una amenaza especialmente grave para esas libertades surgió después de la segunda guerra mundial, cuando el *Committee on Unamerican Activities* y el *Internal Security Committee* del Congreso comenzaron a realizar interrogatorios de acusados políticos y de testigos, en los que ya no se guardaban las libertades constitucionales como el derecho del acusado de no declarar contra sí mismo (Enmienda Quinta), la libertad de expresión y de prensa (Enmienda Primera), el derecho de ser confrontado con el testigo de cargo (Enmienda Sexta) y el derecho a un proceso libre, justo e imparcial (*due process clause*, Enmiendas quinta, sexta y decimocuarta). Sobre todo se creó con ello una duplicidad entre ese procedimiento y el procedimiento de los tribunales ordinarios, lo que tuvo consecuencias peligrosas. Los excesos cometidos por el senador McCarthy en esos interrogatorios e investigaciones, causaron tal escándalo en todo el mundo que se habló del «maccarthyismo» en los Estados Unidos, lo que causó grave daño al prestigio de esa democracia. Pero a diferencia de la República de Weimar, la democracia estadounidense dio prueba de su vigor y superó esa amenaza de un modo tan completo que en los últimos tiempos antes de su muerte el nombre de McCarthy apenas era ya mencionado.

Fundamentalmente, aunque no sin vacilaciones, la Suprema Corte ha sostenido la doctrina de que un discurso o publicación de carácter subversivo sólo es punible si representa un *clear and present danger* (peligro claro y presente) para el gobierno constitucional. En el fallo Schenk vs. Estados Unidos 249 US 47 (1919) la Suprema Corte sostuvo que se daba ese caso y confirmó la sentencia condenatoria. Pero los jueces Holmes y Brandeis se pronunciaron en disidencia, sosteniendo que un peligro no podía ser «claro y actual» si no era «inminente», o sea si el ataque no estaba a punto de suceder. Esta doctrina fue luego aceptada en el fallo Whitney vs. California 274 US 357 (1927). Pero también los fallos de este tribunal dependen de situaciones políticas de momento, como lo prueba el hecho de que en el período de la «guerra fría» con Rusia, en 1951, ese criterio fue abandonado. En el gran proceso contra dirigentes comunistas, la Suprema Corte confirmó la condena en el fallo Dennis vs. Estados Unidos 341 US 623 (1951), sosteniendo que bastaba que el peligro para el Estado fuera verosímil. Para comprender este fallo, debe tenerse en cuenta, sin embargo, que en el ínterin el Congreso había sancionado en 1940 la Smith Act (Alien Registration Act) y en 1950 la Internal Security Act, que declaraban punibles todo género de actividad e incluso la afiliación al partido comunista. Esta vez votaron en disidencia los jueces Frankfurter y Jackson. Remitieron a un juicio de Thomas Jefferson: «para el justo fin del gobierno civil basta que se intervenga cuando estallen abiertamente principios contrarios a la paz y al buen orden». Conforme a esto, la libertad de palabra no debía tocarse mientras los provocadores no pasaran de dichos a hechos. El juez Douglas escribió en su nota de disidencia: «la Primera enmienda dispone que el Congreso no debe sancionar ninguna ley que restrinja la libertad de palabra. La Constitución no prevé excepciones a este principio. Esto no significa, sin embargo, que la Nación no pueda hacer nada hasta encontrarse tan debilitada que no tenga ya tiempo para protegerse contra la incitación a «la revolución. La actividad subversiva siempre puede ser castigada... La Primera enmienda sienta la confianza en la razón y madurez de juicio de nuestro pueblo como postulado de nuestra democracia. Su filosofía es que pocas veces, o ninguna, podrá contenerse la violencia negando las libertades civiles a quienes predican el uso de la violencia». Remite luego al citado juicio de Thomas Jefferson y continúa diciendo: «siempre y cuando no se den circunstancias extremas, deberíamos empeñarnos en no tocar la libertad de palabra y recurrir sólo al proceso judicial cuando los provocadores pasen de dichos a hechos. En 1938 Vysinskij escribía en La ley del Estado soviético: 'en nuestro Estado no puede haber lugar, por supuesto, para la libertad de palabra, de prensa, etc. para los enemigos del socialismo'. Nuestra preocupación debería ser no permitir que se dé una situación semejante en los Estados Unidos. Deberíamos tener fe en que nuestro pueblo jamás dará su apoyo a quienes predican la violencia mientras nosotros permanezcamos fieles a los fines para los cuales nuestra Nación fue fundada».

Ese mismo año el tribunal confirmó una sentencia condenatoria en el caso Feiner vs. Nueva York 340 US 315 (1951), por haber continuado un orador un discurso provocador tras haberle prohibido la policía hacerlo. En tres notas de disidencia se sostuvo que las palabras provocadoras no bastaban por sí solas para configurar un hecho punible.

En el caso Gilbert vs. Minnesota 254 US 325 (1925), la Suprema Corte declaró válida una ley del Estado de Minnesota que penaba conferencias adoctrinadoras sobre pacifismo, lo que constituyó evidentemente un desliz si se lo contempla desde la época actual en la que todo estadista proclama su amor por la paz mundial. Por otro lado, en el caso Stromberg vs. California 283 US 359 (1931) se revocó una sentencia fundada en una ley del Estado de California que penaba la ostentación de una bandera roja como acto hostil al Estado. En el fallo de Jonge vs. Oregon 299 US 353 (1937), la mayoría sostuvo que una persona no podía ser penada por haber pronunciado un discurso en una reunión comunista, y en el fallo Herndon vs. Lowry 301 US 242 (1937), se resolvió que la distribución de literatura comunista no era punible por sí sola. Es posible que justamente esos fallos hayan movido al Congreso a sancionar la Smith Act de 1940 y la Internal Security Act de 1950, que condujeron a la persecución masiva de comunistas.

Tras todas estas oscilaciones en su doctrina, la Suprema Corte ha vuelto por fin decididamente bajo la jefatura de su nuevo presidente, el Chief Justice Warren, a la gloriosa tradición de defender las libertades constitucionales contra todos los peligros y de conceder la libertad de palabra aun en el caso de que se proclamen ideas revolucionarias, mientras esas proclamaciones no degeneren en actos hostiles al Estado. Ha restringido en gran medida la actividad de los comités del Congreso que ponían en peligro la división entre legislación, justicia y administración y destruían las existencias de los imputados sin concederles un juicio equitativo. Ha trazado una diferencia bien definida entre la propagación de ideas subversivas y la actividad subversiva misma, estableciendo así la impunidad de los meros actos de propaganda o de la mera afiliación. Aunque volvió a declarar válida la Smith Act de 1940, hizo de ella una interpretación restrictiva. De ese modo puso fin a las persecuciones de comunistas y a la creación de mártires a favor de ese partido, insignificante desde los puntos de vista intelectual y político y por el número de sus afiliados y que además está dividido por disensiones internas. Al mismo tiempo, la Suprema Corte ha tomado, bajo la presidencia de Warren, la vanguardia en la lucha contra el desconocimiento de los derechos a los negros, en las elecciones, en las escuelas y en los medios de transporte, abriendo así la primera brecha en un estado de cosas que perjudica en todo el mundo el prestigio de los Estados Unidos.

A diferencia de lo que ocurre, como viéramos (págs. 148 y sigtes.), con los tribunales de casación en Alemania, la Suprema Corte no está obligada por las comprobaciones de hecho de las instancias anteriores. El tribunal comprueba si se ha concedido al acusado un «*fair and unbiased trial*» (juicio equitativo e imparcial), conforme a la «*due process clause*» que establecen las Enmiendas Quinta, Sexta y Decimocuarta. Esto incluye el nombramiento de un defensor en los delitos más graves, la prohibición de penas crueles o descomunales (Enmienda Octava), la debida integración de los cuerpos de jurados, de los que se excluyó ilegalmente durante décadas a los negros en los Estados del Sur, y sobre todo la protección del acusado contra audiencias en las cuales los tribunales, los jurados y los defensores están sometidos a la presión terrorífica ejercida por las masas, como ocurre con no poca frecuencia en los procesos penales, especialmente cuando los acusados son negros. Antes de pasar a estudiar las sentencias erróneas en los verdaderos procesos políticos, haremos una apretada exposición del desarrollo de uno de esos procesos, tomando para ello el terrible fallo erróneo dictado contra nueve negros inocentes e indefensos en el caso Scottsboro.

Caso Nº 47 (Scottsboro)[1]: En Chattanooga, Tennessee, el 25 de marzo de 1931, dos obreras blancas, Victoria Price, de 21 años de edad, y Ruby Bates, de 17, subieron a un vagón abierto de un largo tren de carga para viajar a Huntsville, Alabama, donde vivían. Habían pasado la noche anterior en un matorral junto con dos hombres blancos, uno de los cuales, sujeto con antecedentes penales, era el amante de Ruby Bates. Ambos subieron junto con las jóvenes al tren, en el que ya se encontraban otros cinco blancos y algunos negros. El tren partió con destino a Memphis, Tennessee. Al parar en Stevenson, Alabama, subieron al mismo vagón de 20 a 30 negros. Como por la costumbre local un hombre blanco no estaba obligado a soportar la compañía de negros, uno de los blancos les gritó que salieran de allí. Esto dio lugar a un altercado,

[1] El caso está expuesto circunstanciadamente en: REYNOLDS, Courtroom (Índice bibliográfico, Nº 157, págs. 2483 1 4); ARTHUR GARFIELD HAYS, *Trial by Prejudice* (Índices bibliográfico, Nº 71, págs. 25 1 52); LESLIE HALLE, *Thirty who were tried or Eternal Vigilance* (Índices bibliográfico, Nº 68, págs. 139 y sigtes.).

terminando ambos grupos por irse a las manos y los negros, mayores en número, arrojaron a los blancos del tren. Uno de estos llamó por teléfono al sheriff de Point Rock, que era la parada siguiente. Cuan do el tren llegó a esa estación, el sheriff procedió a detener a los nueve negros que aun estaban a bordo del tren; los demás se habían apeado en el camino. Se los llevó a la cárcel de Scottsboro, y se procedió a interrogar a las dos muchachas. En eso, Victoria Price sostuvo de repente que aquellos nueve negros la habrían violado a ella y a Ruby Bates durante el viaje. El rumor cundió de inmediato entre la población, provocando reacciones histéricas. En Alabama, la violación de una mujer blanca por un negro se castigaba con la muerte. Generalmente, el destino de un negro queda sellado de inmediato al hacérsele esa acusación, porque ni siquiera se verifica el crédito que merecen los testigos.

Se dispuso practicar un examen oficial a las dos jóvenes, que fueron revisadas de inmediato por dos médicos. Estos certificaron que ellas no presentaban señal alguna, ni física ni psíquica, de haber sido violadas. Pero esto importó poco a la muchedumbre enardecida. Una multitud delirante se congregó en torno a la cárcel e intentó linchar a los negros. Para salvarlos del linchamiento, el sheriff los trasladó de noche a una cárcel más segura en Gadsen.

Una semana más tarde se los llevó nuevamente a Scottsboro, donde se les formuló la acusación e inició el juicio al cabo de solo seis días. El Presidente del Tribunal de Jurados, Juez J. Hawkins, designó a siete abogados como defensores oficiales de los acusados. Seis de estos rehusaron hacerse cargo de la defensa. Mientras Victoria Price prestaba su declaración como testigo, el griterío de los presentes y de los miles que estaban congregados afuera hacía estremecer el edificio del tribunal. Los nueve acusados eran todos harapientos, paupérrimos y, en su mayoría, deficientes mentales. Los dos más jóvenes tenían trece años, el mayor 21 y los más, 17 o 16. Uno de ellos era lisiado y no podía mantenerse de pie. Otro era casi ciego. Con toda prisa, el jurado declaró culpables y el tribunal condenó a muerte a uno tras otro. El jurado estaba compuesto exclusivamente de blancos, porque en Alabama no se incluía a negros en la lista de jurados. Sólo en el caso del que era casi ciego, el fiscal pidió la pena de prisión perpetua en vez de la de muerte. En todos los casos, los jurados estuvieron contestes de inmediato en dar su veredicto de culpabilidad. Sólo en el caso del ciego se produjo entre ellos una violenta controversia, dado que hubo siete que reclamaban inexorablemente que también se condenara a muerte a éste. El 8 de abril todos fueron condenados, ocho a muerte y uno a prisión perpetua. El dictamen de los médicos fue pasado por alto. La apelación fue rechazada con una disidencia. La multitud sedienta de sangre se tranquilizó ante la perspectiva de las prontas ejecuciones.

Fue entonces cuando se designó defensor de los condenados al famoso defensor Samuel Leibowitz, de Nueva York. Con riesgo para su vida, éste arrostró las iras del populacho. Comprobó que se había violado la ley al no incluir a ningún negro en la lista de jurados, por lo cual solicitó la nulidad de las condenas por no haberse concedido a los acusados un juicio equitativo. Se fijó entonces un nuevo debate para juzgar al condenado Haywood Patterson, de 17 años de edad. En esa sesión, Ruby Bates confesó bajo juramento que la denuncia había sido fraguada. Victoria Price la habría convencido para que confirmara su mentida deposición, intimidándola con la perspectiva que do lo contrario ambas irían a parar a la cárcel. Ahora, su pastor la habría exhortado a decir la verdad. Al propalarse esta noticia, el populacho asumió nuevamente una actitud tan amenazadora que Leibowitz debió ser protegido en su hotel por guardias armados. Durante 3 horas y media defendió la causa ante los jurados que lo escucharon impávidos. Salieron riendo de la sala de deliberaciones y dieron nuevamente un veredicto de culpabilidad. Patterson fue nuevamente condenado a muerte. Pero el juez Horton, presidente del tribunal, había comprendido la falta de fundamento de la denuncia y queriendo evitar un crimen judicial, anuló el veredicto en un fallo de 25 páginas, en el que demostraba minuciosamente que Victoria Price no merecía crédito alguno.

Para el nuevo debate, se buscó entonces en Alabama a otro juez que fuera más complaciente con las masas. Se lo encontró en la persona del juez Callahan, quien rechazó la mayoría de los pedidos presentados por la defensa. Ni siquiera permitió al defensor echar en cara a Victoria Price sus antecedentes penales. El fiscal dijo a los jurados en alta voz: «Si absolvéis a estos negros, ni vuestras madres, ni vuestras esposas, ni vuestras novias podrán transitar más sin peligro por las calles del Sur». Nuevamente los jurados declararon culpables a los acusados y el tribunal los condenó a muerte.

Quedaba una última esperanza: la apelación a la Suprema Corte. Leibowitz probó al alto organismo, presentando las correspondientes listas de jurados, que éstas no habían incluido a ningún negro, pero que con posterioridad a los debates se habían agregado los nombres de algunas personas de color, a fin de engañar a la Corte. La Suprema Corte comprobó mediante una inspección la veracidad de esta afirmación, y revoco las condenas por un fallo del 1' de abril de 1935, fundándose en que los acusados no habían tenido un juicio equitativo.

Sólo el 19 de enero de 1936 tuvo lugar un nuevo debate en el juicio de Patterson. Los jurados volvieron a declararlo culpable, pero sin recomendar esta vez que se lo condenara a muerte, sino tan sólo a 75 años de prisión. No se dieron razones por esta actitud, lo que evidencia que los jurados ya no se sentían tan seguros como antes. También la acusación emprendió la retirada. No acusó ya a cinco de los reos, dejándolos en libertad. El fiscal explicó su actitud declarando que el Estado estaba ahora convencido de su inocencia. Pero sin razón alguna se mantuvo la tesis de la culpabilidad de los otros cuatro, quienes tenían por lógica que ser inocentes si lo eran sus compañeros, ya que Victoria Price había jurado haber sido violada sucesivamente por todos ellos. Para salvar las apariencias, se mantuvo en la cárcel a esos cuatro, pero concediendo a tres de ellos la libertad condicional. El único que continuó preso fue Patterson, quien, al cabo de siete años, logró finalmente huir de la cárcel. Tal fue el epílogo del caso Scottsboro, que había comenzado con ocho condenas a muerte. Sin defensores valerosos y sin la intervención de la Suprema Corte, los reos habrían sido ejecutados. No podría caber la menor duda que todos ellos eran totalmente inocentes, ya que Ruby Bates había confesado que la acusación era falsa.

Para el análisis científico de las sentencias erróneas en los procesos políticos, en los Estados Unidos y otros países, existe ya gran cantidad de material[2]. No siempre la histeria y el terror colectivos se manifiesta tan crasamente como en el caso Scottsboro. Pero el prejuicio político siempre hace peligrar el establecimiento de la verdad.

Un estudio de esa índole debería comenzar con las sentencias erróneas que registra la historia, cuyo análisis llevaría a conclusiones interesantes[3]. Una de las más antiguas que se conoce es la sentencia de muerte dictada contra Sócrates por 501 jueces atenienses en el año 399 A.J.C.[4]. A ello sigue el crimen judicial cometido con Jesucristo. En 1431 Juana de Arco fue condenada a la hoguera por la Inquisición. En 1536, Enrique VIII de Inglaterra hizo condenar a muerte, en un proceso que fue una farsa, y luego ejecutar, a su segunda esposa, Ana Bolena, para poder contraer nuevo matrimonio. En 1586 María Estuardo fue condenada a muerte por un tribunal inglés y decapitada. En 1603, Isabel I de Inglaterra hizo condenar a muerte a su favorito Sir Walter Raleigh por un tribunal de jurados que deliberó quince minutos. En 1648, Carlos I fue condenado a muerte por su Parlamento y ejecutado. También los adalides de las nuevas ideas están expuestos, desde los tiempos más remotos, al peligro de ser víctimas de un crimen judicial. En 1859, John Brown, que luchaba en los Estados Unidos contra la esclavitud, fue condenado a muerte y ahorcado[5]. El caso es siempre el mismo, sólo la forma de ejecución varía.

La persecución de adversarios políticos por vía del procedimiento penal continúa en los Estados Unidos con las condenas de socialistas y dirigentes gremiales. En 1895, el dirigente socialista Eugene V. Debs fue acusado de haber participado en la conducción de una huelga contra la Pullman Corporation, pero absuelto tras una brillante defensa hecha por Clarence Darrow. Más tarde fue condenado, sin embargo, por distribución de material antibélico a diez años de prisión, siendo indultado al cabo de tres años por el gobernador Altgeld, a quien este gesto costó la reelección. Los dirigentes sindicales Mooney y Billings fueron declarados culpables en 1916 de haber arrojado una bomba durante un desfile en San Francisco. Arthur Garfield Hays[6]

---

2 Cfr. Índice bibliográfico. Nos. 71, 68, 129, 152, 1 10, 83. 102; 20, 26.

3 Cfr. RABY. Índice bibliográfico. N° 152.

4 El defensor alemán MAX ALSBERG ha escrito sobre este suceso un trabajo titulado *Det Prozess des Sokrates* (existe traducción al italiano. *Il ptocesso di Socrate,* por LIVIA SANGIORGIO, con prefacio de MARCELLO FINZI, Cedam, Padova, 1931).

5 CLARENCE DARROW le ha dedicado un artículo necrológico» (Índice bibliográfico. N° 30, págs. 532-541).

6 Índice bibliográfico, N° 71.

calificó de errónea la sentencia. La bomba habría sido arrojada sin duda alguna, según él, por algún alienado o fanático que quería protestar contra la entrada de los Estados Unidos en la Primera Guerra Mundial.

Fue también indudablemente errónea la sentencia dictada por un tribunal de jurados en París que absolvió el 28 de julio de 1914 a Madame Caillaux, pocos días antes del estallido de la Primera Guerra Mundial. Su defensor era el *maitre* Labori, que había adquirido renombre en los procesos de Dreyfus y Zola. Madame Caillaux, esposa del ministro de Finanzas Joseph Caillaux, había matado a tiros al redactorjefe del diario *Le Figaro*, Gaston Calmette, porque éste había atacado a su marido y lo había amenazado con publicar cartas comprometedoras. Alegó en su defensa que había cometido el hecho a fin de ahorrarle esa tarea a su marido[7].

Es hoy un hecho firmemente establecido que Sacco y Vanzetti, ajusticiados en 1927 tras seis años de angustias mortales, eran inocentes[8]. Habían sido víctimas de errores de reconocimiento y de otras causas de fallos erróneos. Pero este terrible caso forma parte de los procesos políticos, porque su condenación se debió, a fin de cuentas, al hecho de que eran anarquistas. El juez Webster Thayer, presidente del tribunal, y el gobernador Fuller conquistaron una triste celebridad a raíz de este crimen judicial. El segundo de ellos rehusó concederles el indulto por el que habían bregado el presidente Masaryk, madame Curie, Fridtjof Nansen, Albert Einstein y miles de otras personalidades famosas. Una mina de oro para el análisis de la sentencia errónea en el campo político, no aprovechada aún exhaustivamente por la ciencia, es el caso Dreyfus y el proceso de Emilio Zola ante el tribunal de jurados de París. En ellos puede estudiarse todo: perjurio, inducción al perjurio, falsificación de probanzas, influencias sobre los testigos por intimidación y órdenes superiores, dictámenes periciales equivocados, prejuicios antisemitas, envío a los jueces de documentos secretos no presentados en el curso del procedimiento, defensa pertinaz de la sentencia contra todos los intentos de casación, asesinato de consabidores, histeria de multitudes y terror ejercido por las masas contra los jurados y defensores y trabamiento ilegal de las pruebas en el proceso de Zola.

De los casos más modernos, he analizado desde el punto de vista criminalístico el asesinato del dirigente socialista Giacomo Matteotti, cometido en 1924.

Caso N° 48 (Matteotti): Matteotti fue asaltado en pleno día y en plena calle de Roma por Dumini y algunos cómplices, quienes lo Introdujeron a la fuerza en un automóvil que esperaba, llevándolo a las afueras de Roma y matándolo brutalmente durante el viaje. Como no pude tener acceso a las actas, expuse el caso a base de las noticias publicadas por el *Corriere della sera* de Milán, que, bajo la dirección del Senador antifascista Albertini, no estaba

---

7 Cfr. RABY, Índice bibliográfico, N° 152.

8 Ver RABY y FRANKFURTER, *The Case of Sacco and Vanzetti, A Critical Analysis*, 1927.

sometido aun a la línea unificada. El análisis lleva a la conclusión irrefutable de que el crimen fue cometido a instigación de Mussolini por el sicario Dumini con la ayuda de los fascistas Filipelli y Cesare Rosi y con el beneplácito del jefe de policía, general de Bono. El juicio contra Dumini y sus cómplices no tuvo lugar ante el tribunal de jurados de Roma, que habría sido competente para el caso, sino en la pequeña localidad provincial de Chietl. La defensa de Dumini estuvo a cargo del dirigente fascista Farinacci, quien arribó un día antes de iniciarse el proceso. En el patio estaban alineados los avan puardisti, desplegando banderas y ejecutando música. En la sala lo aguardaban el prefecto, el comandante de la milicia, el presidente del tribunal, el fiscal y otros dignatarios fascistas. Les dirigió una alocución, en la que señaló que el proceso no se hacía al régimen fascista, sino a la oposición. Tal sería la orden del Duce y las órdenes de éste debían ser cumplidas sin condiciones. Los presentes habían interpretado bien el significado de estas palabras: el culpable no era el homicida, sino el occiso. El fiscal declaró sumisamente que estaba descartado un homicidio con premeditación. El secuestro caía bajo la amnistía. El defensor Farinacci señaló que la víctima había «provocado» a su matador. Los jurados declararon a Dumini culpable únicamente de homicidio sin dolo, o sea culposo, y le reconocieron circunstancias atenuantes. El presidente del tribunal necesitó diez minutos para su sentencia. Dumini fue condenado a cinco años, once meses y veinte días de prisión; pero cuatro de esos años caían bajo la ley de amnistía, porque el homicidio (culposo) había sido cometido por motivos políticos. (En el prevaricato en que se incurrió en el caso Eckermann [N° 43] ya tuvimos oportunidad de quedarnos atónitos ante la monstruosidad jurídica de un homicidio culposo por móviles políticos). Además, se le computó toda la prisión preventiva. Al cabo de pocos días, Dumini fue puesto en libertad. Después de la caída del régimen fascista, sin embargo, se lo condenó a una larga pena de prisión.

El proceso contra los asesinos de Matteotti es el único ejemplo que en este estudio hemos tomado de la jurisprudencia de los Estados dictatoriales de nuestra época. La justicia penal del Tercer Reich, que empleaba los medioevales sistemas de ejecución del hacha y de la horca, no es objeto de nuestro análisis, que sólo se ocupa de las sentencias dictadas en el Estado de derecho. Por la misma razón, no estudiamos la justicia en la Unión Soviética. Nuestro análisis se limita a los síntomas patológicos de la justicia política en el Estado de derecho. En las dictaduras, el desenlace fatal, la liquidación del adversario político, se manifiesta en pseudoprocesos, en los que el acusado está totalmente despojado de sus derechos e indefenso y el defensor oficial sólo balbucea algunas palabras con las cuales abandona a su defendido y expresa su entusiasmo por el caudillo.

Esta reseña de los fallos erróneos en el proceso político y la histeria colectiva que acompaña y pone en peligro esos procedimientos, podría llevarnos a creer que es utópico pretender poner fin a esas sentencias. Mas nada podría ser más aj'eno a mi propósito que terminar dejando al lector con una sensación de desaliento. El desaliento es una traición á los propios deberes. Y en el proceso político la lucha por el derecho tiene lugar en su forma extrema. No hay deber más sagrado para un defensor que el de lanzarse a la lucha contra la prepotencia del Estado y la privación al acusado de sus derechos. También en este caso es condición fundamental que no haya una instancia única, exclusiva e irrecurrible, y menos aún tribunales especiales. Los ejemplos tomados de la jurisprudencia de la Suprema Corte de los Estados Unidos han demostrado que una instancia superior puede poner coto a fallos erróneos en el campo político.

¿Hay actualmente en los Estados europeos defensores que puedan luchar contra las sentencias políticas erróneas? La instrucción que reciben los futuros letrados no se presta mucho para prepararlos para esta tarea. Y no pueden aprenderlo en un curso de derecho penal o derecho procesal penal. Es preciso hacer ver a los futuros defensores que ni la ley ni la democracia son algo estático, que sólo tiene que ser aprendido, interpretado y aplicado. La democracia, al igual que su fundamento más importante, la Constitución y la ley, debe ser siempre conquistada y defendida de nuevo en la lucha por el derecho. En Inglaterra y en los Estados Unidos, los alegatos de los defensores eminentes son conservados textualmente, porque todo el debate, junto con las deposiciones de todos los testigos, es recogido taquigráficamente, lo que da a los tribunales superiores posibilidades de revisión mucho más amplias que las abreviadas actas que se usan en Alemania. En la colección Notable British Trials, el joven profesional puede estudiar los alegatos de los defensores, así como todos los pormenores del debate. Los alegatos más importantes del más grande de los defensores estadounidenses, Clarence Darrow, han sido publicados íntegramente[9]. Estos dan al joven abogado grandes ejemplos de oratoria forense, ese arte que tanto ha declinado en esta época de decadencia Debería también leer los discursos que se han conservado de Cicerón y de Demóstenes, las alocuciones de defensa pronunciadas por Fernando Lassalle en sus procesos penales de Berlín y otras disertaciones forenses, para aprender el arte de la retórica que la universidad no le enseña. Haciendo esto, comprenderá el significado de la frase de Ihering: «es en la lucha donde hallarás tu derecho».

Esos modelos le darán el entusiasmo necesario para no caer en la fatigada resignación de nuestra época que acepta sin lucha las sentencias erróneas como una fatalidad inevitable. Le resultará entonces insoportable la idea de que se haya condenado a un inocente. Sentirá lo que sintiera aquel personaje de Heinrich Mann, madame Legros, que decía: «¿Crees que podría llevar una vida regalada, cuando al lado hay alguien que clama auxilio?». Es a estos futuros luchadores contra las sentencias erróneas a quienes dedico este legado.

[9] Cfr. Índice bibliográfico. Nos. 30. 70, 17. 177.

ÍNDICE BIBLIOGRÁFICO

ADLER, *Praxis und Theorie der Individualpsychologie*, segunda ed., corregida, 1924.

FRANZ ALEXANDER y HUGO STAUB, *Der Verbrecher und seine Richter*, 1926.

MAX ALSBERG, *Der Beweisantrag im Strafprozess*, 1930.

MAX ALSBERG, *Justizirrtum und Wiederaufnahme*, 1913.

MAX ALSBERG, *Zur Lage der Straf rechtspflege. Die Lehren eines praktischen Falles*, en *Archiv für Kriminologie*, tomo 82, págs. 99 y sigtes., 1928.

ENRICO ALTAVILLA, *La Psicologia Giudiziaria, con prefazione di Enrico Ferri*, 2ª ed., 1927.

ANRATHS, *Die richtige Gestaltung des Strafverfahrens*, 1934.

JOHN BARKER WAITE, *Criminal Law in Action*, 1934.

HARRY ELMER BARNES y NEGLEY TEETERS, *New Horizons in Criminology*, 2ª ed., 1951.

BATTISTELLI, *La bugia nei normali, nei criminali, nei folli*, 1922.

BAUMHÖR, *Die Fiktion im Straf- und Prozessrecht. Eine juristische und rechtsphilosophische Untersuchung*, suplemento n. 24 para los miembros de la Asociación Internacional de Filosofía del Derecho y de la Economía, 1930.

BECHTEREW, *Die Bedeutung der Suggestion im sozialen Leben*, 1905.

BENDIX, *Die tatsächlichen Feststellungen im Strafurteil eine Fiktion*, en *Recht und Wirtschaft*, 1918, pág. 184.

BIRNBAUM, *Kriminalpsychologie*, 1921.

BLONDEL, *Les Approximations de la verité*, 1900.

BOHNE, *Psychoanalyse und Strafrecht*, en *Zeitschrift für die gesamte Strafrechtswissenschaft*, 1926, pág. 439.

BOHNE, *Zur Psychologic der richterlichen Uberzeugungsbildung*, 1948.

DU BOISAYMÉ, *De la peine de mort*, 1863.

EDWIN M. BORCHARD, *Convicting the innocent. Sixty-Five Actual Errors of Criminal Justice*, 1932.

GEORGE BORROW, *Celebrated Trials*, 1928.

BOZI, *Die Weltanschauung der Jurisprudenz,* 1907.

BREUER, *Der Hitler-Ludendorff-Prozess,* 1924.

BUCHRUCKER, *Im Schatten Seeckts, die Geschichte der Schwarzen Reichswehr,* 1928.

BÜHLER, *Die Krise der Psychologic,* 1927.

BÜTOW, *Zivilprozessuale Fiktionen und Wahrheiten,* en *Archiv für die zivilistische Praxis,* tomo 62, págs. 1 y sigtes.

FRANCIS BUSCH, *Prisoners at the Bar,* 1952.

NATHANAEL F. CANTOR, *Crime, Criminals and Criminal Justice,* 1932.

NATHANAEL F. CANTOR, *Crime and Society. An Introduction to Criminology,* 1939.

COLOMBINI, *La critica delle perizie di scrittura,* 1898.

CLARENCE DARROW, *Attorney for the Damned. Edited and with notes by Arthur Weinberg. Foreword by Justice William O. Douglas,* 1957.

DELMAR, *Richterliche Unabhängigkeit und politische Justiz,* en *Justiz,* tomo IV, págs. 458 y eigtes.

DREYFUS y MAYER, *Recht und Politik im Fall Fechenbach,* 1925.

W. ELIASBERG, *Rechtspflege und Psychologie,* 1933.

W. ELIASBERG, *Forensic Psychology,* reimpresión del artículo de la *Southern California Law Review,* vol. XIX, n. 4, julio de 1946.

ELIASBERG y HIRSCHBERG, *Ein Fall von Notdiebstahl,* en *Monatsschrift für Kriminalpsychologie,* año 18, fasc. 12, 1927.

ELSTER, VOZ *Fiktionen,* en *Handwörterbuch der Rechtswissenschaft,* tomo II, págs. 415 y sigtes.

THOMAS I. EMERSON y DAVID HABER, *Political Rights in the United States,* 1952.

ERICH EYCK, *Geschichte der Weimarer Republik,* tomo I, 1954, y II 1957.

FALCK, *Zum Prozess Eckermann. Republikanischer Richterbund und Landesjustizverwaltung,* en *Justiz,* tomo V, pág. 188.

ENRICO FERRI, *La Giustizia Penale. Sua evoluzione –suoi difetti e– suo avvenire,* 1905.

FISCHER, *Fiktionen und Bilder in der Rechtswissenschaft,* en *Archiv für die zivilistische Praxis,* tomo 117, págs. 143 y sigtes.

FÖLDES, *Zur Psychologie der Urteile,* en *Das Recht,* año IX, 1951, págs. 601 y sigtes.

FÖRDER, *Die Judenrepublik in der Rechtsprechung,* en *Justiz,* tomo I, págs. 519 y sigtes.

OSMOND K. FRAENKEL, *The Supreme Court and Civil Liberties,* 1955.

JEROME FRANK y BARBARA FRANK, *Not Guilty,* 1957.

FREYMUTH, *Das Fechenbachurteil mit einem Vorwort von Dr. Fr. Thimme,* 1923.

Félix Frankfurter, *The Case of Sacco and Vanzetti. A critical Analysis,* 1927.

Robert H. Gault, *Criminology,* 1932.

– *Social Psychology,* 1923.

Giurati, *Gli errori giudiziari. Diagnosi e remedi,* 1893.

Glueck, *Analytic Psychology and Criminology.– Probation and Criminal Justice,* 1933.

Sol Sheldon Glueck, *Crime and Justice,* 1936.

Göring, *Kriminalpsychologie,* en *Kafkas Handbuch der vergleichenden Psychologic,* tomo III, 1922.

Roland Grassberger, *Zur Psychologic des Straf verfahrens,* 1950.

Gregoraci, *Della Riparazione degli Errori Giudiziari,* 1891.

Grimm y Sinzheimer, *Zum Eckermann-Urteil. Erwiderurtg,* en *Justiz,* tomo V, págs. 266 y sigtes.

Carl Gross, *Das Beweisverfahren im canonischen Prozess (Die Beweistheorie im Canonischen Prozess, II. Bes. Teil),* 1880.

Hans Gross, *Zur Beweisfrage,* en *Archiv für Kriminalanthropologie und Kriminalistik,* tomo 8, pág. 87.

Hans Gross, *Criminalpsychologie,* 1ª ed., 1898; edición inglesa traducida de la 4ª ed.: *Criminal Psychology,* 1911.

Gross-Hoefler, *Handbuch für Untersuchungsrichter,* tomo 2, 7a. ed., 1922.

Gross-Selig, *Handbuch der Kriminalistik,* 8ª ed., 1942.

Gumbel, *Landesverrat begangen durch die Presse,* en *Justiz,* tomo II, págs. 75 y sigtes.

Gumbel, *Landesverratsstatistik,* en *Justiz,* tomo III, págs. 386 y sigtes.

Gumbel, *Vier Jahre Mord.* 1922.

Gumbel, *Verrater v erf alien der Feme,* 1929.

Gumbel, *Femeliteratur.* en *Justiz,* tomo IV, págs. 532 y sigtes.

Gumbel, *Justizstatistik,* en *Justiz,* tomo I, págs. 219 y sigtes.

Marcet Haldeman-Julius, *Darrow's Two Great Trials,* 1927.

Leslie Hale, *Thirty who were tried or Eternal Vigilance,* 1955.

Harris-Wilshere, *Criminal Procedure,* 18ª ed., 1950.

Charles Yale Harrison, *Clarence Darrow,* 1931.

Arthur Garfield Hays, *Trial by Prejudice,* 1933.

Arthur Garfield Hays, *Let Freedom Ring,* 1928.

Hegel, *Phänomenologie des Geistes,* editado por Georg Lasson, 2ª ed,, 1920, pág. 169.

Albert Hellwig, *Justizirrtümer,* 1914.

Hellwig, *Psychologic wid Vernehmungstechnik bei Tatbestandsermittlungen,* 1927.

HEIDEN, *Adolf Hitler, Das Zeitalter der Verantwortungslosigkeit,* 1936.

HELLWIG, *Justiz und Presse. Gutachten für den deutschen Richtertag,* 1929.

HEINE, *Die Buchhändlerund Druckerprozesse vor dem Reichsgericht* en *Justiz,* tomo II, págs. 350 y sigtes.

HEINE, *Staatsgerichtshof und Reichsgericht über das Hessische Manifest,* en *Justiz,* tomo VII, págs. 154 y sigtes.

HEINITZ, *Der Strafzweck bei der richterlichen Strafmessung mit besonderer Benücksichtigung der deutschen Entwürfe,* en *Archiv für Rechtsund Wirtschaftsphilosophie,* tomo XXII, págs. 284 y siguientes.

HENTIG, *Die Strafe,* 1932.

HENTIG, *Wiederaufnahmerecht,* 1930.

FREDERIC TREVOR HILL, *Decisive Battles of the Law,* 1907.

MAX HIRSCHBERG, *Zur Psychologic des Wiederaufnahmeverfahrens,* en *Monatsschrift für Kriminalpsychologie und Strafrechtsreform,* 1930, pág. 395.

MAX HIRSCHBERG, *Die Verschlechterung der Strafrechtspflege durch Notverordnungen,* en *Justiz,* tomo VIII, nov.-dic., 1932, pág. 122.

MAX HIRSCHBERG, *Eine mertcwürdige Meineidssache,* en *Monatsschrift für Kriminalpsychologie und Strafrechtsreform,* 1932, págs. 101 y sigtes.

MAX HIRSCHBERG. *Die Lüge als Schuldbeweis,* en *Monatsschrift für Kriminalpsychologie und Strafrechtsreform,* año 20, 1929, pags. 337 y sigtes.

MAX HIRSCHBERG, *Der Fall Fechenbach vor dem Münchner Volksgericht. Eine Darstellung nach den Akten,* 1922.

MAX HIRSCHBERG, *Der Fall Fechenbach,* en *Justiz,* tomo I, págs. 46 y sigtes.

HIRSCHBERG-THIMME, *Der Fall Fechenbach. Juristische Gutachten,* 1924.

Der Hitlerprozess vor dem Volksgericht in Munchen, 1924, partes 1 y 2.

HÖGNER, *Die bayerische Justiz vor dem Untersuchungsausschuss,* en *Justiz,* tomo III, págs. 315 y sigtes.

HOFACKER. *Fiktionen im Recht. Annalen der Philosophic,* tomo 1, págs. 630 y sigtes.

DAVID HUME, *An enquiry concerning human understanding.*

EDMUND HUSSERL, *Logische Untersuchungen,* tomo I, págs. 13, 15 y sigtes., 180 y sigtes., 192 y sigtes., 231; tomo II, parte 2, págs. 122 y sigtes.

JAENSCH, *Studien zur Psychologie menschlicher Typen,* 1931.

JASPERS, *Psychopathologie,* 3ª ed., 1923.

KELSEN, *Das Urteil des Staatsgerichtshofs vom 25. Oktober 1932,* en *Justiz,* tomo VIII, págs. 65 y sigtes.

KLAGES, *Prinzipien der Charakterologie,* 3ª ed., 1921.

KILIAN, *Der politische Mord, zu seiner Sozioloqie,* 1936.

MORRIS KINE, *Mathematics in Western Culture,* 1953.

GEORGE H. KNOTT, *Ratable English Trials,* 1917.

MILTON R. KONVITZ, *Fundamental Liberties of a Free People: Religion, Speech, Press, Assembly,* 1957.

KRETSCHMER, *Körperbau und Charakter,* 7/8ª ed., 1929.

KRÜCKMANN, *Fiktionen und Bilder in der Rechtswissenschaft,* en *Annalen der Philosophie,* tomo III, págs. 418 y sigtes.

LACASSAGNE, *Les médecins experts et les erreurs judiciaires,* en *Archive d'Anthropologie Criminelle,* tomo XI, págs. 5 y sigtes.

MAURICE LAILLER y HENRI VONOVEN, *Les erreurs judiciaires et leurs causes,* 1897.

LAJET-VALDESON, *Martyrologie des erreurs judiciaires,* 1880.

LANDSBERG, *Prozess Rothardt,* en *Justiz,* tomo I, págs. 124 y sigtes.

J. D. LAWSON, *American State Trials,* 1918.

LEHMANN, *Technical Rules of Evidence,* 1921.

LIEPMANN, *Kommunistenprozesse,* 1928.

LIPMANN, *Grundriss der Psychologie für Juristen,* 3ª ed., 1925.

WALTER LIPPMANN, *Public Opinion,* 1922.

LIEPMANN, *Die Psychologie der Vemehmung des Angeklagten im deutschen Strafprozess,* en *Zeitschrift für die gesamte Strafrechtswissenschaft,* tomo 44, pág. 674.

LÖWENFELD, *Das Strafrecht als politische Waffe,* 1933.

LÖWENSTEIN, *Experimentelle Hysterielehre,* 1923.

LÖWENSTIMM, *Eid und Zeugnispflicht nach den Ansichten des Volkes,* en *Archiv für Kriminalanthropologie und Kriminalistik,* tomo 7, págs. 191 y sigtes.

LOMBROSO, *Errori giudiziari per colpa di periti alienisti,* en *Archivio di Psichiatria, Scienze Penali e Antropologia Criminale,* vol. III, págs. 19 y sigtes.

LUTGEBRUNE, *Wahrheit und Recht für Feme, Schwarze Reichswehr und Oberleutnant Schulz,* 1928.

MANNHEIM, *Die Philosophie des Als-Ob und ihre Bedeutung für das Strafrecht,* en *Monatsschrift für Kriminalpsychologie,* tomo II, págs. 1 y sigtes.

MARBE, *Grundzüge der Forensischen Psychologie,* 1913.

MAYER-HOMBERG, *Beweis und Wahrscheinlichkeit nach älterem deutschen Recht,* 1920. Nota crítica de SCHÖNFELD en *Archiv für Rechtsund Wirtschaftsphilosophie,* tomo XVIII, págs. 107 y sigtes.

MEZGER, *Die Bedeutung der Psychoanalyse für die Rechtspflege,* en *Krisis der Psychoanalyse,* 1928.

FRANCIS C. A. MITCHELL, *The Expert Witness,* 1923.

OTTO MÖNKEMÖLLER, *Psychologie und Psychopathologie der Aussage,* en *Bibliothek der Kriminalistik, tomo* IV, 1931.

MORGAN, *A Study in. the Psychology of Testimony,* en *Journal of Criminal Law and Criminology,* 1917.

RICHARD B. MORRIS, *Fair Trial,* 1952.

HUGO MÜNSTERBERG, *On the Witness Stand. Essays on Psychology and Crime,* 1915.

NEWMAN-SACHS, *Das englisch-amerikanische Beweisrecht,* 1950.

OBORNIKER, *Strafrecht,* en *Justiz,* tomo III, págs. 279 y sigtes.

OBORNIKER, *Strafrecht,* en *Justiz,* tomo I, págs. 281 y sigtes.

OBORNIKER, *Strafrecht,* en *Justiz,* tomo I, pág. 75.

OBORNIKER, *Zum Fall Eckermann,* en *Justiz,* tomo V, págs. 301 y sigtes.

OBORNIKER, *Schutz der Republik,* en *Justiz,* tomo I, pág. 516.

OBORNIKER, *Schutz der Republik,* en *Justiz,* tomo I, pág. 15.

OLIVIERI, *Gli Errori Giudiziari e l'Istituto della Revisions,* en *Temi Veneta,* XXI, 1896.

OPPENHEIM, *Zur Psychologie des Gerichts,* en *Gross Archiv,* tomo 5, pág. 344.

ORANO, *Sulla Revisions dei Giudicati Penali,* 1888.

FRANCESCO MARIO PAGANO, *Principii del Codice Penale e Logica dei Probabili, Opera Postume,* 1928.

ANTON PARST, *Über Suggestionen und ihre Gefährlichkeit im Criminal-Processe,* 1810.

PÉAN, *L'erreur judiciaire,* 1895.

KARL PETERS, *Zeugenlüge und Prozessausgang,* 1939.

KARL PETERS, *Strafprozess,* 1952.

PFAHLER, *System der Typenlehren,* en *Zeitschrift für Psychologie,* tomo apéndice n. 15, 1929.

POHL, *Deutscher Justizmord,* 1924.

MAX POLLAK, *Der Rieder Justizmord,* en *Archiv für Kriminalanthropologie,* tomo 20, págs. 308 y sigtes.

ROSCOE POUND, *Criminal Justice in America,* 1930.

PRINZHORN, *Die Krise der Psychoanalyse,* 1928.

PROCURATOR, *Reichsgericht gegen Links und Rechts,* en *Justiz,* tomo V, págs. 678 y sigtes.

JOHANN CHRISTIAN QUISTORP, *Versuch einer Anweisung für Richter bei Verfahren in Criminal- und Strafsachen wider solche, welche nicht gestehen wollen, in Landern, wo die Tortur abgeschafft warden,* 1789.

R. CORNELIUS RABY, *Fifty Famous Trials,* 1937.

RADBRUCH, *Der Boxheimer Hochverrat,* en *Justiz,* tomo VII, págs. 195 y sigtes.

RADBRUCH, *Staatsnotstand, Staatsnotwehr und Fememord,* en *Justiz,* tomo V, págs. 125 y sigtes.

REBAUDI, *La pena di Morte e gli Enron Giudiziari,* 1888.

Reichel, *Befangenheit als V erdachtsgrund,* en *Archiv für Kriminalanthropologie,* tomo 37, págs. 377 y sigtes.

Quentin Reynolds, *Courtroom,* 1950.

Rosenberg, *Geschichte der Deutschen Republik,* 1935.

Rosenfeld, *Justiz und Republik,* en *Justiz,* tomo VI, págs. 480 y sigtes.

Rothenbücher, *Der Fall Kahr,* 1924.

Salvioli, *I limiti della certezza morale nelle prova criminale secondo il diritto romano, canonico e la dottrina medioevale,* 1916.

Robert Saudek, *Experimentelle Graphologie,* en *Archiv für Kriminologie,* tomo 83 (1928), págs. 103 y sigtes.

Sauer, *Allgemeine Prozessrechtslehre,* 1951.

Seitz, *Les principes directeurs de la Procédure criminelle de l'Angleterre,* 1928.

Erich Sello, *Die Irrtümer der Strafjustiz,* 1911.

Selz, *Uber Persönlichkeitstypen und die Methoden zu ihrer Bestimmung. Bericht für den 8. Kongress für Experimentelle Psychologie,* 1923.

Sinzheimer, *Die Legalisierung des politischen Mordes. Eine Glosse zum Urteil des Schweriner Schwurgerichts,* en *Justiz,* tomo V, págs. 65 y sigtes.

Smith, *Fallibility of Testimony,* en *American Journal of political Science,* 1930, pág. 487.

Edwin H. Sutherland, *Criminology,* 1924.

Schopenhauer, *Parerga und Paralipomena,* cap. III: *Den Intellekt überhaupt und in jeder Beziehung betreffende Gedanken,* ed. Cotta, pág. 63.

Schweitzer, *Ein Seitenstück zum Magdeburger Mordprozess,* en *Justiz,* tomo II, págs. 213 y sigtes.

Schweitzer, *Der Fall Bullerjahn,* en *Justiz,* tomo VI, pág. 558.

Stampfer, *Die Vierzehn Jahre der Ersten Deutschen Republik,* 1936.

Steinlen y Camara, *Erreurs judiciaires,* 1895.

W. Stern, *Beiträge zur Psychologie der Aussage,* fases. 1-4 (1903/04), 2ª serie, fascs. 1-4 (1904/06).

Stern, *Zur Lehre vom psychologischen Beweis im Zivil- und Strafverfahren,* en *Monatsschrift für Kriminalpsychologie und Strafrechtsreform,* tomo 8, pág. 375.

Irving Stone, *Clarence of the Defense,* 1941.

Otto Strasser, *Die Deutsche Bartholomäusnacht,* 1935.

Sturm, *Richterpsychologie,* en *Gross Archiv,* tomo 60, pág. 206.

Sturm, *Die furistische Beweisführung,* en *Gross Archiv,* tomo 72, pág. 151.

Sturm, *Zur Lehre vom psychologischen Beweis im Zivil- und Strafprozess,* en *Monatsschrift für Kriminalpsychologie und Strafrechtsreform,* tomo 8, pág. 375.

Sturm, *Die juristische Beweislehre,* en *Archiv für Kriminalanthropologie und Kriminalistik,* tomo 51, págs. 120 y sigtes.

FRANK TANNENBAUM, *Grime and the Community*, 1938.

JOSEPH N. ULMAN. *A Judge Takes The Stand*, 1938.

HANS VAIHINGER, *Die Philosophic des Als-Ob. System der theoretischen, praktischen und religiosen Fiktionen der Menschheit auf Grund eines idealistischen Positivismus*, 3ª ed., 1918.

VALLET, *Les erreurs judiciaireis*, 1894.

VANDRUS, *Les erreurs fudidaires*, 1892.

HENRY WEIHOFEN, *Insanity as a Defense in Criminal Law*, 1933.

WELLMAN, *Gentlemen of the Jury*, 1931.

WELLMAN, *The Art of Cross-Examination*, 1923.

WERTHEIMER y KLEIN, *Psychologische Tatbestandsdiagnostik*, en *Gross Archiv*, tomo 15, 1904.

JOHN HENRY WIGMORE, *The Principles of Judicial Proof*, 1913.

WIMMER, *Einführung in das englische Strafverfahren*, 1947.

ERICH WULFEEN, *Kriminalpsychologie, Psychologie des Täters*, 1926.

Das Zuchthaus als politische Waffe. Eine Denkschrift der Deuischen Liga für Menschenrechte.

APÉNDICE A LA TRADUCCIÓN

Preceptos Legales Citados

CONSTITUCIÓN DEL ESTADO ALEMÁN DEL 11 DE AGOSTO DE 1919

(CONSTITUCIÓN DE WEIMAR)

Artículo 48.— Cuando un Estado federal no cumpliere las obligaciones que le imponen la Constitución nacional o las leyes nacionales, el Presidente de la Nación podrá recurrir al auxilio de la fuerza armada para compelerlo a cumplirlas.

Cuando en el territorio de la Nación la seguridad y el orden públicos estén seriamente perturbados o puestos en peligro, el Presidente de la Nación podrá tomar las medidas necesarias para restablecerlos, valiéndose, en caso necesario, de la fuerza armada. A tal efecto, podrá suspender total o parcialmente, los derechos fundamentales establecidos en los artículos 114, 115, 117, 118, 123, 124 y 153.

El Presidente deberá comunicar sin demora al Parlamento las medidas que adoptare de conformidad con los apartados I y II de este artículo, pudiendo el Parlamento exigir que sean dejadas sin efecto.

Habiendo peligro de demora, un gobierno estadual podrá adoptar, para su territorio, medidas provisionales de las previstas en el apartado II, que deberá dejar sin efecto si el Presidente o el Parlamento Nacional así lo exigiere.

Una ley nacional reglamentará este artículo.

CÓDIGO PENAL

§ 27 b [Sustitución de la pena privativa de libertad por multa].— Cuando la pena prevista para un delito o una contravención sea de privación de libertad inferior a tres meses, y la pena de multa no esté prevista o lo esté solamente como accesoria de la pena privativa de libertad, la pena privativa de libertad se sustituirá por la de multa (§§ 27 y 27 a), si el fin punitivo pudiere lograrse de ese modo.

§ 51 [Inimputabilidad, imputabilidad disminuida].— I. Un hecho no será punible cuando el autor, en el momento de cometerlo, debido a una perturbación de la conciencia, a un trastorno patológico de las facultades mentales o a deficiencia mental, fuere incapaz de comprender su ilicitud y de proceder de acuerdo con ello.

II. Cuando la capacidad de comprender la ilicitud del hecho y de ajustar la conducta a esa circunstancia hubiere estado considerablemente disminuida por una de las causas apuntadas, la pena podrá ser atenuada conforme a las disposiciones que castigan la tentativa.

§ 185 [Injuria].— La injuria será penada con multa o con arresto o con cárcel de hasta un año y, si se tratare de una acción injuriosa, con multa o con cárcel de hasta dos años.

§ 186 [Difamación].— Quien atribuyere a otra persona la comisión de algún hecho que fuere apto para crearle desdén o desprestigiarla ante la opinión pública, o difundiere una afirmación en tal sentido, será penado, salvo que se probase la verdad del hecho imputado, con multa o con arresto o con cárcel de hasta un año, y con multa o cárcel de hasta dos años, si la injuria hubiere sido pública o se hubiere cometido mediante la propagación de escritos, reproducciones o imágenes.

ORDENANZA PROCESAL PENAL

§ 187 [Exclusión en caso de colaboración en procedimientos anteriores].— ... III. Cuando hubiere dirigido en alguna causa la instrucción previa, el juez instructor no podrá integrar el tribunal juzgador, ni colaborar en una resolución de la Cámara Penal que se dicte fuera del plenario.

§ 65 [Juramentación en el procedimiento preparatorio].— I. En el procedimiento preparatorio, la juramentación será procedente únicamente cuando hubiere peligro en la de mora o cuando el juramento resultare necesario como medio para lograr una deposición veraz sobre algún punto relevante para el procedimiento ulterior.

II. La juramentación será improcedente en el procedimiento preparatorio de causas por contravención.

§ 70 [Negativa infundada de testificar o de prestar juramento].— I. Cuando el testigo se negare, sin causa legal, a testificar o a prestar juramento, será condenado al pago de los gastos que su negativa irrogare y de una multa disciplinaria o, no pudiendo cobrarse esa multa, a un arresto de hasta seis semanas.

II. El arresto puede ordenarse también para lograr el testimonio compulsivamente, pero no podrá prolongarse después de finalizado el procedimiento en la instancia respectiva, ni podrá exceder de seis meses o, tratándose de contravenciones, de seis semanas.

III. Son también competentes para disponer esas medidas el juez de instrucción, el juez en el procedimiento previo y los jueces comisionados o exhortados.

IV. Agotadas esas medidas, no podrá repetírselas en el mismo procedimiento o en otro que tenga por objeto el mismo hecho.

§ 81 a [Examen físico; análisis de sangre].— I. Podrá ordenarse un examen físico del imputado para comprobar hechos que tengan Importancia para el procedimiento. A tal fin, son admisibles los análisis de sangre y otras intervenciones que un médico puede realizar, con fines de investigación, y según las reglas de su arte, aun sin el consentimiento del imputado, siempre que no haya peligro para su salud.

II. Esas intervenciones deberán ser ordenadas por el juez y, en caso de que la demora hiciere peligrar el resultado de la investigación, también por el Ministerio Público y sus auxiliares (§ 152 de la GVG).

§ 81 c [Examen de otras personas].— I. Personas que no sean el imputado y que puedan servir como testigos, podrán ser sometidas, sin su consentimiento a un examen físico solamente en cuanto haya de comprobarse, para establecer la verdad, si sus cuerpos presentan algún rastro o consecuencia determinada de un acto ilícito. El examen puede ser rehusado por los mismos motivos que el testimonio. Será inadmisible, si, teniendo en cuenta todas las circunstancias, no puede ser exigido a la persona afectada.

II. Se podrán practicar exámenes físicos para establecer la ascendencia y análisis de sangre en personas que no sean el imputado, aun sin mediar su consentimiento, cuando no haya de temerse un daño para su salud y la medida fuere imprescindible para establecer la verdad. Tanto los exámenes como el análisis de sangre sólo podrán ser practicados por un médico. Rige también aquí el apartado I, puntos 2 y 3.

III. Esas Intervenciones deberán ser ordenadas por el juez y, en caso de que la demora hiciere peligrar el resultado de la Investigación, también por el Ministerio Público y sus auxiliares (§ 152 de la GVG).

IV. Si la persona afectada se negare a someterse a la intervención, se aplicará lo dispuesto en el § 70. Sólo podrá usarse de coacción por orden especial del juez. Esa orden presupone que la persona afectada persista en su negativa no obstante habérsele impuesto una pena disciplinarla o que haya peligro de la demora.

§ 98 [Orden de secuestro].— I. Los secuestros sólo podrán ser ordenados por el juez y, habiendo peligro en la demora, también por el Ministerio Público y funcionarios auxiliares de éste (§ 152 de la GVG).

II. El funcionario que hubiere secuestrado algún objeto sin orden judicial, deberá pedir la confirmación judicial dentro de los tres días, si durante el secuestro no hubiere estado presente la persona afectada o un familiar adulto de ésta o cuando la persona afectada o, en su ausencia, un familiar adulto suyo, hubiere protestado expresamente contra el secuestro. La persona afectada podrá solicitar al juez, en cualquier momento, que resuelva sobre el punto. Mientras no se haya entablado la querella pública, resolverá el juez en cuya circunscripción tuvo lugar el secuestro.

III. Cuando después de entablada la querella pública, el secuestro fuere practicado por el Ministerio Público o uno de sus funcionarios auxiliares, el acto se denunciará dentro de los tres días al juez, colocándose a su disposición los objetos secuestrados.

IV. Cuando el acto debiere cumplirse en un edificio afectado al servicio de las fuerzas armadas o en alguna instalación o planta perteneciente a las mismas, que no tuviere acceso para el público, se librará oficio a la correspondiente autoridad militar para que practique el secuestro, teniendo la autoridad requirente derecho a colaborar. No será necesario librar el oficio cuando el secuestro debiere practicarse exclusivamente en ambientes habitados por personas que no sean soldados.

§ 105 [Orden: ejecución].— I. Los registros domiciliarios sólo podrán ser ordenados por el juez y, habiendo peligro en la demora, también por el Ministerio Público y funcionarios auxiliares de éste (§ 152 de la GVG).

II. Cuando se registrare un domicilio, una oficina o una propiedad cercada, sin estar presentes el juez o el fiscal, deberá recurrirse, si fuere posible, a un funcionario municipal o a dos vecinos de la comuna donde se practique el acto. Dichos vecinos no podrán ser funcionarios policiales o auxiliares del Ministerio Público.

III. Las restricciones dispuestas en los apartados que anteceden no regirán para el registro de los domicilios y ambientes consignados en el § 104 II.

IV. Cuando el acto debiere cumplirse en un edificio afectado al servicio de las fuerzas armadas o en alguna instalación o planta perteneciente a las mismas, que no tuviere acceso para el público, se librará oficio a la correspondiente autoridad militar para que practique el registro, teniendo la autoridad requirente derecho a colaborar. No será necesario librar el oficio cuando el registro debiere practicarse exclusivamente en ambientes habitados por personas que no sean soldados.

§ 114 [Orden de arresto].— I. La prisión preventiva será dispuesta por el juez mediante una orden escrita de arresto.

II. En la orden de arresto deberán indicarse:

1. La persona del imputado.

2. El hecho del cual es fundadamente sospechoso, el lugar y tiempo de la comisión, las características legales del hecho punible y las normas penales a aplicarse.

3. El motivo del arresto, así como

4. Los hechos que funden la sospecha y el motivo del arresto, en cuanto esto no afecte la seguridad del Estado.

III. Si correspondiere aplicar el § 112 II 2, o el imputado invocare ese precepto, deberán indicarse las razones por las cuales no se lo aplica.

§ 147 [Examen del expediente por el defensor].— I. El defensor está facultado para examinar los autos que obran en poder del tribunal o piezas que habrían de ser presentadas a éste en caso de formularse la acusación, así como documentos probatorios puestos en depósito oficial.

II. Cuando la conclusión de las pesquisas no figurare aun en el expediente, podrá denegársele al defensor el examen del mismo o de determinadas piezas que lo integran, así como el de los documentos probatorios puestos en depósito oficial, si ello pudiera poner en peligro el objeto de la investigación.

III. En ningún momento del procedimiento podrá denegársele al defensor el examen de las actas de la declaración indagatoria o de los actos judiciales de investigación en los cuales la presencia del defensor se autorizó o debió autorizarse, ni el de los dictámenes periciales.

IV. A pedido del defensor y salvo que se opongan razones graves, deberá entregársele el expediente para su consulta en su oficina o domicilio, con excepción de las piezas de prueba. La resolución al respecto será irrecurrible.

V. La autorización para examinar el expediente será dada, antes de presentarse el escrito de acusación, por el Ministerio Público, durante la instrucción previa, por el juez instructor, y en los demás momentos, por el presidente del tribunal que conozca en la causa.

VI. Una disposición basada en el apartado II, caducará a más tardar al concluir el Ministerio Público las pesquisas o al cerrar el juez instructor la instrucción previa, siempre que no hubiese perdido ya antes su vigor.

§ 148 [Comunicación con el imputado].— Aunque estuviere privado de libertad, el imputado podrá comunicarse, por escrito o verbalmente, con su defensor.

§ 152 [Autoridad acusadora, principio de legalidad].— I. Corresponde al Ministerio Público entablar la querella pública.

II. Habiendo suficientes puntos de apoyo tácticos, el Ministerio Público está obligado, salvo disposición legal en contrario, a proceder ante todos los hechos que la justicia pueda penar y perseguir.

§ 153 [No persecución de causas de poca importancia].— I. Si la culpa del autor fuere leve, no se perseguirán las contravenciones, salvo que mediare un interés público en una resolución judicial.

II. Tratándose de un delito, si la culpa del autor fuere leve y no hubiere interés público en la persecución, el Ministerio Público podrá sobreseer el procedimiento, con el asentimiento del tribunal competente para disponer la apertura del plenario.

III. Una vez presentada la acusación, el tribunal podrá, con el asentimiento del Ministerio Público, y previa audiencia del acusado, sobreseer el procedimiento en cualquier estado del mismo, siendo su resolución irrecurrible.

§ 160 [Procedimiento de pesquisa].— ... II. El Ministerio Público deberá establecer no solamente aquellos hechos que sirvan de cargo para el imputado, sino también aquellos que sirvan para su descargo, y cuidar de que se evacúen las probanzas cuya pérdida sea de temer. ...

§ 161 [Pesquisas].— Para los fines señalados en el parágrafo anterior, el Ministerio Público podrá requerir informes de todas las oficinas públicas y realizar, o hacer realizar por las oficinas o funcionarios policiales, pesquisas de toda índole, excluidas las declaraciones bajo juramento. Las oficinas y funcionarios policiales están obligados a dar cumplimiento a ese requerimiento o mandato.

§ 162 [Actos judiciales de investigación].— I. Si el fiscal considerare necesario realizar un acto judicial de investigación, formulará los pedidos correspondientes ante el juez oficial de la circunscripción donde el acto deba practicarse.

II. El juez deberá verificar si, conforme a las circunstancias del caso, dicho acto es procedente.

§ 163 [Deberes de la policía], — I. Los organismos y funcionarios policiales deberán investigar todos los hechos punibles y tomar todas las disposiciones que no admiten demora, para evitar que el asunto sea perturbado.

II. Los organismos y funcionarios policiales enviarán sus actas, sin demora al Ministerio Público. En caso de que fueren necesarios urgentemente actos de investigación judiciales, podrán enviarse directamente al juez.

§ 165 [Actos de emergencia realizados por el juez].— Habiendo peligro en la demora, el juez practicará de oficio los actos de investigación que fueren necesarios.

§ 166 [Pedidos de prueba formulados por el imputado].— I. Cuando el imputado fuere interrogado por el juez y solicitare en esa ocasión que se evacúen ciertas pruebas para su descargo, el juez deberá practicarlas, siempre que las estime relevantes, cuando haya de temerse su pérdida o cuando esa evacuación pueda fundar la puesta en libertad del imputado.

II. Cuando la evacuación de prueba debiere efectuarse en otra circunscripción, el juez podrá exhortar al juez de la misma para que la practique.

§ 167 [Disposición ulterior a cargo del Ministerio Público].— En los casos de los §§ 165 y 166, la disposición ulterior corresponderá al Ministerio Público.

§ 178 [Presupuestos].— I. La instrucción previa tendrá lugar en las causas penales que son de competencia de la Corte Federal de Justicia, del Superior Tribunal Regional en primera instancia o del Tribunal del Jurado. En las causas que son de competencia del tribunal del jurado, la instrucción previa no se realizará cuando el imputado hubiere sido indagado por un juez, los hechos fueren claros y la instrucción a criterio del Ministerio Público no resultare necesaria. Pero el procesado podrá, al pronunciarse sobre el escrito de acusación (§ 201), solicitar que esa instrucción se practique, debiendo hacerse lugar a su pedido.

II. En las causas que son de competencia de la Cámara Penal en primera instancia y del Tribunal de escabinos, se practicará una instrucción previa si el procesado, al pronunciarse sobre el escrito de acusación (§ 201), o el Ministerio Público, lo solicitare así e hiciere valer razones graves de las cuales se desprendiere la necesidad de practicarla.

§ 184 [Juez de instrucción].— La instrucción previa es iniciada y dirigida por el juez instructor.

§ 193 [Presencia de las partes en la inspección judicial y en el interrogatorio de testigos].— I. Si se efectuare una inspección judicial, deberá permitirse la asistencia al acto al Ministerio Público, al acusado y al defensor.

II. La misma regla regirá cuando hubiere de interrogarse a un testigo o perito a cuya comparecencia en el plenario obstare, por un tiempo prolongado o incierto, alguna enfermedad, achaques u otros obstáculos Insalvables, o respecto del cual la exigencia de comparecer no se justificare debido a la distancia.

III. Las personas que tengan derecho a asistir a la diligencia, deberán ser notificadas previamente de los respectivos términos, siempre que esto no signifique demorar la causa.

IV. El procesado privado de libertad sólo tendrá derecho a asistir a aquellas diligencias que se cumplieren en el tribunal del lugar donde se encuentra detenido.

V. Las personas con derecho a asistir a la diligencia no podrán pedir que ésta se postergue por encontrarse ellas impedidas.

§ 239 [Interrogatorio cruzado].— I. A pedido conjunto del Ministerio Público y del defensor, el presidente encomendará a éstos el interrogatorio de los testigos y peritos nombrados por el Ministerio Público y el acusado. Los testigos y peritos nombrados por el Ministerio Público serán interrogados en primer término por el fiscal y los nombrados por el acusado primeramente por el defensor.

II. Aun después de este interrogatorio, el presidente formulará a los testigos y peritos las preguntas que estime necesarias para elucidar mejor el asunto.

§ 245 [Alcance de la recepción de prueba].— La recepción de prueba deberá comprender a todos los testigos y peritos que hayan sido citados y hayan comparecido, así como a los demás medios probatorios presentados, salvo que la evacuación de la prueba fuere Improcedente o hubiere sido pedida con el fin de demorar el proceso. Este principio se aplicará también cuando los testigos y peritos sólo fueren citados y comparecieren en el plenario o el material probatorio se presentare sólo en esa etapa. Podrá prescindirse de la evacuación de probanzas aisladas, mediando acuerdo al respecto entre el Ministerio Público y el acusado.

§ 246 [Pedidos de prueba atrasados].— I. Un pedido de evacuación de prueba no podrá ser denegado por haberse alegado demasiado tarde el medio probatorio o el hecho a probar.

II. Pero si la tardanza en comunicar al adversario del peticionante el nombre de un testigo o perito que deba ser interrogado o en alegar un hecho a probar fuere tan grande que el adversario no tuviere tiempo para hacer las averiguaciones necesarias, éste podrá solicitar, hasta finalizada la recepción de prueba, que se suspenda el plenario para que pueda efectuar esas averiguaciones.

III. El Ministerio Público y el acusado tendrán el mismo derecho respecto de los testigos o peritos citados por orden del presidente o del tribunal.

IV. El tribunal resolverá sobre esos pedidos según su libre discreción.

§ 251 [Lectura de actas].— I. El interrogatorio de un testigo, perito o coimputado podrá suplirse con la lectura del acta de su anterior interrogatorio judicial, en los siguientes casos:

1. Cuando el testigo, perito o coimputado hubiera fallecido o caído en insania o cuando no pudiere establecerse su paradero;

2. Cuando a su comparecencia en el plenario obstaren, por un tiempo prolongado o incierto, alguna enfermedad, achaques u otros obstáculos insalvables;

3. Cuando la distancia, considerada en relación a la importancia de la deposición del testigo o perito, no justificare la exigencia de que éstos comparezcan en el plenario;

4. Cuando el fiscal, el defensor y el acusado dieren su consentimiento para la lectura.

II. Cuando un testigo, perito o coimputado hubiere fallecido o no pudiere, por alguna otra razón, ser interrogado judicialmente en un tiempo no lejano, podrá también darse lectura a las actas de su interrogatorio anterior, así como a documentos que contengan alguna manifestación escrita emanada de él.

III. Cuando la lectura no sirviere directamente para la formación de la sentencia, sino para otros fines, especialmente para decidir si alguna persona ha de ser citada e interrogada, podrán leerse actas de interrogatorios, documentos u otras piezas que sirvan de probanzas.

IV. En los casos de los apartados I y II, la lectura será dispuesta por el tribunal, dándose a conocer el motivo de la decisión. Cuando se diere lectura al acta de un interrogatorio judicial, se dejará constancia si el interrogatorio ha sido o no juramentado. La falta de juramentación podrá subsanarse mediante su cumplimiento posterior, si el tribunal lo considerare necesario y factible.

§ 254 [Lectura de confesiones; existencia de contradicciones].— I. Las declaraciones del acusado contenidas en un acta judicial podrán ser leídas para los fines de la recepción de pruebas sobre una confesión.

II. Lo mismo podrá hacerse cuando una contradicción con una deposición anterior, resultante del Interrogatorio, no pudiere ser comprobada o allanada de algún otro modo sin suspender el plenario.

§ 257 [Audiencia del acusado].— Luego del interrogatorio de cada testigo, perito o coacusado así como después de la lectura de cada pieza escrita, el acusado deberá ser preguntado si tiene algo que manifestar al respecto.

§ 268 [Pronunciamiento de la sentencia].— I. La sentencia se dictará en nombre del pueblo.

II. La sentencia se pronunciará dando lectura a la parte dispositiva, con indicación de los fundamentos, al finalizar el plenario o a más tardar a los cuatro días. Los fundamentos serán dados a conocer mediante su lectura o mediante la comunicación verbal de sus puntos esenciales. Siempre deberá darse lectura a la parte dispositiva antes de dar a conocer los fundamentos.

III. Si el pronunciamiento de la sentencia hubiere sido diferido, los fundamentos deberán consignarse antes por escrito, en cuanto fuere posible.

§ 333 [Procedencia].— Contra las sentencias de las cámaras penales y de los tribunales del jurado cabrá el recurso de casación.

§ 337 [Motivos de casación].— I. La casación sólo puede fundarse en que la sentencia se apoya en una violación de la ley.

II. Habrá violación de la ley cuando una norma jurídica no se hubiere aplicado o cuando se hubiere aplicado incorrectamente.

§ 338 [Motivos absolutos de casación].— La sentencia se considerará siempre basada en una violación de la ley:

I. Cuando el tribunal juzgador no hubiere tenido la composición que ordena la ley:

§ 349 [Rechazamiento sin plenario].— I. Cuando el tribunal de casación estimare que no se han observado las normas sobre la interposición del recurso o la presentación de los pedidos de casación, podrá rechazar el recurso por improcedente mediante un auto.

II. Mediando pedido fundado del Ministerio Público, el tribunal de casación podrá rechazarlos igualmente mediante un auto si considera, por unanimidad, que el recurso es evidentemente infundado.

III. El Ministerio Público comunicará al recurrente el pedido previsto en el apartado II con sus fundamentos. El recurrente podrá presentar al tribunal de casación, dentro de las dos semanas siguientes, una réplica escrita.

IV. Cuando el tribunal de casación estimare, por unanimidad, que el recurso interpuesto a favor del acusado es fundado, podrá revocar la sentencia impugnada mediante un auto.

V. Cuando no aplicare los apartados I, II o IV, el tribunal resolverá sobre el recurso mediante sentencia.

§ 350 [Plenario].— I. Al acusado y al defensor deberán comunicárseles el tiempo y el lugar en que se realizará el plenario. Si fuere imposible comunicárselo al acusado, bastará que se notifique al defensor.

II. El acusado podrá comparecer en el plenario personalmente o hacerse representar por un defensor munido de un poder escrito. El acusado privado de libertad no tendrá derecho a asistir al acto.

III. Cuando el acusado privado de libertad no hubiere nombrado defensor, ni se le hiciera comparecer en el plenario, el presidente, a su pedido, le nombrará un defensor para ese acto. El pedido deberá presentarse dentro de la semana siguiente a la comunicación del término del plenario, con indicación del derecho de solicitar el nombramiento de un defensor.

§ 358 [Obligación del tribunal inferior; prohibición de la reformatio in peius].— I. El tribunal al cual se hubieren remitido los autos para su nuevo debate y resolución, deberá basar su fallo en el juicio de derecho dado para la revocación de la sentencia.

II. La sentencia impugnada no podrá modificarse en perjuicio del acusado, en cuanto a la clase y monto de la pena, cuando el recurso de casación hubiere sido interpuesto por el mismo acusado, por su representante legal o por el Ministerio Público a favor del acusado. Ello no impide que se disponga su internación en un nosocomio o asilo, en un asilo para alcohólicos o en una casa de deshabituación.

§ 364 [Afirmación de la existencia de un hecho punible].— Un pedido de revisión del procedimiento que hubiere de fundarse en la afirmación de la existencia de un hecho punible, sólo será procedente cuando a raíz de ese hecho se hubiese dictado una condena pasada en autoridad de cosa juzgada, o cuando el procesamiento penal no pudiere iniciarse o llevarse a cabo por algún motivo que no fuere la falta de pruebas. Esta norma no rige para el caso del § 359 n. 5.

§ 367 [Resolución sobre la procedencia].— I. Corresponde resolver sobre la procedencia del pedido de revisión al tribunal cuya sentencia fuere impugnada. Si se impugnare una sentencia dictada en el procedimiento de casación, por motivos que no fueren los designados en los §§ 359 n. 3 ó 362 n. 3, corresponderá al tribunal contra cuya sentencia se hubiese interpuesto el recurso de casación.

II. La resolución se dictará sin previo debate oral.

§ 369 [Recepción de pruebas sobre la fundamentación].— ... II. Quedará librado al criterio del tribunal si los testigos y peritos han de ser o no juramentados.

III. Al interrogarse a un testigo o perito y al practicarse una inspección judicial, deberá autorizarse la asistencia del Ministerio Público, del acusado y del defensor. Los §§ 194, 224 I y 225 tendrán aplicación correspondiente. Cuando el acusado estuviere privado de libertad, sólo tendrá derecho a asistir al acto cuando éste tuviere lugar en la misma circunscripción judicial donde él se encuentre detenido, o cuando su colaboración pudiere servir para resolver el punto que se busca elucidar mediante la evacuación de la prueba.

LEY ORGÁNICA

§ 74 a.— ... II. La Cámara Penal no será competente cuando, debido a la especial importancia del caso, el Procurador General Federal tomare a su cargo la persecución antes de abrirse el plenario, salvo que la competencia de la Cámara estuviere fundada por delegación o remisión con arreglo al § 134 a II.

§ 76 [Composición de las Cámaras penales].— I. Fuera del plenario, las Cámaras penales dictarán sus resoluciones estando compuestas de tres miembros, incluido el presidente.

II. En el plenario, la composición de la Cámara Penal será la siguiente:

El presidente y dos escabinos (pequeña Cámara Penal), cuando se apele de una sentencia del juez unipersonal.

Tres jueces, incluidos el presidente, y dos escabinos (gran Cámara Penal), en todos los demás casos.

§ 120 [Competencia en causas penales].— I. Los Superiores Tribunales Regionales son competentes para tramitar y resolver, en primera y única instancia, las cuestiones penales que el Procurador General Federal delegare al Ministerio Público estadual o las que la Corte Federal de Justicia, conforme al § 134 a III, al abrirse el plenario, remitiere al Superior Tribunal Regional para su tramitación y resolución. En las causas que el Procurador General. Federal delegare al Ministerio Público Estadual, el Superior Tribunal Regional dictará también las resoluciones señaladas en el § 73 I.

§ 134 [Competencia en causas penales], — I. La Corte Federal de Justicia será competente para investigar y resolver, en primera y única instancia, las causas penales por los siguientes delitos:

alta traición y traición a la Constitución (§§ 80-83 y 89 del StGB [Código Penal]),

traición a la patria (§§ 100-100 c, 100 d I, 100 e y 100 f del StGB),

atentado contra hombres públicos extranjeros (§ 102 del StGB),

coacción sobre el Parlamento (§ 105 del StGB),

incumplimiento de los deberes previstos en el § 138 del StGB si la omisión se refiere a un hecho punible que es de competencia de la Corte Federal de Justicia y

genocidio (5 220 a del StGB).

II. Además, la Corte Federal de Justicia será competente para investigar y resolver, en primera y única instancia, las causas por los hechos previstos en el § 74 a I, cuando debido a la importancia del caso, se haga cargo de la persecución el Procurador General Federal.

III. En las causas en las cuales la Corte Federal de Justicia tiene competencia de conformidad con los apartados I y II, dictará también las resoluciones previstas en el § 73 I. Resolverá, además, sobre los recursos que se Interpongan contra las providencias del juez pesquisidor de la misma Corte (§ 168 a de la StPO).

§ 134 a.— I. Cuando un hecho previsto en el § 134 I afectare principalmente los intereses de un Estado federal, el Procurador General Federal delegará el procedimiento en el Procurador estadual, salvo que obstaren circunstancias especiales. El Procurador General Federal, podrá delegar también otras causas, pero sólo deberá hacer uso de esta facultad en las que fuesen de menor importancia.

II. El Procurador General Federal podrá devolver al Procurador estadual una causa que tomó a su cargo con arreglo al § 174 a II.

III. Al abrir el plenario, la Corte Federal de Justicia podrá remitir a los superiores tribunales regionales la tramitación y resolución de las causas que son de su competencia según el § 134 I, y a los tribunales regionales, la tramitación y resolución de las que le correspondan conforme al § 134 II.

LA SENTENCIA ERRÓNEA EN EL PROCESO PENAL,
de MAX HIRSCHBERG, se imprimió
en la República Argentina en enero de 2023.

Made in the USA
Monee, IL
05 November 2026

67813133R00120